法治教育推荐读物

以案说法
生活中的法律故事

【检察官办案札记】

孟祥林 ◎ 著

Law Story

中国法治出版社
CHINA LEGAL PUBLISHING HOUSE

序 言

或许是习惯使然,这些年每办结一起刑事案件或是遇到有意义的民事案件,我总会掩卷"回味",不时脑补当时的情形,总结案件的教训和相关法律问题。事实上,基于案件类型、案情是否有代表性及法律认知等方面综合考量,可采写的案件少之又少。所以每逢遇到,我都如获至宝。

每每剖析这些真实而又带有普遍性的案件时,我的脑海中便会浮现出万千思绪,总想把这些所思、所想记录下来,呈现给读者。可是,真的提笔撰写这些案件,并穿插法理和案件启示,并不是件易事。因为法律具有抽象性、概括性等,让人阅读时总像隔着一层玻璃,难以深入理解。究竟怎样写,才能让读者感受到法律应有的力量和温度,让法律走进生活,与大众如影随形呢?我尝试了许多方式,最终决定以故事形式成文,这样更容易叙述案件的前因后果、当事人之间的争议问题,借事喻理,更有代入感,读者读起来兴趣盎然,也容易体会到法就在我们身边。

人生是个不断面对问题、解决问题的过程，往往是旧的问题刚解决，新的矛盾又会出现。很多时候，法律也许不是解决这些问题的最好方式，却是有效途径。本书中的民事案件是诸多当事人打官司的一段缩影，涉及的法律问题包罗万象，有的还是法律盲点，没有标准答案。这些案件经过一审、二审程序，有的还经过高院审查、检察机关抗诉、发回重审等环节，最终的裁判结果稳定性强，也能体现正确的执法理念。比如，未成年人的抚养权能按照监护权的顺序确定吗？《民法典》及相关司法解释并无明文规定。而生活中，一些未成年人的父亲或母亲因疾病等原因去世后，孩子在世的母亲（父亲）常与孩子祖父母（外祖父母）之间发生抚养权纠纷，在调解不成的情况下，该将孩子判给哪方抚养？又如，在交通事故和工伤认定重叠的案件中，对于交通事故已赔偿给被害人的数额，还能在工伤赔偿项目中重复赔偿吗？

在办案实践中，刑事案件也有因法律的笼统性引发的争议。比如，虚假诉讼罪的犯罪形态在理论界存在不同的认识和观点；虚假诉讼罪与诉讼诈骗犯罪竞合时，是按诈骗罪还是按虚假诉讼罪来定罪？侵犯著作权罪、销售侵权复制品罪等罪名中的"违法所得"关乎被告人的量刑，到底该如何准确计算往往成为实践中控辩双方争论的焦点。还好，本书中所选取的案件给出了明确裁判结果，我在"检察官说法"中也阐述了自己的认识，同时给读者留下了一定的思考和评判空间。

毋庸置疑，民事案件中存在不少难以化解的疑难积案，想要彻底解决这类"骨头"案，实现"三个效果"统一，办案人不仅要精通法律业务，还要有丰富的生活阅历，善于将法律同人情相结合，站在公正的立场上，平衡当事人之间的利益。事实证明，优秀办案人所具备的这些综合素养，源于成堆的疑难案件办理后的经验积累。邢台市人民检察院时任四级高级检察官的杨建军从事检察工作近40年，业务精湛。他办案时了无私心的朴实价值观和"法不阿贵，绳不挠曲"的职业道德，深深感染着我。本书中《百万债务，前妻和卡主该背锅吗？》恰逢《最高人民法院关于审理涉及夫妻债务纠纷案件适用法律有关问题的解释》实施，他及时、准确地将"夫妻一方在婚姻关系存续期间以个人名义超出家庭日常生活需要所负的债务，债权人以属于夫妻共同债务为由主张权利的，人民法院不予支持"的新内容，运用于办案实践中，通过抗诉，纠正了原判决的错误。《程序正义，打通化解纠纷"最后一公里"》中的申诉人身患残疾，杨检察官设身处地为弱势的申诉人着想，把善意的司法理念运用到了极致，彻底化解了积案。记录这些案件，不单为了普法，更为了提醒我自己永远不能忘记执法为民的初心。

检察机关除办理司法工作人员职务犯罪的案件，依法对刑事案件的犯罪嫌疑人批准逮捕、审查起诉、提起公诉外，还对民事、刑事、行政诉讼案件履行法律监督职责。这些年，我一直办理刑事案件，也耳闻目睹了同事办理民事监督案件的过程。这些检察官是在正在办理或已生效的各类案件中不断挑剔，如若遇到错案后会运用纠正违法通知书、检察建议、抗诉等监督方式予以纠正。

事实上,办理纠错案件是在逆风、逆水中前行。业务不精者很难发现案件中的"病源",业务精湛者有时也因怕得罪人而不去"较真",各方面能力都具备的检察官纠起"错"也会面临种种阻力、挑战和风险,甚至成为众矢之的,个中艰辛不言而喻。所以,顶着压力、偏向虎山行,恰恰是一位优秀检察官的办案常态。本书中的吉骅申诉案被评为"2018年河北省刑事申诉优质案件",办案组成员襄都区人民检察院周立芳科长反复在证据上精耕细作,凭借着过硬的庭审辩论能力,为当事人洗清了冤屈。类似的案件还有不少。在岁月的长河中,这些优秀检察官不应被遗忘。

近几年,司法机关实施员额制和案件终身负责制后,追错机制持续加大,冤错案件发生概率确实有所降低,可是只要存在一起错案,对于当事人及其家庭都是100%的灾难和痛苦,都会引发负面效应,都会损伤司法权威和公信力。本书"法律监督"中有的案件是事实认定不妥,有的是证据采信出了偏差,还有的是审理程序有瑕疵,办案检察官殚精竭虑、察微析疑,克服重重困难,最终还当事人以"公道"。实践证明,检察机关作为法律监督机关,及时纠正错案,是对被破坏的司法公正予以补救。这样做,人民群众会对司法公正更有信心,才会真心信仰法律,拥护法律。

本书"反腐倡廉"中的被告人都是通过知识改变了命运。

他们在平凡的岗位上取得了骄人业绩被提拔重用，本应加倍努力工作回报国家，却在金钱等各种诱惑下抱着侥幸心理，铤而走险，最终沦为"阶下囚"。忏悔书中那些饱含悔意的文字再也无法挽回他们的人生。采写这些法律故事的时候，我能切身体会到：人生如同渡海行舟。没有正确的三观，没有正确的人生目标，欲望一旦占据内心主导位置，就会坠入万丈深渊。

法律与生活息息相关。学习法律知识是我们的必修课，可学习法律绝不是背背法条那么简单。现实生活中，新事物、新现象每时每刻都会出现，我们很容易在人性的弱点中迷失方向。比如，非法集资、电信诈骗类案件"花样"频出，虽然政府一直在打击和宣传预防，但总有人"中招"。又如，受贿罪、贪污罪，谁都知道以不正当手段"拿了国家、集体、他人的财物"是犯罪行为，然而在持续高压反腐的当前，依然会有党员干部不断地陷入犯罪的泥潭。再如，拐卖妇女儿童罪中不少人在钻法律的漏洞，有的人以"家庭困难"为由将孩子"送"给他人抚养，试图躲避法律制裁；有的人以"红娘"身份将智力低下或是患有精神疾病的妇女"介绍"给大龄男青年，牟取钱财……这些人最终都难逃法网。我们若将法律知识同这些鲜活的法律故事结合起来，学会运用法律思维分析问题，定会扭转错误认识，避免触碰法律红线。

本书中这些法律故事对于实证研究的学者和从事办案工作的专业人员有一定的参考价值，但我更期待法律专业外的普通大众阅读这本书。我在每篇法律故事结尾，扩充了"检察官说法"和"本案启示"两部分内容。现实生活中大多数人因忙于生计无暇深究枯燥的法条，相信本书会帮读者更好地理解法律规定。

如果您在阅读这本书后有所启发、感悟或是处理事情时比以前多了几分冷静，消除了一丝不该有的贪念、邪念、恶念，那么这本书的写作目的也就实现了，我会倍感欣慰、温暖甚至是激动。同时，我期待更多的读者把您的阅读感悟以及宝贵建议及时告诉我（我的电子邮箱：xianglinbay@163.com），以便再版时予以修正，更好地服务于大众。

孟祥林

目录

警示篇

一、人生警示

1. 帮信罪：兼职成为帮凶 /003
2. 两嫁前儿媳：奇葩的彩礼回收 /011
3. 一家三口损失百万又坐牢 /019
4. 正当防卫缘何性质改变 /027
5. 小龙虾事件：89人食物中毒内幕 /034
6. 制贩炸药团伙覆灭记 /041
7. 自作聪明的借款者 /049
8. "日进斗金"的制售假美容药团伙 /057

二、未成年人保护

1. 前妻病故，孩子抚养权该归谁 /064
2. 学校状告家长侵犯名誉权，孰是孰非 /072

3. 乘"顺路车"摔伤谁之过　　/ 079
　　4. 父亲"送养"亲生子获刑　　/ 087
　　5. 幼童摔伤：家长与幼儿园的侵权之争　　/ 095

三、人身损害赔偿

　　1. 赠送隆鼻术"隆出"瘢痕　　/ 103
　　2. 爆胎炸伤维修工，车主有责吗？　　/ 110
　　3. 收割机触电伤人，电力公司该担责吗？　　/ 117
　　4. 救治不规范，医院要"埋单"　　/ 125
　　5. 商铺致顾客摔伤，商城不能免责　　/ 134
　　6. 做踏板操崴脚，健身馆该担责吗？　　/ 141

四、反腐倡廉

　　1. 财务处长的人生"败笔"　　/ 149
　　2. 11张假发票揪出粮仓"硕鼠"　　/ 157
　　3. 套取公款投资的结算主管　　/ 164
　　4. 被"围猎"的银行主任　　/ 171

维权篇

一、婚姻家庭

　　1. 抚恤金分割：一纸判决难平公媳多年积怨　　/ 181
　　2. 夫妻"AA"制，能避免继承纠纷吗？　　/ 189
　　3. 替名购房：儿媳与公公的五年诉讼之战　　/ 196

4. 改嫁女处置前夫遗产惹纠纷 /204
5. 离婚后房产和债务是否均摊 /212
6. "入赘"离婚，男方诉求缘何被驳回？ /220
7. 祖母去世，孙子该搬出老宅吗？ /227
8. 尘封的家庭"分单"再起波澜 /235
9. 父亲赠与女儿的房产该撤销吗？ /243
10. 拆迁补偿：被拆的亲情还能补上吗？ /250
11. 婚前"赠送"的百万购房款缘何被撤销？ /257

二、权益维护

1. 存款被冒领，银行缘何担全责？ /266
2. 天花板遭漏水之殃该由谁赔？ /273
3. 误购查封房能获得所有权吗？ /280
4. 转让款引发合伙财产分割之诉 /288
5. 刷pos机借钱引发夫妻财产纠纷 /295
6. 借新还旧：抵押风险不容忽视 /301

三、劳动争议

1. 当车祸遭遇工伤该如何赔偿？ /309
2. 退休再就业，法律风险不可不防 /317
3. 员工死于单位为啥不算工伤？ /325

四、法律监督

1. 百万债务，前妻和卡主该背锅吗？ /334
2. 连环碾轧案诉讼始末 /341

3. 程序正义,打通化解纠纷"最后一公里" /350
4. 百万假汇票骗局案中案 /358
5. 三十年后的再审检察建议 /365

警示篇

Chapter

一、人生警示

失足者的教训应引以为鉴。
在漫长曲折的人生道路上,
他们踩过的"坑",
摔过的"跤",
受过的"伤",
足以警醒后人。

1. 帮信罪：兼职成为帮凶

进入智能网络时代，花样翻新的电信诈骗套路蒙蔽了许多无辜群众的眼睛，很多年轻人稍有不慎便成为犯罪分子的帮凶。工作之余，刘燕[①]网上兼职帮人推销贷款业务，本想挣点辛苦钱贴补家用，不料在金钱诱惑下，坠入了帮助信息网络犯罪的圈套。案发后，究竟是什么原因令刘燕一直处于深深自责和悔恨之中，而痛不欲生？

疏忽大意：兼职沦为诈骗帮凶

一天晚上，从事养殖业的刘先生翻看微信朋友圈，发现陌生微信号"快乐燕"想添加自己为好友，刘先生没多想便通过了。"快乐燕"热情地发来微信："您好，我这边是百度有钱花，了解到您有资金周转需求，我们可以提供贷款。"

[①] 本书中涉及的人名、地名等均为化名。

刘燕在县城一家砖厂上班。这几年，丈夫在外打工，她在家照看两个孩子，日子过得平静惬意。小儿子上幼儿园后，她的空闲时间多起来，便想在网上找份兼职，赚个"买菜钱"。

一个月前，刘燕用手机QQ搜索"兼职"，瞬间屏幕冒出好几个群。她不费吹灰之力进入一个"免费兼职"群后，微信号"有钱花"向刘燕抛来橄榄枝："我是'百度有钱花'的经理，专门从事贷款业务。平日由于客户很多，我们急需刷单业务员，工作时间自由，当日结算工资……如果你想做兼职，可加我微信。"

为避免上当受骗，刘燕还从网上查阅了"百度有钱花"的一些资料，这才添加上"有钱花"的微信。两人一番对话后，刘燕掌握了整个工作流程：第一步使用手机添加"有钱花"发送的陌生手机号微信；第二步给这些添加的"好友"，发送"有钱花"准备的话术；第三步把推销业绩截屏发送给"有钱花"，领取报酬。

照葫芦画瓢。刘燕很勤奋，每天她的账户都有"有钱花"打进来的几百元酬金，她看到账户上飙升的数字像打了鸡血一样，干劲十足。几天后，"有钱花"开出更诱人的盈利模式："有钱花"按一单25元给刘燕结算，刘燕可按15元或20元一单发给下线成员。这就是说，刘燕的下线人越多，她的提成越高。这是一条生财之路！刘燕此时已在贪欲膨胀下没有了任何戒备心。不到半个月时间，就有十几人成为她的下线，其中就有她的闺蜜杜青。

这些日子，刘先生的养鸡场出现了资金周转困难，他正为贷款的事一筹莫展。还没等刘先生回复，"快乐燕"又发来一条微信："我们平台最高可贷50万元，3万元起批，10万元以内都是包通过、包下款的……"

对于送上门的贷款服务，刘先生以为是政府服务民营企业的优惠措施，他掩不住内心的喜悦，快速回复"快乐燕"："我要贷10万元购买饲料！"

"您看我这边拉个群，让我们经理为您一对一办理，可以吗？"刘先生看到微信，秒回一句"ok"。

一分钟后，刘先生被"快乐燕"拉进一个三人聊天群。"快乐燕"发来告别微信："现在我们经理为您一对一办理，祝您生活愉快。"此时的刘先生已在不知不觉中掉进一个诈骗团伙精心设计好的"圈套"中。

"快乐燕"将推荐刘先生贷款信息截屏，发给"有钱花"，就等着领报酬了。这份兼职不用任何现金投资，每完成"一单"可赚20元，报酬当天结算。"快乐燕"是刘燕的微信名，她做得风生水起。

贪图小利，兼职者陆续接受调查

冯明通过同事刘峰介绍从事放贷兼职，他干了10天后，发现自己的微信号被封号了。他快速联想到自己干的兼职可能是"违法犯罪活动"，便果断拉黑了"有钱花"的微信。放弃兼职的他没想到，自己的行为还是让千里之外的商先生上当受骗了。

2021年3月7日上午，冯明使用微信添加上商先生的"愿得一人心"微信号，问他要不要贷款。当时，商先生的公司正准备扩大经营，急需资金支持。于是，冯明把他拉进了一个三人聊天群。

据商先生回忆："这个群里仅有三个人。一个微信昵称为'1X'的人为我介绍各种贷款业务，我了解到这家贷款主要是信用贷，月息1分，考虑到'百度有钱花'平台信用高、利息低，我决定在这里贷款。"

二人洽谈成功后，商先生用手机扫描"1X"发来的二维码，又下载了"度小满"的APP……一番操作后，他申请的30万元贷款顺利进入自己名下的"度小满"钱包里。可不知为何，他怎么操作也无法提现。"1X"告诉他："你必须转来999元，才能开通'度小满'钱包的提现功能。"可商先生把999元转到"1X"提供的农行卡账户后，贷款还是不能提现。"1X"解释："由于你备注的银行卡出现错误才不能提现，你需要提供4000元保证金，我们才能帮你修改银行卡号，继而提现。"此时已是下午6点，为了及早提现贷款，商先生又向"1X"的招商卡转款4000元。谁知，当他再次提现时又冒出新问题。"1X"告诉他："你忘记备注名字，需要再转款4000元。"

商先生火冒三丈，他意识到自己中了"圈套"，赶紧报了警。当天，公安机关以诈骗罪立案侦查。

侦查员按照微信记录找到冯明，又顺藤摸瓜调查杜青，终于发现了刘燕的犯罪事实：刘燕通过QQ搜索兼职群添加名为"有钱花"的人，这个人让刘燕通过手机号加微信推销虚假贷款，将有意向贷款的人拉到一个新微信群，而后刘燕退群。这样即算完成一单，挣得25元好处费。刘燕发展下线杜青等人，杜青介绍刘峰，刘峰又发展冯明推销虚假贷款，冯明添加被害人商先生微信，最终导致其损失4999元。公安机关调查还发现，刘燕共收到上线的转账佣金1.9万元，向下线转账1.5万元。

追悔莫及，付出的代价难以挽回

　　案发后第二天中午，惊慌失措的刘燕在家人劝说下主动到公安机关投案自首。检察院以刘燕涉嫌帮助信息网络犯罪活动罪向法院提起公诉。开庭审理后，一审法院以帮助信息网络犯罪活动罪判处刘燕拘役6个月，并处罚金1万元。

　　接到一审宣判书，刘燕不服，提起上诉。她满腹委屈："我也是被骗的受害者。我主动到公安机关交代自己的罪行，并且主动认罪认罚，还是初犯，应免予刑事处罚……"

　　二审期间，检察官详细审查全部卷宗，又核实相关证据，见到了取保候审中的刘燕。她身穿白色风衣，戴着蓝色口罩，眼圈红红的，心情沉重："我不认识冯明。商先生被骗跟我也没关系。我没有拿杜青等人的一分报酬，也没介绍冯明兼职，为何要我替他们承担责任？"

检察官耐心解释:"杜青一共添加100个好友,赚了2000元,犯罪数额没达到法律规定的'情节严重'。杜青是你牵线搭桥认识的'有钱花'。继而,杜青发展下线刘峰,刘峰发展冯明等人,这些人从事违法活动,依据《刑法》第25条规定也由主犯承担责任。'有钱花'通过你为杜青等人发放报酬,你的行为不仅帮助'有钱花'实施诈骗活动,也为他人从事违法活动提供了帮助,这些情节显然比杜青等人严重很多。"

刘燕听后,眼眶里不停地流着眼泪,表示一定痛改前非,希望"放"她一马。她告诉检察官,自己大儿子从小喜欢绿军装,向往部队生活,长大想成为一名军人。现在自己如果被判刑有了违法记录,将来会影响孩子参军、入党、考公务员,她作为母亲会内疚、痛苦一辈子……

听完这些话,检察官内心很不是滋味,继续开导她:"推己及人、将心比心。你的孩子或者你身边的亲人,如果他们上学、就业或开公司贷款时上当受骗,你是不是也痛恨那些犯罪分子?山东女孩徐玉玉被骗9900元伤心欲绝离开这个世界时才18岁……如果你是她母亲你会怎么样?"

刘燕不禁痛哭失声,懊悔当初不该贪图小利而自毁前程。二审法院开庭审理后,作出终审判决:被告人刘燕犯帮助信息网络犯罪活动罪,判处拘役6个月,缓刑6个月,并处罚金1万元。

检察官说法

近几年来,网络风险丛生,我们时而会遇到诈骗分子在网络上设下的陷阱。帮助信息网络犯罪活动罪是《刑法》新增的一个罪名，简称为帮信罪。很多人对这个罪名十分陌生。通俗地讲，就是知道他人利用信息网络实施犯罪，为其犯罪提供互联网接入、服务器托管、网络存储、通信传输等技术支持，或者提供广告推广、支付结算等帮助，情节严重的行为，也就是说为在网络上实施犯罪行为的违法分子提供了帮助，让这些违法者顺利实施了犯罪行为，后果严重的，便构成帮信罪。

现实生活中，帮信罪最常见的形式有两种：一种是提供广告推广，表现为网络上推销贷款、刷单等；另一种是提供支付结算，表现为将自己的银行卡借给犯罪分子使用赚取"好处费"或是利用自己的银行卡、微信、支付宝等第三方支付渠道，为他人代收款、走流水、过账，从中赚取佣金。这种方式造成赌金、贪污款等赃款通过银行卡分流而洗白，帮助了违法犯罪行为，影响金融市场稳定，对社会危害极大。

本案启示

1.遏制电信网络诈骗等不法行为，政府相关部门要强化相关法律法规的宣传普及，让公众知悉电信诈骗的方式、方法，避免贪图私利而误入歧途。公、检、法等相关部门要加强协作配合，加大对电信网络犯罪分子的打击力度，铲除滋生此类案件的土壤。

2.互联网发达时代，网络骗术花样翻新快，套路多多，我们作为社会一员要时刻保持警惕，不与网络上不明身份的人员交往，不随意出借自己的银行卡，不点击来源不明的二维码，不下载非正规渠道的 APP 等。如果发现身边人正遭受网络诈骗，应善意制止并及时向公安机关报警，避免遭受财产损失。

2. 两嫁前儿媳：奇葩的彩礼回收

眼下未婚男性数量居高不下，这让许多父母为之操碎了心。作为母亲，王梅拿出8万元彩礼仓促完成了儿子的婚姻大事。不料，新过门的儿媳患有精神疾病，这段婚姻维持了不足3个月便走到尽头。王梅为挽回损失，热情为前儿媳寻找"归宿"，回收彩礼5.5万元。这究竟是为新人牵线搭桥的善举，还是为自己牟取钱财的拐卖行为？

儿子闪婚后，婆婆方知儿媳患有精神疾病

已过花甲之年的王梅曾获得"十百千优秀育龄妇女小组长""妇女工作先进个人"等荣誉，她热心肠、爱助人，街坊邻居都喜欢和她打交道。王梅的儿子姬峰在一家餐厅打工，一直单身。转眼，姬峰马上30岁了还没有谈女朋友，王梅心急如焚。她整日把此事挂在嘴上，见了谁都要叮嘱帮儿子物色对象。一天，有人打来电话：广西女孩吕霞与姬峰年龄相仿，可

以相亲。

王梅带着姬峰在媒人家与吕霞见了面。眼前这个女孩1米6左右，身材好，皮肤白皙，但神色透着些许忧郁。王梅很满意，可姬峰似乎对眼前的女孩毫无感觉。一旁的媒人告诉王梅：如果姬峰愿意就交8万元彩礼钱。排队等着跟吕霞相亲的男孩还有好几个，彩礼钱交晚了，吕霞可就跟其他人领证了。王梅心想，现在结婚少说彩礼也得十几万了，有的女方还要车要房……8万元可是不算多。想到这，王梅心一横，定下了儿子的婚事。拗不过母亲，姬峰第二天便牵着吕霞的手来到民政局办理了登记手续。完成儿女终身大事，王梅夫妇与吕霞父亲乐得合不拢嘴，连喝三杯白酒共同祝贺"就等着抱孙子了"。

平日，吕霞爱吃米饭和辣椒，不习惯婆家的饮食习惯。为了讨媳妇欢喜，王梅顿顿米饭、辣椒炒肉……尽自己所能满足媳妇口味。不料，姬峰与吕霞共同生活还不到10天，姬峰发现不爱说话的妻子竟患有精神疾病。他愤然搬出了新房，并表示一定要离婚。

儿子刚结婚几天就要离婚，岂不让邻居笑掉大牙！爱面子的王梅说啥也不同意，可姬峰离意已决。他没打招呼就坐上了去北京打工的火车。此时，王梅还心存希冀，或许儿子过阵子回来就会回心转意了。王梅生怕儿媳因儿子不在家而寒心，于是她极力取悦儿媳。白天王梅陪吕霞做家务、聊天、逛街，晚上一起追剧。婆婆对自己的关怀备至让吕霞无暇考虑其他，过得很是开心。

姬峰在北京待了3个月便返回家中，此后他每天借酒消愁，常常喝得酩酊大醉。儿子如此模样，王梅无数次偷偷抹眼泪。最终她和老伴无奈妥协，同意儿子离婚。

办完离婚手续，吕霞不愿回广西老家。王梅拨打吕霞父亲留下的手机号，发现是空号。吕霞的双手紧攥着王梅的胳膊不肯松开，脸上挂满泪水。王梅见状心痛如绞。思来想去，王梅决定认吕霞为干女儿，这样吕霞仍可名正言顺地在姬家生活。但儿子转眼间又成了"光棍"，王梅心里很不是滋味："儿子仅3个月的婚姻就花了8万元，这可是我多年从牙缝里省下的血汗钱呀，不能就这样打了水漂！"王梅三番五次到媒人家要求退还彩礼，而媒人却说"只包结婚，不包生病"，分文不退。

填补亏损，两嫁前儿媳独享彩礼

王梅憋着一口窝囊气，夜里经常睡不着觉，人也渐渐变得憔悴。那天从邻居家孩子的婚宴回来后，她灵机一动，何不把吕霞嫁出去，索要彩礼来弥补损失？她粗略一算，花在吕霞身上的彩礼、3个月生活费及医药费也有9万元了。

出乎意料的是，王梅第一次带着吕霞相亲就被男方章涛相中了。章涛比吕霞大3岁，为人实在。二人见面后，吕霞始终不作声，而章涛通红的脸庞堆满笑容。王梅喜上眉梢，她对章涛父亲开门见山："接吕霞来我家时花了9万元彩礼，你家也给我9万元吧。"

章涛父亲见儿子对眼前的女孩印象不错，当即用手机给王梅转账9万元。王梅心里乐开了花。吕霞有了新的归宿，她还可以用这笔钱再为儿子娶个媳妇，岂不是两全其美。不料，乐极生悲，7天后章家要求退婚。原来章涛和吕霞二人办完结婚登记手续后，吕霞不吃不喝，还摔毁了茶具，章涛也发现吕霞患有精神疾病。

　　章涛父亲要求王梅退还彩礼。经过一番商议，王梅将彩礼折半，退给章家4.5万元。谁知这边的火焰刚扑灭，家里又起了新火。醉酒的姬峰睡了一整天仍昏迷不醒，送往医院抢救后虽恢复了意识，但被确诊为脑出血。

　　好端端的一个家，被折腾得乱糟糟。王梅和老伴整日唉声叹气，家里的气氛异常沉闷。可日子还得继续。对于王梅夫妇来说，那段日子极为艰难：老两口既要照顾90岁老母亲的饮食起居，还要给患病的姬峰和吕霞做饭，每日如陀螺般转个不停。没多久，姬峰脱离了生命危险，但下肢失去知觉须靠轮椅出行。

　　这时，王梅依旧想把吕霞嫁出去。这回相亲前，她将吕霞患有精神疾病的实情事先告诉了男方刘军。即便这样，刘军对吕霞仍一见倾心，见面当天就花了1800多元给她买了两套时尚女装。

　　刘军父亲见儿子如此满意，当即拿出1万元定下了婚事。光阴荏苒，不知不觉间吕霞已在刘家生活了近两年时光，她有时在门口逗耍邻家小孩，有时帮婆婆做些简单的饭菜，有时还和刘军到农田浇浇水，小日子过得也算惬意。

可是意外又不约而至。那天上午11点多，刘军母亲正在准备午饭，吕霞听到婆婆骂她懒惰又不生孩子，她火冒三丈，拿起擀面杖打向婆婆的头部。当刘军母亲反应过来时，头部已是鲜血淋漓。邻居闻声赶来报了警，民警将吕霞带到派出所调查。经鉴定，吕霞的确患有精神疾病。随后，民警联系到吕霞的父母，将她送回老家。

触犯刑法，变相"介绍婚姻"害人害己

那么，吕霞是怎么来到当地的？吕霞先后与章涛、刘军的婚事，其父母是否知情？公安机关意识到这可能是一起拐卖妇女的刑事案件，决定立案调查。

警方调查当初介绍吕霞给姬峰的媒人，得知她已病逝。警方从吕霞口中得知，每次相亲都是王梅带她去"玩"儿，而后把她留在男方家。她不喜欢章涛，也不爱刘军，她无奈才与他们住在一起。警方通过调查，证实王梅收取5.5万元彩礼费，而吕霞父母对女儿改嫁的事并不知情。公安机关以涉嫌拐卖妇女罪将王梅刑拘。王梅痛哭流涕地说："吕霞离婚后不想离开姬家，她认我作干妈。我把她当作自己亲闺女对待，我只想给她找个好归宿……吕霞吃住在我们家，我们为她看病也花了不少钱，我收取彩礼不是以获利为目的，我没有犯罪。"

王梅的律师也辩解称，本案不能以出卖来评价王梅的行

为。这是因为吕霞与父亲来当地的目的是找婆家,吕霞患有精神疾病,导致三次婚姻失败。王梅为吕霞治病,帮她找婆家,也是想给吕霞找个好归宿,她没有对吕霞实施关押、殴打、虐待等行为,不符合拐卖妇女罪的构成要件。

案发后,王梅的老伴找到刘军、章涛,恳求谅解。然而,遭受精神打击的刘军和章涛均表示,不接受迟来的道歉。对于王梅平日与前儿媳的关系,居委会也出具了文字证明:"王梅对待吕霞视如己出,疼爱有加。吕霞离婚后认王梅为干妈……"可是法律是严肃的,这些证词并不能阻止检察院提起公诉,检察官指出:吕霞患有精神分裂症,王梅在吕霞父母不知情的情况下,利用吕霞身在异地,人地生疏、孤立无援的境地,打着介绍婚姻旗号,将吕霞介绍给他人赚取彩礼费,违背了吕霞的婚姻意愿,实则是将吕霞出卖给他人,该行为构成拐卖妇女罪。

王梅被检察机关批准逮捕,"住"进了看守所,此案在当地议论纷纷。有人同情王梅夫妇的遭遇为其求情,也有人作为茶余饭后的谈资,还有人觉得像吕霞这样的弱势群体的合法权益更需要得到法律保护。一审法院开庭审理了此案,法庭上检察官指控王梅以牟利为目的,两次将吕霞卖给他人获利5.5万元,构成拐卖妇女罪。庭审中,对于检察官出示的相关证据,王梅不时点头表示认可。最后陈述时,她泪流满面地说:"我想给吕霞找个好归宿……我的行为没有造成恶劣影响,希望法院从轻处罚。"

一审法院经过审理认为，吕霞离婚后，居住王梅家期间，被告人王梅曾积极帮助吕霞治疗疾病，悉心照顾。王梅是为减少自己的经济损失，才将被害人吕霞出卖，其主观恶性较小，且王梅如实交代自己的犯罪事实、庭审中认罪态度好，依法可以减轻处罚。

一审法院以拐卖妇女罪判处王梅有期徒刑4年，并处罚金2000元，没收非法所得5.5万元。宣判后，王梅没有上诉，一审判决已生效。

检察官说法

生活中，患有精神疾病或智力障碍的女性极易成为人贩子作案的目标。少数不懂法的群众以"介绍婚姻"为名牟取钱财而触犯拐卖妇女、儿童罪。《最高人民法院关于审理拐卖妇女儿童犯罪案件具体应用法律若干问题的解释》第3条第1款规定，以介绍婚姻为名，采取非法扣押身份证件、限制人身自由等方式，或者利用妇女人地生疏、语言不通、孤立无援等境况，违背妇女意志，将其出卖给他人的，应当以拐卖妇女罪追究刑事责任。《刑法》第240条第1款规定，拐卖妇女、儿童的，处5年以上10年以下有期徒刑，并处罚金；有下列情形之一的，处10年以上有期徒刑或者无期徒刑，并处罚金或者没收财产；情节特别严重的，处死刑，并处没收财产：（1）拐卖妇女、儿童集团的首要分子；（2）拐卖妇女、儿童3人以上的；（3）奸淫被拐卖的妇女的；（4）诱骗、强迫被拐卖的妇女卖淫或者将被拐卖的妇女卖给他人迫使其卖淫的;(5)以出卖为目的,使用暴力、胁迫或者麻醉方法绑架妇女、儿童的;(6)以出卖为目的,偷盗婴幼儿的;(7)造成被拐卖的妇女、儿童或者其亲属重伤、死亡或者其他严重后果的;(8)将妇女、儿童卖往境外的。

本案启示

1.父母对成年儿女催婚的迫切心情可以理解,但新时代婚姻自由,婚姻是建立在男女双方互有好感、自愿的基础上的,每个家庭都必须遵循缔结婚姻的基本原则和相关法规,切不可像王梅那样,因急切解决儿子婚事以"彩礼"形式买来儿媳,又以"彩礼"的形式"嫁"出儿媳挽回经济损失,全然不知已走上犯罪道路。

2.患有精神疾病或智力障碍的女性大多缺少家庭温暖和社会关爱,村(居)委会、民政、残联等部门应加强残障女性的救助工作,让她们感受到社会的温暖,避免遭受不法侵害。

3.生活中,发现迫害残障女性违法行为时,每个人都有义务积极向当地公安部门举报。公安部门也可设立"爱心举报奖",鼓励那些敢于维护智障女性权益的群众积极同不法行为作斗争,让犯罪分子受到法律应有的惩罚。

3. 一家三口损失百万又坐牢

"你不理钱,钱不理你。让闲置的资金流动起来才会创造更多的价值!"现实生活中,许多普通老百姓不懂投资理财知识,却在高利诱惑下盲目跟风,铤而走险,结果坠入非法集资的圈套,落得血本无归,有的还触犯刑法。

走上"暴富路",妻子带领全家奔小康

"在我社入股1万元即可赠送100袋面粉。入股4个月支付30%的利息,入股1年支付100%利息。如想退社本息返还。"三地农民专业合作社(以下简称三地合作社)成立后,隆重推出了一系列"惠民"措施。

"白给100袋面粉?""100%利息,这等只赚不赔的好事是真是假?"很多农民被如此高额回报吸引住眼球,纷纷欲试,其中就有贺美英。她拿出2万元入股费,摇身成为三地合作社分社的社长,还得到200袋面粉,四个月后获得

30%的利息。初次尝到甜头，贺美英像发现宝藏一样，欣喜若狂。

最初加入三地合作社，贺美英投资十分谨慎，仅是把投入的股金和利息续存，平价出售三地合作社赠送的面粉、化肥、种子等农产品。尽管如此，4年下来，她也创收近10万元。

这年夏天，三地合作社推出"拳头"产品："我们培育的富硒小麦是有机农产品，被称为'抗癌之王'，附加值高，在北京等一线城市能卖到每斤10元……"合作社创始人也展示了自己获得的各种荣誉："新农村时代建设先锋""中国诚信企业家""新农村建设致富领袖人物"……看到这些，贺美英坚信，跟着合作社领头人走，定能发大财。

于是，贺美英用自家房产做抵押先后从银行贷款76万元，投进三地合作社。第二年春节刚过，贺美英又拿出一部分盈利，在县城繁华街道开了一家不足60平方米的粮油店。女儿卢丽、丈夫卢金关都很支持贺美英的事业。卢金关看到妻子经常去三地合作社总社开会、培训，忙得不亦乐乎，便主动请缨，帮忙记账、收钱。卢丽有时来粮油店帮忙发放大豆油、面粉、洗衣粉、肥皂或香皂等不同的物品，贺美英每月给她支付2000元工资。田峰是卢丽的爱人，常年在外地打工，看到丈母娘赚钱这么容易，干脆辞掉工作也来帮忙，负责运输和搬运粮油米面……一家人大刀阔斧地干了1年多，赚了个盆满钵满：有车、有房，还有百万元的股金，成了名副其实的"土豪"。

"馅饼"变陷阱,社员损失高达2000余万元

几年下来,入股获赠的粮油等农产品已无法满足贺美英的胃口,三地合作社推出的新政策"吸收农民入股返还5%的回扣"实在太诱人了。贺美英精打细算一番:"这几年,乡亲们手里都有钱,哪家不得投资万儿八千的?代收100元入股费分得5元,收1000万元可就返还50万元呀,这些钱跟白捡的有啥区别呢?"她决定吸收农民入股。卢丽也不再满足于2000元的工资,另起炉灶,开了一家与母亲经营业务相同的粮油店。

平日,两间粮油店摆着面粉、大米、食用油、鸡蛋、核桃,还有儿童玩具等物品,墙上挂满社员旅游、开会的照片,桌上摆着一堆宣传合作社内容的报纸。介绍起成为合作社成员后的诸多好处,贺美英一家更是口若悬河、热情洋溢:"成为合作社成员后,不仅免费获赠面粉等农产品,还可以参加押面、押米抵现金活动,7天内返还30%的利息,4个月返还本金;入社的成员家里如果有孩子考上大学,总社负责报销上学期间60%的学费;如果有直系亲属身患残疾,每年可以凭残疾证到总社领取1000元的救助金;自费参加三地合作社组织的旅游、培训,1年后总社双倍返还费用……"如此诱惑人的承诺使许多农民失去了定力,一时间店里门庭若市。有人使用现金入股,有人刷卡,还有市民顶替农村亲友的农业户口入股。

黄建花是一家国企的退休工人，听了贺美英的话后跟着了魔似的，第二天她便拿着公公的农村户口簿和东拼西凑的65万元来找贺美英入股。黄建花做的是"押面"项目，一袋面粉250元，黄建花入股65万元，折算成面粉就是2600袋。贺美英告诉她："如果不想要面粉，每袋面粉可以折算成75元的现金，2600袋面粉就是19.5万元现金，7天后我们返还给你19.5万元，4个月后返还本金65万元。"

黄建花毫不犹豫地选择"返还19.5万元现金"。7天后，黄建花拿着票据从贺美英手中兑换了19.5万元现金，她简直不敢相信自己的眼睛。贺美英的脸上也堆满笑容，因为她从这项业务中也赚取了3.25万元的服务费。

然而，4个月后黄建花和参加旅游的社员来找贺美英收取本金时，却发现两间粮油店大门紧闭，因为联系不上贺美英一家人，黄建花和其他社员报了警。

赔钱又获刑，一家三口受到法律严惩

公安机关接到报警后，经过研究认为："三地合作社没有实体项目，谈不上盈利，仅靠收取下一个社员的本金，偿还上一个社员的利润。长时间下来，这种借新还旧的骗局肯定会坍塌。贺美英等人涉嫌非法吸收公众存款。"公安机关在网上发布了通缉令，贺美英、卢金关、卢丽很快被抓获归案。

归案后，贺美英交代："三地合作社不定期组织培训或会议，每次都是我在粮油店挂出小黑板写上会议通知，有想去的社员就报名缴费……会议费少的每人2000元，多的每人1万元。因为所交费用一年以后双倍返还，每次报名的人都不少。"卢金关供述称："贺美英聘请石某、孟某等人开设三家网点，办理吸收农民资金的业务。这些网点都是按照总社的规定运营，贺美英将社员的入股资金交到总社，赚取5%的服务费。这些钱，我们用作了生活开销。"

公安机关还查明：贺美英、卢金关、卢丽共吸收狄某等451人资金2440万元，已返还本金、利息420万元，造成直接经济损失2020万元。贺美英雇用石某、孟某等人吸收623人资金400余万元，返还本金、利息280万元，造成经济损失120余万元……

检察机关依法向法院提起公诉，经过两级法院审理，最终判决：以非法吸收公众存款罪，判处贺美英有期徒刑5年，并处罚金5万元；判处卢金关有期徒刑2年6个月，缓刑3年，并处罚金2万元；判处卢丽有期徒刑2年6个月，并处罚金2万元。石某、孟某等人也分别获刑。

"法院判得太重了，我不服……"卢金关奔波在申诉道路上。"你可知道，你和妻子、女儿的犯罪行为造成上千群众损失2000多万元，这些都是农民的血汗钱，如今血本无归，这些损失你赔得起吗？"面对检察官的问话，卢金关低头无语。不久，检察机关作出"申诉理由不成立，不予立案复查"的审查结果通知书。

检察官说法

时至今日,社会上仍频现不同形式的非法集资案。普通群众、银行代办员,甚至公安干警也陷入非法集资圈套,像贺美英一家三口这样稀里糊涂地走上犯罪道路的人不在少数。早期犯罪分子让一些忠实的客户获得所承诺的收益,然后,让他们再加大宣传力度、拉拢更多的人进行投资,等套现的资金达到一定规模,便卷款而逃。群众之所以上当受骗,究其原因:一是在高额利息的诱惑下失去理智;二是法律意识淡薄,不了解非法吸收公众存款、集资诈骗等相关法律规定。

现实生活中,非法集资类型形式多样。有些犯罪分子以"新农合养殖业""养老产业""投资墓地"等为幌子,以入股分红、高出银行利息几倍的回报,蛊惑群众投资,有的也确实存在养殖基地、有十几亩墓地等实体项目。他们还常会利用银行代办员和保险公司工作人员等特殊行业身份大肆宣传,吸引群众进行投资。

《刑法》第176条规定,违反国家有关规定,非法吸收公众存款或者变相吸收公众存款,扰乱金融秩序的行为,构成非法吸收公众存款罪。《最高人民法院关于审理非法集资刑事案件具体应用法律若干问题的解释》第1条第1款规定,同时具备下列四个条件,除刑法另有规定的以外,应当认定为"非法吸收公众存款或者变相吸收公众存款":(1)未经有关部门依法许可或者借用合法经营的形式吸收资金;(2)通过网络、媒体、推介会、传单、手机信息等途径向社会公开宣传；（3）承诺在一定期限内以货币、实物、股权等方式还本付息或者给付回报；（4）向社会公众即社会不特定对象吸收资金。本案中，贺美英作为三地合作社分社社长，在未经有关部门依法许可的情况下，大肆宣传成为合作社成员后的诸多好处，向不特定社会公众集资，并承诺7天内返还30%的利息，4个月返还本金，导致农民的本金不能返还，严重扰乱了金融秩序，其行为构成非法吸收公众存款罪，因此法院定罪准确，量刑适当。卢金关作为贺美英的丈夫，明知贺美英增设三个网店，还协助妻子记账、发放物品等事务，系从犯。

集资参与人的损失该由谁"埋单"呢？《防范和处置非法集资条例》第25条第3款明确规定因参与非法集资受到的损失，由集资参与人自行承担。这是因为集资参与人从事的是非法活动，应当自己承担遭受的损失。在非法集资案件中，集资参与人不属于被害人，没有权利向检察机关申请抗诉。此外，集资参与人不是刑事附带民事诉讼的原告或被告，也没有上诉权。集资参与人的损失只能通过刑事案件追赃、退赔的方式解决，也就是说，只能就犯罪分子挥霍后剩下的财产进行分配。

本案启示

1. 面对"高息"诱惑，莫贪便宜。现实生活中，犯罪分子的诈骗手段形形色色，层出不穷，要警惕"免费体验""免费领礼品""免费抽奖"等活动背后的非法集资违法行为，很多时候，蝇头小利换来的可能是多年的积蓄损失。

2.国家明文禁止非法集资。非法集资扰乱了金融秩序，由此造成的财产损失由集资参与人自行承担。集资参与人因财产损失而聚众围堵政府机关，扰乱社会秩序，便涉嫌构成寻衅滋事罪，若因此被追究刑事责任就得不偿失了。

4. 正当防卫缘何性质改变

对抗正在发生的违法侵害行为属于正当防卫，当侵害消失后，再砸毁对方的财物那就另当别论了。因醉酒的薛宇对同伴戴斌等人的人身安全造成威胁，翟伟义毫不犹豫抢起铁锹砸向薛宇。然而，薛宇受伤逃走后，翟伟义、戴斌将不满的情绪继续发泄在他驾驶的白色轿车上，造成6380元的损失，案件性质也因此改变。

醉酒者屡闯他人包间

一个周六的晚上，时年28岁的卫玲约好友刘洁、戴斌、翟伟义在一家KTV大展歌喉释放一周的工作压力。四人正唱得尽兴，突然闯进一个陌生醉酒男性。他摇摇晃晃走到桌前，嘴里嘟囔着"不着调的话"，顺手拿起桌上一罐啤酒要与戴斌喝。戴斌狠狠地瞪着他。据卫玲回忆："他无趣地走了。我和刘洁去洗手间，在走廊又碰到他。他笑嘻嘻地对刘洁说'姐，我喜欢你'。刘洁没理他,我白了他一眼。"

喝多的陌生男性叫薛宇,也跟朋友在这家KTV唱歌。薛宇的包间就在卫玲隔壁。十几分钟后,薛宇莫名其妙地第二次闯入卫玲等人的包间。他耍着酒疯,用手捏瘪易拉罐后,又重重扔到墙上,酒沫飞溅……"他喝多了,我们不跟他一般见识。"卫玲一边劝同伴不要生气,一边开门"请"薛宇离开。

此刻,一个30多岁的男子闻声进来将薛宇拉出门。

卫玲四人玩到了凌晨时分。"这时薛宇又来搅局,我们四人顿觉兴致全无……我便结账准备回家。"十几分钟后,卫玲和刘洁坐进戴斌的面包车里,翟伟义独自驾着一辆黑色轿车,两车向北驶去。面包车刚驶过一家医院,一辆白色轿车从后面追上来。据卫玲回忆:"我们的面包车往北走,那辆白色轿车总别我们的车。到了高速桥附近,这辆白色轿车和我们的面包车发生了剐蹭,白色轿车没停反而向远处驶去。戴斌加大油门追赶,白色轿车掉头逼停了我们的车。从白色轿车下来一个男子,正是薛宇,他手里拿着一根棒球棍,他二话不说便砸向我们车的前挡风玻璃。这时,翟伟义开车赶到……"

翟伟义跳下车,右手举起铁锹把,向薛宇的头部打去。薛宇受伤后,快速躲进自己的车里。翟伟义气愤地抡起铁锹把砸在薛宇车的前门玻璃上……薛宇惊慌失措,从副驾驶车门跳下,向路边的灌木丛跑去。

翟伟义没有追上薛宇。他余气未消走到薛宇的车旁,举起铁锹把对着后挡风玻璃就是一顿猛砸。"咔嚓"——敲击声在寂静的夜晚显得尤为突兀。戴斌见状也走过来，捡起薛宇丢下的棒球棍，抡向前挡风玻璃。薛宇轿车的挡风玻璃瞬间"蜘蛛网"遍布。

戴斌冷静后，报了警。二十几分钟后，派出所民警和交警陆续赶到现场。交警检测翟伟义、戴斌酒精浓度，结果显示均在3.5mg/100ml以下，没有达到酒驾的标准，而受伤的薛宇因涉嫌醉驾被交警送进医院复检。民警使用执法记录仪拍下现场情况、提取作案工具后，将翟伟义等四人带到派出所调查。民警了解到：翟伟义曾在2016年11月因犯故意伤害罪被法院判处有期徒刑1年6个月，还因赌博被公安机关行政拘留10日。

"冲突"升级为刑事案件

几天后，薛宇的伤情好转。面对民警询问他回答："那天晚上我喝多了。在KTV吧台遇到卫玲和刘洁，我记不得为啥替她俩支付了200元包间费。开车送朋友回家后，我又去了她们的包间，并随她们走出KTV……我驾车到了高速桥下，就听到'咚'的一声。像是撞车了，我没停车又驾车向西驶去。后来两车相遇，从面包车下来一个男子，砸碎我轿车的副驾驶玻璃。一辆黑色轿车停下来，另一个男子拿着铁锹把砸伤我的左眼。我看不对劲撒腿就跑……"

薛宇的说辞与卫玲的证言版本不尽相同。公安机关随即调取KTV歌厅的录像，发现薛宇多次进入卫玲等人包间。交警勘验两车相撞情况，发现面包车右前保险杠与机盖连接处损坏，白色轿车右后叶子板、机盖等处损坏。

薛宇血液酒精含量158mg/100ml。人民法院以危险驾驶罪判处薛宇拘役2个月、缓刑4个月。

薛宇申请伤情鉴定使得这起本打算行政处理的伤害案升级为刑事案件。医院出具鉴定意见为:"薛宇左侧泪道阻塞伴溢泪系轻伤二级,面部瘢痕系轻微伤。"公安机关结合该轻伤鉴定和市价格认证中心出具的"翟伟义、戴斌砸坏薛宇白色轿车11处,损失6380元"意见,认为:翟伟义致他人轻伤并损坏他人车辆,构成故意伤害罪和故意毁坏财物罪。戴斌需另案处理。

听闻公安机关立案调查的消息,戴斌倍感焦虑。他担心名誉受损,屡次托人欲和薛宇和解。他拿出6万元赔偿薛宇损失,双方签下《谅解协议》。不久,检察机关对翟伟义的犯罪行为提起公诉,一审法院开庭审理后认为:薛宇事前多次挑衅,并于案发时使用金属棒球棍打砸戴斌的面包车,危及戴斌等人的人身安全。翟伟义手持铁锹打斗系制止薛宇的不法侵害而采取的防卫行为,属于正当防卫。

如此被认定为正当防卫,翟伟义不用为打伤薛宇的行为负刑事责任。但薛宇受伤跑离现场后,翟伟义、戴斌继续砸毁薛宇白色轿车的挡风玻璃等11处,造成车损6380元,该损失已超过故意毁坏财物罪立案标准。一审法院作出判决,以被告人翟伟义犯故意毁坏财物罪,判处有期徒刑8个月,赔偿薛宇车损6380元。翟伟义及薛宇均提起上诉。

四个月后,二审法院再次开庭审理此案,依然认定翟伟义的伤害行为属于正当防卫。"薛宇轿车的11处损毁是由翟伟义、戴斌二人共同打砸所致,其损失不应由翟伟义一人承担。"二审法院维持原审判决翟伟义的故意毁坏财物罪及刑期,改判翟伟义赔偿薛宇车损3190元。

戴斌也因故意毁坏财物罪被追究刑事责任。收到判决书,他委屈地问检察官:"翟伟义是来帮我忙的。他没追上薛宇而怒砸薛宇的车……我袖手旁观还算兄弟吗?"

"薛宇受伤离开现场后,不法侵害已经消失,你再砸对方的车辆不管是出于情绪发泄,还是事后防卫都是违法行为……"在检察官解释下,他懊悔"当时没想这么多"。其实,他所不了解的是,薛宇这边还在为遭遇司法"不公"而在申诉。

检察官耐心释法说理

终审判决生效后,薛宇不服法院判决开始申诉。他向市检察院递交了申诉材料。受理这起申诉案后,办案检察官审阅完全部卷宗内容,与原办案民警核实证据了解到:案发时,薛宇被打伤的地段是一条新修的柏油马路,全线未贯通,还未来得及安装监控,这也为案件的还原事实增大了难度。

检察官梳理卷宗证据、对比证言发现:公安机关提取KTV歌厅监控和卫玲的证言印证,薛宇多次进入卫玲等人包间劝酒;戴斌的面包车挡风玻璃等处损坏照片和薛宇遗留在现场的金属棒球棍也说明,薛宇本人的确存在过激行为。

针对赔偿金额，薛宇在申诉书中写道："本次事件中，我车辆维修的费用远大于6380元，应以全部清单和发票作为依据认定赔偿数额。"事实上，翟伟义、戴斌砸坏薛宇车损的11处零部件，已经市价格中心鉴定"损失6380元"，且《谅解协议》表明戴斌已赔偿薛宇砸车款6万元。这笔赔偿款已超过薛宇的实际损失数额。检察官调查还发现：薛宇提供的车辆维修清单和发票的维修项目包含薛宇醉驾与戴斌的面包车碰撞所产生的修理费用，这部分费用让翟伟义赔偿显然不妥……

几天后，检察官见到薛宇。薛宇改口称："翟伟义等人在半路堵截我，我被他们蓄谋打伤的……我一直没有下车。"检察官让他拿出证据时，他又支支吾吾起来。翟伟义和戴斌等人与他素不相识，双方无冤无仇，戴斌等人堵截他原因何在？无论是逻辑，还是情理都难以自圆其说。

"没下车，你的棒球棍怎么落在车外的地上？你为何三番五次进入卫玲的包间？他们出了KTV的门，你为何还要跟着戴斌的车走？"面对检察官的问题，薛宇的回答多是"当时喝多了，记不起来了"。按他的回答，案发当晚发生的一切似乎很魔幻，难道棒球棍自己跳出了车外？

检察官坦诚地说："目前的证据难以消除你酒后滋事的合理怀疑，同时不能证明翟伟义、戴斌等人存在故意伤害的主观故意。"

薛宇似乎意识到自身的问题，陷入了深思。三个月后，市检察院作出《刑事申诉结果通知书》：不支持申诉人薛宇的申诉请求。

检察官说法

近几年，随着正当防卫理念的成熟和制度的完善，群众在他人或自身权益受到不法侵害时，都敢于挺身而出、积极同不法分子作斗争，社会的浩然正气得到弘扬。

《最高人民法院、最高人民检察院、公安部关于依法适用正当防卫制度的指导意见》对如何界定正当防卫和互殴作出了具体规定。实践中法官、检察官会结合案件起因、冲突升级等情形，从行为人主观意图和行为性质进行判断，只要是制止正在进行的不法侵害行为都会被认定为正当防卫。

翟伟义、戴斌在薛宇"逃"走离开现场，即不法侵害消失后，为发泄情绪而犯下故意毁坏财物罪，让人扼腕叹息。正当防卫与不法侵害紧密相连。对于防卫人而言，不法侵害存在时，实施相应的反击行为属于正当防卫，受到法律保护，无须承担法律责任；反之，不法侵害消除后正当防卫也就不存在了，防卫人必须克制情绪，别为发泄不满，逞一时之快，触犯法律而追悔莫及。

本案启示

生活中，遇到不公正的事，即使"有理"，也要冷静、心平气和地寻求有效方式予以解决。受到委屈、愤愤难平时，可向法律专业人士咨询，切记不能使用"砸""抢"等过激行为"讨公道"。

5. 小龙虾事件：89人食物中毒内幕

面对发酸、变味的小龙虾是立即停售、甘受损失，还是部分处置、冒险再售？作为食品经销商，邱宏选择了后者，他万万没想到就此酿成了89人食物中毒事故。

人和地利，改行进入快车道

王某是邱宏妻子的妹妹，在某商场销售秘制海鲜。邱宏通过市场调查，发现加工小龙虾熟食前景光明。如果与王某携手合作，形成小龙虾进货、加工、销售一条龙服务，将来一定会赚个钵满盆丰。

这几年县政府大力扶持百姓创业，邱宏不到一周时间便拿到"小摊点经营证"。接着，他又顺利租到两间仓库，作为小龙虾的加工基地。半个月后，王某、邱宏二人又与邻市王牌秘制海鲜负责人签下加盟协议，成功将美味可口的熟食小龙虾技术引进丰县。

试营业这段时间，邱宏每天起早贪黑，不知疲惫地奔波于加工与销售两个场所。因为他制作的麻辣小龙虾物美价廉，短短两个月，日销售量由最初的几十斤上升到百余斤，口味也从最初的两三种增加至八种，赢得众多顾客的好评。

　　这年5月中旬，商场负责人和王某推出了在端午节这天举办"第一届潜江小龙虾啤酒狂欢节"活动。

　　"顾客购买一斤小龙虾赠送两瓶啤酒，购买二斤以上赠送六瓶啤酒……"活动宣传单铺天盖地。为了确保这次活动完美收官，王某、邱宏二人事先与某养殖基地签下2000斤订单，又在活动开幕前两天，邀请王牌秘制海鲜负责人亲临传经送宝。

　　端午节这天0点30分，邱宏便在加工店开始了一天的忙碌：他先将一锅水烧开，再放入一桶秘制料汁，把清洗后的小龙虾倒入酱汁中，待二次沸腾15分钟到20分钟……

　　早上8点，上百斤的熟制小龙虾被铺在了货架上，香气四溢，让人垂涎欲滴。当天天气炎热，气温近30℃。促销活动拉开序幕后，小龙虾货架旁的顾客络绎不绝，场面空前热闹……邱宏补充了两次货源。下午2点，购虾热潮渐退。阳光"暴晒"下的小龙虾，有的断了腿，有的掉了头，渐渐散发出一股酸味。服务员倪素见状，拨通了邱宏的电话："货架底部的小龙虾因长时间捂着，大部分变味了……"邱宏挂断电话，急忙赶往销售现场。

　　40分钟后，邱宏将挑拣的100余斤色相不好的小龙虾扔进了垃圾箱，继续销售剩余的小龙虾，直至售罄。

傍晚时分，县市场监督管理局工作人员接到群众投诉电话，声称进食某商场售卖的熟制小龙虾后，食物中毒。工作人员立即对这起事件开展调查。

89人住院，所有辛劳付诸东流

猝不及防的变故惊得邱宏、王某二人头晕目眩。下午6时许，一波又一波的患者因进食小龙虾后出现发烧、呕吐症状，陆续住进了县城几家医院。消息很快散播开了。县领导高度重视，立即成立联合调查组。县市场监管局工作人员根据销售现场监控录像，排除了他人投毒作案嫌疑。执法人员将小龙虾取样送往一家鉴定机构。5天后，《检测报告》显示该样品没有任何异常。为找到消费者食物中毒的真正原因，县政府领导决定选派县疾控中心、县中医院等多部门的医务骨干组成专家组，进行深入调查、研判。

专家组依据89名患者病历、检验报告等材料，认定这起中毒事故系"细菌性食源性疾病发生"。4天后，公安机关以涉嫌生产、销售不符合安全标准的食品罪将邱宏刑事拘留。随后，县检察院作出逮捕决定。

"检察官，我愿意认罪认罚。"审查起诉阶段，邱宏在认罪认罚具结书上签下名字。一审法院公开审理此案后，以生产、销售伪劣产品罪，判处邱宏有期徒刑1年6个月，并处罚金4.5

万元。

"构成生产、销售伪劣产品罪必须是明知销售的产品系伪劣产品。我在销售过程中并不知道小龙虾不合格,所以我没有犯罪故意……另外,没有省级以上卫生部门鉴定意见,一审法院便推定我生产、销售的小龙虾系不合格产品,我认为该判决错误。"事实上,一审法院已结合邱宏的认罪态度从轻判处,邱宏却不服上诉至市中院。

检察官调查,揭开消费者食物中毒原因

二审期间,市检察院的办案检察官围绕事实再次展开调查。卷宗显示:案发同一天,某联盟店第二次举办小龙虾促销活动,选用的小龙虾与邱宏所加工的小龙虾属于同批次。

为何某联盟店这次活动没有出现小龙虾食物中毒事故呢?检察官进一步调查发现:促销当天,该联盟店销售中,始终在熟食小龙虾下部使用冰块降温,且售完一批再现场制作,当天销售小龙虾总量800余斤。对比发现,案涉商场当天大约销售近2000斤小龙虾,这些竟是由邱宏一人加工完成的。

"这些小龙虾在翻煮中,受热均匀吗?现场销售的小龙虾暴晒于阳光下为何不采取降温措施?发现货架底部的小龙虾发酸、变色,简单挑拣后剩余的还能出售吗?"正是这些考虑不周的细节和错误的决策,酿成了89人食物中毒事故。

检察官调查还发现,邱宏名下"小摊点经营证"的营业范

围仅是"食品销售",而他擅自将小龙虾加工成熟制品后再运输到商场进行销售,该行为属于违法经营。

涉及食品类案件必须有省级以上鉴定意见才可定罪吗?《最高人民法院、最高人民检察院关于办理危害食品安全刑事案件适用法律若干问题的解释》第24条规定,"足以造成严重食物中毒事故或者其他严重食源性疾病""有毒有害的非食品原料"等专门性问题难以确定的,司法机关可以根据鉴定意见、检验报告等相关材料作出认定。

也就是说,办理食品类案件不是必须经省级以上鉴定机构出具鉴定意见才可定罪。检察官认为,多家医院出具的89名消费者住院记录、《检验报告单》、县专家组认定的"细菌性食源性疾病发生"的鉴定意见等相关书证,足以作为认定邱宏构成生产、销售不符合安全标准的食品罪的证据使用。

然而,就在检察官准备出庭以涉嫌生产、销售不符合安全标准的食品罪发表意见时,邱宏向法院申请撤回上诉。二审法院合议庭经过审查,作出准许邱宏撤回上诉的裁定。

检察官说法

习近平总书记提出"四个最严"(最严谨的标准、最严格的监管、最严厉的处罚、最严肃的问责)确保食品安全。《最高人民法院、最高人民检察院关于办理危害食品安全刑事案件适用法律若干问题的解释》第2条第4项规定,生产、销售不符合食品安全标准的食品,造成10人以上严重食物中毒或者其他严重食源性疾病的，应当认定为《刑法》第143条规定的"对人体健康造成严重危害"。《刑法》第143条规定，对人体健康造成严重危害的，处3年以上7年以下有期徒刑，并处罚金。此外，《刑法》第149条第2款规定，同时构成其他犯罪的，依照处罚较重的规定定罪处罚。

对于鉴定问题，办案检察官查阅许多资料后，又同市场监管领域的专家交流发现：目前在熟食品领域尚无水产品熟食相关变味、变质、污秽不洁、霉变生虫等方面的鉴定标准。对此，希望通过此案，引起有关部门足够重视，尽早填补水产品熟食鉴定"空白"，完善该领域检测细则及标准，从而更科学、更有效、更精准地打击食品领域的犯罪行为，确保群众舌尖上的安全。

本案启示

1. 消费者的生命健康重于一切。广大食品经营者务必合法经营，不能只为赚钱，而不顾及消费者健康。否则，经营者自己也会付出惨重代价。

2. 加强食品质量的监管和检测。市场上存在不符合质量标准的食品出售，暴露出监管部门的漏洞。因此，当前市场监管等部门加大食品安全风险排查整治力度，加大食品质量监督、抽检频次，严厉打击销售劣质食品的违法行为，依然是确保群众舌尖上安全的有效手段。

3. 为了自身健康安全，建议消费者购买散装熟食时，要查看销售商是否冷藏销售熟食品；熟食是否存在变色、有异味等问题，不要贪图便宜，购买来源不明或是超过保质期的熟食品。

6. 制贩炸药团伙覆灭记

开矿需要大量炸药物和雷管，而繁杂的审批手续让一些矿主很难从正规渠道及时获得开矿用的爆炸物。许多不法者看到商机，悄悄从事"地下"交易。久而久之，一个制造爆炸物、购买雷管、介绍收买炸药物的团伙形成了，这给社会治安带来了极大的安全隐患。

民警识破特殊"饲料"

现年48岁的袁泽在市区有房、有车。平时，他一个月甚至半年也不回百里外的老家加工"鱼饵"，这次却不巧，让走访排查的民警抓个正着。

一年6月的一天下午，骄阳似火。县公安局两位民警走进某村南面一个废弃的养猪场排除隐患时，发现一间破旧的平房内堆放着很多成袋的"鱼饲料"，还有许多叫不上名的黄色粉末。

四周空无一人。一位警官随手捏出少许粉末，闻了一下：一股刺鼻的味道让人顿感恶心。"这是硫黄！成堆的鱼饲料掺杂硫黄，这很不符合逻辑！"两位警官察觉出异样，决定先找到"鱼饲料"的主人袁泽问个究竟。

此刻，躲在老宅里的袁泽见到两位民警时，慌里慌张地解释："我在加工鱼饲料，这些鱼饲料卖到城里可贵了。"办案经验丰富的谢警官越想疑点越多，于是将袁泽带回派出所配合调查。

在几个回合的语言及心理较量后，袁泽的谎言不攻自破，他不仅交代了自己的作案过程，还把"上线"供了出来。公安干警连夜将提取的混合物样品送往爆破公司进行测试，实验结果表明：该混合物与雷管混合会瞬间爆炸。随后，公安干警又将样品送往市公安局刑侦支队进一步鉴定，最终确认该混合物系硝铵炸药。

公安干警在袁泽租用的废弃养猪厂房内查获炸药物成品22袋，半成品29袋，约计23805公斤。这么多的炸药物一旦被不法分子利用或引爆，后果不堪设想！县公安局立即成立了专案组，兵分多路，展开拉网式调查。随后，五名涉案人员先后被带进看守所，一桩非法生产、贩卖炸药物品案浮出水面……

铤而走险不思悔改

袁泽生产的这些炸药物究竟流向何方？民警顺藤摸瓜，将某县农民石某英抓获。公安干警了解到：现年58岁的石某英曾在5年前，驾驶一辆装载59枚雷管、560公斤私制炸药的货车公然送往某村的一个铁矿，被公安干警当场查获。3年前，法院以非法运输爆炸物罪判处石某英有期徒刑3年，缓刑4年。

谁会想到石某英还在缓刑期间又故伎重演。案卷显示：开游戏厅的袁泽通过朋友认识石某英后，按石某英所说的方法加工"鱼饲料"，并将特制的30余袋成品卖给石某英，获利5000多元。袁泽见此生意成本低、投资小，收益翻倍，便在老家租到几间废弃的养猪厂房，又投入1000多元，从县城购进1台电机和1台磨面机，开始批量生产这种"鱼饲料"。

引爆这些炸药离不开雷管，这并没有难住石某英。他找到专门制造雷管的陈军帮助。陈军曾被法院以非法买卖爆炸物罪判处有期徒刑1年半。

陈军顾念与石某英的好友情分，将400枚自制雷管以每个12元的低价卖给了石某英。陈军到案后交代："去年春节刚过，我的表叔谢辉患上胃癌，我去看他，他虚弱地躺在床上，手里拿着1个饮料盒，盒里装着一些香烟大小的圆柱体雷管，每个都用牛皮纸包着。他托我把这盒雷管卖掉治病。我看到表叔很可怜，便答应下来。后来这些雷管卖了大约5000元，我都给我表叔了，他只给了我两瓶酒喝。3个月后，我表叔去世了。雷管不是我制造的，我也没有从买卖雷管中获利。"陈军本以为这样的狡辩会获取同情而从轻处罚，但没想到检察官慧眼识真相，很快作出逮捕陈军的决定。

除了将炸药卖给本地一些矿主采矿使用，石某英还把"业务"拓展到邻省某村的一个矿区。因石某英提供的开采矿山的爆炸物价格低廉，他很快便与这里的一家矿长以每米84元的价格签订了打眼、填药等采矿合同。石某英将这些工程转包给两个工程队，从中赚取差价。半年时间，这两个工程队一共打眼5次，耗尽4500公斤炸药，石某英赚取近20万元的利润。

仗义"搭桥"触犯刑法

如果说袁泽和石某英是因为丰厚的利润在这条不归路上铤而走险，董辉卷入这个犯罪团伙却是对朋友毫无原则的"仗义"相助。

刚满29岁的董辉出生在一个偏僻的山村，仅有小学学历。这些年，他为做生意不停奔波，通过自己的艰辛劳动，现在拥有10多辆大车，还雇有6名司机，每年为矿厂运石头就有上百万元的收入。1年前，董辉带着车队在一家矿厂运矿石时，结识了比他大5岁的崔志。崔志在另一家矿厂放炮打眼。

起初，崔志和董辉并不是很熟识。有天，崔志家需要两车沙子盖二层楼。他找到经常拉矿石路过这里的董家司机帮忙。那天，司机恰好有事，热情仗义的董辉亲自驾车前往崔家送沙、盖房。两车沙送到崔家后，崔志对董辉充满感激之情。他告诉董辉："如果你所在的矿老板需要炸药放炮开采矿石可以找我，我这是正规的放炮专业队！"事实上，崔志所谓的正规放炮专业队，所用的炸药都是从石某英那里购买的。

一晃3个月过后，董辉运石头的这家矿厂面临停产。此时，该矿厂老板李矿长还拖欠董辉40多万元运费。董辉了解到李矿长是因为炸药审批不下来而无法继续采矿，他忽然想起崔志托自己寻找矿主放炮打眼的事。于是，他热情搭桥介绍崔志、李矿长二人相识，谈成了两笔生意。董辉归案后供述："每次都是崔志和李矿长单独在屋里商谈，我躲在外边的车上等候。我根本看不上那几个小钱，我帮李矿长是想让他生意兴隆，以后少不了给我活干。"案卷显示：崔志向石某英购买100袋爆炸混合物和200个雷管，再转手卖给李矿长，李矿长通过董辉支付给崔志2万元报酬。

庭审悔过罪责难逃

整个交易过程中，狡猾的犯罪嫌疑人一直都是"单线"联系，这大大增加了案件侦破的难度。为此，公安干警多次到各矿区调查、核实，一步步锁定了犯罪证据。

案件侦查终结后，卷宗被移送到市检察院。此时，一个棘手问题出现了：由于这个团伙作案时间跨度长，交易次数多，连袁泽、石某英、崔志自己也记不清到底买卖了多少炸药物，而这些炸药物的数量决定了量刑标准，因此，必须准确无误。

为此主办检察官放弃休息日，加班加点核对每一笔账单，抓住"每次都是银行卡转账并无现金交易"的细节，结合公安从银行获取的笔录和书证，终于梳理出一条清晰的作案过程：袁泽在废弃养猪场内制造炸药2.38万公斤，卖给石某英2.25万公斤。石某英将4500公斤炸药卖给崔志，崔志又通过董辉卖给李矿长。剩余的1.8万公斤炸药被石某英分别卖给几个矿厂用于开采矿石。另外，石某英向陈军购买400枚雷管，除自己用外，将200枚卖给了崔志。

这天上午10点，庭审现场坐满了前来旁听的群众。石某英、袁泽等5名嫌犯的代理律师早早出现在法庭的一侧。庭审质证时，为了减轻罪行，石某英辩称交易的银行卡中有3万元是袁泽欠自己的购房款，而袁泽称这3万元是石某英欠自己的房款。两人的不同说法引来旁听席上的群众一片唏嘘笑声。最终，在公诉人出示的物证、书证等证据下，两人企图混淆制贩炸药数量的伎俩被揭穿。

在法庭最后陈述时，石某英、袁泽以自己的行为没有造成严重后果为由，恳请法官从轻处理；情绪低落的董辉为自己法律意识淡薄，误入歧途数次落泪；陈军称自己是为帮助患病的表叔才出售雷管属情有可原，请求法官减轻处罚。

市中院作出一审判决，以非法制造、买卖爆炸物罪判处主犯袁泽、石某英无期徒刑，剥夺政治权利终身。其同伙崔志、陈军、董辉也分别获刑12年、11年和4年。办理此案的检察官总结说：石某英、陈军曾在非法买卖爆炸物的犯罪道路上摔过跟头，付出过沉重代价，然而他们并没有悬崖勒马、痛改前非，反而变本加厉地实施贩卖炸药的犯罪活动，这次获刑是他们咎由自取。

检察官说法

实行严厉的刑事打击,为何难以从根源上消除买卖爆炸物罪?究其原因主要有两个方面:一方面是少数矿主追求盈利最大化,不惜违法购买炸药物,为袁泽、石某英这些不法之徒提供了生存空间。事实上,购买雷管、爆炸物的矿主构成犯罪,需要承担刑事责任。司法实践中也要加大对购买爆炸物的矿主刑事犯罪打击力度。另一方面是群众法律意识淡薄,不了解非法买卖爆炸物的刑罚标准,从而以身试法。

根据我国《刑法》第125条第1款的规定,非法制造、买卖、运输爆炸物的,处3年以上10年以下有期徒刑;情节严重的,处10年以上有期徒刑、无期徒刑或者死刑。何谓"情节严重"?《最高人民法院关于审理非法制造、买卖、运输枪支、弹药、爆炸物等刑事案件具体应用法律若干问题的解释》第1条第1款第6项规定了非法制造、买卖爆炸物的定罪处罚标准,即非法制造、买卖炸药、发射药、黑火药1000克以上或者烟火药3000克以上、雷管30枚以上或者导火索、导爆索30米以上,便达到定罪标准。其中,该解释第2条第1项规定了"情节严重"的标准,即上述规定的最低数量标准的五倍以上,也就是说炸药达到5000克,雷管达到150枚便属于"情节严重",刑期在10年以上。由此可见,刑法对制造、贩卖炸药的犯罪分子量刑极重。

本案启示

1.哪些事情该做,哪些不能做,心中要用法律的杠杆来衡量,助人为乐的行为一定要在法律允许的框架内进行。本案中,董辉为需要炸药物的矿主与销售炸药者建立联系,解决矿场缺少爆炸物无法开采矿石的问题,他虽没有收取任何报酬,但他的"牵线"行为帮助他人的犯罪行为顺利实施,从而受到法律制裁,应引以为鉴。

2.企业老板不要以身试法。生活中,有的矿山企业老板为了超量开采矿石获取更多高额利润,会通过非法渠道购买爆炸物。事实上,过度开采不仅会破坏生态环境,而且非法购买爆炸物也是严重的违法犯罪行为。所以,企业老板要通过正规审批渠道获得爆炸物,不要挑战法律的权威。

7. 自作聪明的借款者

公司转让涉及股权转让协议、工商变更等诸多问题，其中每个环节都须谨慎对待，稍有虚假不实就可能引发纠纷，甚至演化成刑事案件。多年前，吴宏德介绍开发商苗思雨收购朋友李阳的公司，本想帮助李阳走出经营困境，收回自己借给李阳的200万元，但苗思雨因故放弃了收购。让人没想到的是，几年后李阳将自己实际控制的B公司悄然转让给柳芳，而后他又拿着600万元股权转让协议把吴宏德告上法庭讨要转让费。公司转让背后的虚假股权转让协议正是引发日后官司的罪魁祸首，李阳也因自欺欺人的公司转让而身陷囹圄。

为创业欠下朋友数百万元投资款

时年36岁的吴宏德与李阳的姐夫是多年好友，交情颇深。吴宏德在得知李阳想要创业但没有资金后便伸出援手，以零利息借给他200万元启动资金。有了这笔借款，李阳很快顺利成立了铝业公司和B公司。经过一年多努力,李阳拿到了政府批准铝业公司开采铝矿的红头文件。然而,新的难题接踵而至:启动开矿项目需大量资金,而李阳手头没有这么多钱。

李阳想方设法引入资金,屡次到各地寻找合作伙伴,均因种种原因没能洽谈成功。李阳的公司员工纷纷辞职,只剩下他和会计章萍。就在这时,吴宏德打来电话催要200万元借款。李阳满脸愁容地告诉吴宏德,公司已有政府许可开采铝矿的批文,但由于找不到合作伙伴,批文已过期一年,自己正想办法把公司转让出去,等拿到钱就归还这笔借款。

听说李阳要转让公司,吴宏德想到不久前在上海洽谈业务时认识的苗思雨。苗思雨从事房地产开发多年,资产颇丰,倘若李阳将公司转让给苗思雨,就有钱还款了。吴宏德的收购提议很快被苗思雨采纳。李阳对吴宏德所做的牵线搭桥工作感激涕零,并许诺事成后多给他一些好处费。

事不宜迟,吴宏德、李阳、苗思雨三人很快达成了合作协议。该协议内容显示:苗思雨出资1300万元收购铝业公司和B公司,吴宏德帮助把该公司过期的开矿批文恢复有效。此时,吴宏德对这份协议还是有所顾虑。他担心李阳甩下他,直接将两家公司转让给苗思雨,令自己损失一笔好处费。于是,他与李阳制订了更为详细、具体的操作步骤:第一步,李阳先把B公司变更到吴宏德名下,由苗思雨将1300万元打入B公司的账户。第二步,李阳再将铝业公司转至吴宏德名下,吴宏德将1000万元打入李阳账户,并将铝业公司和B公司一并转到苗思雨名下。账户里剩下的300万元留给吴宏德，作为李阳到期归还的借款和好处费。

一切准备就绪后，吴宏德和李阳开始了第一步行动。为快速将B公司转至吴宏德名下，李阳和吴宏德商议决定避开审计公司财务程序，直接签订一份"李阳将自己名下B公司所有股权600万元全部转让给吴宏德"的协议。

二人拿着这份签好的协议和出资证明表办理了变更手续，吴宏德成为B公司的全资股东和法定代理人。

为解决债务，连环诉讼背后藏"猫腻"

尽管收购计划设想得很周密，但还是出现了偏差。原来，吴宏德全力运作恢复铝业公司的过期铝矿开采许可手续，最终还是被"卡"了下来。"没有开矿许可证，我收购铝业公司就失去意义了。"苗思雨果断放弃了收购计划。

此刻，在吴宏德看来，虽然B公司和铝业公司均没有被苗思雨收购，但公司还是李阳的，他没有任何损失。想到这些，吴宏德心里很坦然，以为这件事就这么过去了。转眼又是三个春秋，李阳仍没有还款的迹象，吴宏德几次督促也不见效果。吴宏德的妻子向法院提起了民事诉讼。法院经过开庭审理后，判决李阳归还200万元借款及利息。

然而不久，李阳带着当年B公司600万元的股权转让协议将吴宏德告上法庭，要求法院判令吴宏德归还其转让B公司的

600万元股资。这起纠纷经一审法院两次审理，李阳的诉求被驳回。李阳提起上诉，市中院维持原判后，李阳不服，又申请省高院再审。省高院指定市中院再审。市中院启动审判监督程序再审后，改判吴宏德支付李阳B公司股权转让款600万元及利息。4个月后，吴宏德名下的一套房产被查封，存款10.5万元也被法院强制执行。

吴宏德满腹委屈："B公司没有实体项目，也无任何资产，就是一家空壳公司，我怎么会收购这样的公司？再说，当时李阳将B公司转到我名下，是零元转让，是为了把B公司作为资金平台使用，实现苗思雨收购铝业公司的计划……事实上，我不欠李阳600万元股资。"他来到工商部门查询B公司的经营状况，结果却令他大吃一惊：自己名下的B公司股权所有人竟然已变更成陌生人"柳芳"。

吴宏德觉得该变更十分蹊跷，便报了警。1个月后，公安机关作出不予立案决定，他又申请检察院立案监督。检察院经过审查认为，李阳的行为涉嫌虚假诉讼罪，遂通知公安机关立案。

那么，到底是谁将吴宏德名下的B公司转让给柳芳的呢？公安机关的侦查员以此为突破口，经过多次实地调查，终于发现了幕后指使者。原来，柳芳想成立一家公司，她的哥哥柳坤在铝业公司担任副总，柳芳喜欢B公司的名字，便委托柳坤与李阳洽谈收购事宜。最终，柳芳以6万元收购B公司，并将收购款打入B公司会计章萍的账户。

法庭交锋:究竟是无权代理还是刑事案件

区检察院以李阳涉嫌诈骗罪提起公诉,区法院开庭审理了此案。庭审中,B公司会计章萍出庭作证,侦查员也向法庭解释了相关问题。可李阳拒不认罪,并否认他已将B公司转让给柳芳。经过控辩双方激烈辩解,一审法院结合证据和庭审情况认为:李阳向法院起诉要求吴宏德给付600万元B公司转让款前,通过签订合同的形式已擅自将B公司转让给他人,隐瞒了未经所有人吴宏德同意的事实,李阳的行为构成合同诈骗罪;李阳意图通过司法裁判的强制效力获取被害人财产,其行为虽以非法占有为目的,但侵害的客体主要是正常的司法秩序,可以由法院依照民事诉讼法有关规定处理,不按诈骗罪追究刑责。

一审法院以合同诈骗罪判处李阳有期徒刑2年,责令李阳退赔吴宏德6万元。宣判后,李阳不服,提起上诉,检察院同时提起抗诉。

此案进入二审程序。市检察院的检察官在审阅全部卷宗的基础上,深入分析相关证据后认为:李阳提起民事诉讼时故意隐瞒其已在两年前与柳芳、柳坤协商转让B公司的事实,在明知吴宏德不具有B公司所有权的情况下,仍要求吴宏德履行600万元债务。其隐瞒真相的行为终使法院将吴宏德的房产查封,强制执行10.5万元存款。其具有非法占有目的,构成诈骗罪。

市中院开庭审理了该案。庭审中，李阳面对检察官的问题，不是避重就轻，就是答非所问。他辩称"一审法院认定事实错误，我无罪；退一步说，即便按照一审法院推定，我与吴宏德之间也属于无权代理行为，我不构成合同诈骗罪"。

李阳隐瞒已转让B公司给吴宏德的事实，再次将B公司转让给柳芳的行为，属于无权代理吗？出庭公诉的检察官亮明观点：民事关系中无权代理要求行为人必须是善意的，且应在事后积极向所有权人进行追认。本案李阳不承认将B公司转让给柳芳的事实，不符合无权代理构成要件。

市中院经审理后认为：李阳故意隐瞒B公司已转让给吴宏德的事实，未经吴宏德同意私自将B公司又转让他人，其行为侵害了吴宏德的合法权益，构成诈骗罪。李阳明知不存在600万元债权仍向法院起诉，要求判令吴宏德支付600万元，属于虚假诉讼行为。但因李阳提起虚假民事诉讼的行为发生在《刑法修正案（九）》出台之前，因此不能以虚假诉讼罪追究其刑责。

市中院作出终审判决：李阳犯诈骗罪判处有期徒刑2年，并处罚金3万元；退赔被害人吴宏德6万元。

检察官说法

本案是检察机关行使立案监督权的一起案件。立案监督，通俗地说，就是当事人认为公安机关应该立案，公安机关却没有立案，当事人可以向检察院申诉。检察院受理后，会要求公安机关说明不立案的理由，如果理由不成立，检察院就会通知公安机关立案，公安机关必须执行。本案中，检察院认为吴宏德申诉理由成立，监督公安机关立案。吴宏德使用法律武器维护了自身合法权益，值得借鉴。

虚假诉讼罪属于结果犯，也就是捏造事实提起民事诉讼后，有妨碍司法秩序或者严重侵害他人合法权益的危害后果。司法实践中，虚假诉讼具有隐蔽性强、定罪争议大等问题。本案中，李阳和吴宏德之间并不存在真实的600万元借款关系，李阳却隐瞒真相提起民事诉讼，要求吴宏德归还600万元，主审法官认为李阳的行为属于虚假诉讼，但因时效不再追究其刑事责任。主办此案的二审检察官认为，李阳通过隐瞒事实骗取法院获取被害人财产的行为，侵犯的客体不仅是正常的司法秩序，同时侵害了被害人吴宏德的财产，构成诈骗罪。司法实践中主审法官与检察官对案件罪名认定存在分歧是常见现象，这种争议主要源于司法职能定位不同，检察官主要是侧重追溯犯罪，倾向于选择更重的罪名以体现打击犯罪行为的力度；法官则需兼顾罪刑法定原则与有利被告人权利，选择更符合构成要件的轻罪名。通过这起案件的办理，相信读者对于虚假诉讼罪和诈骗罪会有更深刻的认识和理解。

本案启示

1.生活中，我们遇到纠纷或发生矛盾都可能通过法律途径解决，但法律不是儿戏，双方当事人都要为自己的行为负责。一方当事人如果在民事诉讼中故意隐瞒、掩盖事实和真相，赢了官司，造成另一方当事人或案外人财产、名誉损失的，这也是犯罪行为。

2.随着法律制度的完善，检察官将在虚假诉讼等群众反映强烈的法律监督问题上发挥作用，那些企图借用司法强制力占有他人合法财产而心存侥幸者，终究会被检察官指控犯罪，受到刑事处罚。

8. "日进斗金"的制售假美容药团伙

爱美之心，人皆有之。许多爱美女士苦于囊中羞涩，便购买廉价的美容药品使用，于是非法医疗美容机构便有了广阔的市场。四年多来，李霞和生产、销售假美容药的上线及下线隐匿于网络，频繁交易，形成了一条黑色利益链。

误入歧途：与男友齐力掘金

时年34岁的李霞在一家美容店上班，她和同事纪玲交往频繁，自然而然地成了闺蜜。李霞每每抱怨现在消费高，入不敷出，纪玲听后脸上总是挂着神秘的笑容。有次两人一起吃饭，纪玲向李霞道出生财之路："马无夜草不肥，人无横财不富。卖假肉毒素、玻尿酸这行利润高、赚钱快。咱们一起干，用不了多久你就会成为名副其实的多金女……"随后，纪玲翻开手机上各式各样的假美容药品的图片，以及自己账户每月高达5位数的收入账单展示，李霞看后好不羡慕。

这些年，李霞在美容行业人脉甚广，她很快便答应跟着纪玲一起干。最初，她从纪玲手中购进300支虚假美容药品，放进个人微信朋友圈销售。因为服务热情周到，不足3个月，这些药品便销售一空，李霞净赚4万多元。尝到甜头，李霞果断辞掉了工作，准备大干一场。谁知半月后，纪玲突然人间蒸发，她预感到出事了，内心惶惶不可终日。她急匆匆赶到外市哥哥家躲避风头。几个月后，正如李霞所担心的那样，纪玲因销售假药而获刑，但没有任何人找李霞了解情况，她终于放下心来。

　　因一时找不到合适的工作，日常的花销让李霞再度捉襟见肘。她无奈重操旧业，并南下去参加美容药品展销会。在展销会上，她认识了生产假肉毒素、玻尿酸等美容药品的钟某亮，并建立起合作关系。

　　李霞的男友李峰经常帮她叠美容药说明书、收发快递。李峰见包装的是"保妥适"、韩国肉毒素仿品，以假乱真却能顺利销售且日进斗金，极为羡慕。见李峰想跟着干，李霞便把他拉进许多美容群，手把手教他，李峰很快成为业内"高手"。两人为了降低成本，在网上找到印刷厂专门印制假冒"保妥适""衡力"厂家的商标。他们在购买的肉毒素、玻尿酸裸瓶外贴上"保妥适""衡力"等假冒商标，再分销到下线。一条完整的黑色链条已经形成：假药来源、商标印制、对外销售等环节一应俱全。短短几年，李霞便购买了两套商铺、三套房产，而李峰也开着豪车、住着豪宅，出入高档酒店，享受富人生活。

一网打尽：起底办案背后的细节

李霞与李峰有了钱，感情却出现了危机，最终分道扬镳。李峰租了个100多平方米的仓库与表弟另起炉灶，继续销售假美容药品。一日，警方接到广州一家公司举报，成立了专案组，对一个名叫"刘林"的人展开调查。经初查，"刘林"系李峰使用的假名。

随后，专案组顺藤摸瓜，将李峰、李霞、钟某亮、印制"保妥适""衡力"商标的杜某，以及销售假冒美容药品的下线解某彬、崔某东等14人抓获归案。经查，李霞、李峰从钟某亮、刘某飞等处购进裸瓶肉毒素、玻尿酸等假美容药品，又从网上找到杜某的印刷厂印制"保妥适"等美容药品商标、包装盒、瓶贴，并以1.3元/套的高价收购贴在包装瓶上，销售给下线解某彬、崔某东等人，再由解某彬等人销往全国各地。市场监管局工作人员对现场提取的肉毒素等样品进行了鉴定，结果显示均为假药。

检察院批准逮捕了李霞等人。但是案件仍有许多未解难题：这些年李霞等人到底卖出了多少假美容药品？涉案人员参与度、罪与非罪如何界定？慎重起见，专案组提取到李霞等人完整的网上交易记录，在深入分析后又结合李霞等人的供述，终于计算得出这些犯罪分子生产、销售假美容药品数额。其中，李霞销售数额高达300余万元。

检察院向法院提起公诉,一审法院开庭审理后,采纳了检察官的起诉罪名和量刑建议,14名涉案人员均获刑领罚。其中,主犯李霞以生产、销售假药罪获刑10年;假冒注册商标罪获刑7年;销售假冒注册商标的商品罪获刑1年,三罪并罚,执行有期徒刑15年,并处罚金220万元。

开启二审:释法说理贯穿始终

一审宣判后,李霞对销售数额存有异议,上诉至市中院:"我销售的数额没有这么多,李峰使用过我的微信号交易,这部分钱不应算在我身上。"

市检察院的主办检察官提审时,耐心地向李霞解释销售数额问题:"卷宗相关证据和李峰供述,均证明是你发展李峰从事销售假美容药品违法活动的。李峰使用你的微信号进行交易,按《刑法》第26条规定,你作为主犯应承担全部责任。"法庭上,李霞又辩称:"公安机关提取的肉毒素等样品鉴定为假药,这仅是一小部分,没鉴定的剩余部分均是真货,我申请全部鉴定!"

检察官与市场监管局的专家针对李霞的辩解,反复讨论后认为,司法办案实践中,不可能把同类所有扣押药品一一鉴定。真品肉毒素在800元/支到2000元/支,而李霞等人所售假肉毒素均在150元/支到300元/支,他们不可能如此高价购进"真品"降到300元/支出售。此外,肉毒素属于国家重点监管药品，没有销售许可证不能出售，因此价格和货源渠道均证明这些药品是假货。

市中院采纳了出庭检察官的全部意见，作出终审判决维持原判。李霞等人表示认罪认罚，至此这起生产销售假美容药品团伙彻底覆灭。

检察官说法

《刑法》第141条第1款规定了生产、销售、提供假药罪三个量刑幅度：3年以下有期徒刑或者拘役，并处罚金；对人体健康造成严重危害或者有其他严重情节的，处3年以上10年以下有期徒刑，并处罚金；致人死亡或者有其他特别严重情节的，处10年以上有期徒刑、无期徒刑或者死刑，并处罚金或者没收财产。《最高人民法院、最高人民检察院关于办理危害药品安全刑事案件适用法律若干问题的解释》第4条规定了生产、销售、提供假药的八种"其他特别严重情节"，其中生产、销售、提供假药的金额50万元以上的应当认定为情节特别严重。本案中，李霞销售假美容药品高达300余万元，属于情节特别严重，法官结合其他犯罪情节数罪并罚，其刑期为15年也就不足为奇了。

涉案药品是否必须进行鉴定以及假药的认定往往是控辩双方争议的焦点。《药品管理法》第121条规定："对假药、劣药的处罚决定，应当依法载明药品检验机构的质量检验结论。"司法实践中，对于查获的假药需要由药品监督管理部门依法抽样检验，并根据检验结果认定药品性质。本案中，市场药品监管部门依法对查获的药品进行抽样质检,结果为假药。检察官又结合本案药品来源、进货渠道、销售价格等情况认定为假药,无疑是准确的。此外,本案还涉及侵犯著作权罪、销售侵权复制品罪等罪名,该罪名均把"违法所得"作为定罪量刑的重要依据,但法律对"违法所得"数额的计算方式并没有作出明确规定。司法实践中,计算"违法所得"数额有两种方式:第一种方式是按照"获利数额"计算,即在计算"违法所得"时,扣除在实施犯罪中的必要成本,只计算获得的实际收益。第二种方式是按照"全部违法所得"计算,即不扣除任何犯罪成本,行为人实施买卖赃物成本、犯罪直接或间接产生的任何财产或者财产性收益,都计算为"违法所得"。本案中,检察官按照第二种"全部违法所得"计算,主要原因是对于损害消费者身体健康的医疗美容领域违法犯罪分子必须予以重拳打击。检察官也借助此案希望尽快出台有关计算"违法所得"相关的司法解释,进而精准量刑。

本案启示

1.消费者要选择正规的医疗机构进行美容或购买美容药品。目前,私人开设的美容店较多,希望广大爱美人士擦亮眼睛,不贪便宜,以免美容变"毁容"。

2.发现购买的美容药品系假药要第一时间向消费者协会、市场监管局投诉,也可直接报警,以防更多的消费者上当受害。

二、未成年人保护

未成年人是祖国的未来。
为孩子营造良好的成长环境,
是我们全社会义不容辞的职责。

1. 前妻病故，孩子抚养权该归谁

《民法典》第1084条第3款规定，离婚后，不满2周岁的子女，以由母亲直接抚养为原则。已满2周岁的子女，父母双方对抚养问题协议不成的，由人民法院根据双方的具体情况，按照最有利于未成年子女的原则判决。子女已满8周岁的，应当尊重其真实意愿。这是现实生活中处理夫妻离婚时子女抚养权的法律依据。可是，若离婚后直接抚养孩子的一方死亡，孩子的抚养权该归谁？法律并无明文规定。

感情破裂，同意儿子归病妻抚养

姜海军与黎玫结婚了。姜海军大学毕业三年，在一家汽修厂工作，月工资5000元。黎玫小他1岁，大学毕业后工作一直不稳定。

第二年春天，儿子涛涛出生了。为了给孩子创造更优越的生活条件，姜海军夫妇在县城开了家汽修店。姜海军每天起早贪黑忙于修车，黎玫在家相夫教子，日子过得十分惬意。熟料，没过多久猝不及防的病魔打破了美好的生活。

黎玫持续低烧，阵阵头痛不已。起初她没在意，还以为就是普通的小感冒。可是在门诊连续几天输液，病情不但没好转，反而出现口吐白沫等症状。

"见妻子昏迷不醒，我赶紧将她送到市人民医院救治。抽血化验、脑CT等各项检查结果出来后，医生确诊为胶质细胞瘤。听后，我顿时如遭电击，眼泪瞬间奔流而下。我不敢想象涛涛没有母亲的日子怎么办……医生安慰我，现在医疗技术发达，能治好这种病。医生的话让我的情绪慢慢平静下来。手术后，黎玫一直在重症监护室。当时一支特效药2000多元，这家医院没有，我多次开车到省医院拿药……"回忆起当时的情景，姜海军仍心有余悸。

万幸，黎玫的病情在逐渐好转，他如释重负。

20多天后，10多万元的治疗费清空了小两口的积蓄。姜海军觉得，无所谓，钱没了可以再赚，只要妻子能痊愈、一家人能继续幸福生活比什么都重要。黎玫出院后，姜海军经营汽修店工作很忙，无暇照顾妻儿，便让黎玫和孩子回到娘家住。

没想到二人的感情却出现滑坡。姜海军称："黎玫回娘家两个月后，我妈去县城购物，偶遇一陌生男人和黎玫在一起逛街。我妈很气愤，让我接媳妇回来住，可她就是不回来。之后，我们经常为一些生活琐事争吵，黎玫总听她妈的话……渐渐地我俩的夫妻情分也吵没了，我便提出离婚。"

黎玫坚决反对离婚。姜海军向法院提出离婚诉讼,法官判决不准离婚。一年后,姜海军再次以感情破裂为由起诉离婚。小两口在法院一见面便争吵不休,显然破镜重圆无望。

在法官劝解下,二人在离婚协议上签了字:姜海军一次性给付黎玫经济帮助费2.1万元,并同意涛涛跟随黎玫生活;每季度由姜海军给付涛涛抚养费1000元,至孩子18岁成年为止;黎玫允许姜海军每3个月看望涛涛一次。

双方争执,儿子抚养权该归谁

一年后,姜海军再婚,女方是一家私企高管,也有一段婚史,还带着一个3周岁的女儿。姜海军格外珍惜这段婚姻。他和妻子在县城购得了90平方米的商品房,还添了一个"小公主",四口之家步入幸福快车道。

黎玫的状况却有些凄惨。姜海军的决绝让她的情绪降至冰点。屋漏偏逢连夜雨,久违的病痛又悄然回袭。她在日记中写道:"我舍不下父母,更舍不下我幼小的孩子,我还没有好好地疼爱他,他和别的孩子一样需要妈妈的疼爱……我还不想离开这个美好的世界。我乞求苍天允许我坚强地活下去。"

然而,苍天没有同情可怜的黎玫。离婚两年后,病魔无情地带走了黎玫年轻的生命。姜海军听说前妻去世的消息,想到涛涛的未来,决定把涛涛接回自己身边生活。

"这怎么行?涛涛从小跟着我们和女儿长大,我们老两口离不开他,他也离不了我们。玫玫生前留有遗嘱,特别嘱咐我们要把涛涛抚养成人……"黎玫母亲文翠叶的话让姜海军意识到夺回涛涛困难重重,但他志在必得。

文翠叶夫妇担心姜海军抢走涛涛,便迅速转移其住所,姜海军拼命寻找也没发现涛涛的踪迹。无奈之下,姜海军将文翠叶夫妇告上法庭,请求法官判令涛涛归自己抚养。

姜海军在起诉书中写道:"黎玫去世后,文翠叶夫妇不仅不把涛涛交由我抚养,还不让涛涛见我,侵犯了我的监护权。"

姜海军所做的一切深深刺痛了文翠叶夫妇的心,文翠叶告诉法官:"涛涛母亲在世时患有重病,生活面临诸多困难,姜海军本应在经济上给予更多照顾、支持,可他至今没有给付涛涛一分抚养费,还断交保险费,解除了涛涛的人身保险合同……这些侵犯涛涛权益的行为证明姜海军没有能力抚养涛涛,黎玫病逝后由我们二人抚养顺理成章,说我们侵犯他的监护权,真是无稽之谈!"

法庭上,面对前岳父母的指责、攻击,姜海军心平气和地解释:"黎玫患上重症后欠下几万元债务,我交不起涛涛的保险金不得已才退保。离婚后,我多次去看涛涛,黎玫要么拒接电话,要么就是在电话中大骂我,不让我见孩子,气愤下我才没有给付抚养费。后来,法院强制执行冻结了我账户上8000元积蓄,我跟法官说'黎玫随时可以拿这笔钱',可这笔钱至今无人动用……现在我每月有8000多元收入,已在县城购房,生活稳定,有足够的能力把涛涛抚养好、教育好!"

对于姜海军的一番话，文翠叶夫妇却置若罔闻、无动于衷。在法庭最后陈述时，文翠叶夫妇一再向法官表示："涛涛从小跟着我们生活，我们老两口身体健康，绝对能把涛涛抚养成人。"

指令再审，判决抚养权归外祖父母

休庭后，原告和被告都透露出拥有涛涛抚养权的强烈愿望，谁也不肯让步、妥协。法官走访了解到：文翠叶夫妇除耕种农田外，还开了一家饺子馆，客源较好。此外，文翠叶的老伴闲暇时常在建筑工地打工，每月也有一笔收入。涛涛每天由文翠叶接送上下学，生活安适如常。

虽说姜海军每月有8000元工资，可再婚后抚养两个女儿尤其费心劳神。另外，涛涛是否能融进父亲的新生活？涛涛的到来会不会引发姜海军家庭的新矛盾？这些问题法官不得不考虑。

最终，合议庭经讨论后认为："有负担能力的祖父母、外祖父母对于父母已经死亡或者父母无力抚养的未成年的孙子女、外孙子女，有抚养的义务。文翠叶夫妇有稳定的收入，身体健康，具有抚养孩子的能力。虽然姜海军享有第一顺位监护权，但是监护权与抚养权是两个不同的概念。抚养关系应以有利于孩子的身心健康成长为标准来确定。因此，涛涛由文翠叶夫妇抚养为宜。"

收到一审法院判决书后，姜海军上诉至市中院。两个月后，姜海军听说涛涛就在本村小学读书，为了能和涛涛见上一面，他每天守候在学校大门口，可是一个多月过去了，还是一无所获。

二审期间，姜海军找到了黎玫旧病复发救治时在网上某平台发布的救助信息，说"这说明文翠叶夫妇经济条件不好，否则他们不会向社会募捐医疗费"。

出现了新证据，涛涛的抚养权要变更吗？双方在庭审中再次展开激烈辩论。二审合议庭法官经讨论后认为：未成年人的父母是未成年人的监护人。监护、抚养关系中，父母一方主体死亡，监护、抚养关系应依法变更。本案中，黎玫与姜海军在离婚时约定婚生儿子涛涛归黎玫抚养，在黎玫去世后，姜海军作为第一顺位监护人，享有监护、抚养权。

市中院撤销一审判决，改判涛涛由姜海军监护、抚养。宣判后，文翠叶夫妇急火攻心，住进了医院。涛涛听说不久要回到父亲那里生活，哭闹着"不回爸爸家"。

"我们把涛涛从小养这么大，现在判决让涛涛回父亲那里，这不是要我们的老命吗？"为要回涛涛的抚养权，文翠叶夫妇以黎玫留有"涛涛由外祖父母抚养"的遗嘱为由，申请省高院再审。省高院经再审后认为：法院调整抚养关系事宜应以有利于孩子身心成长为基准。综合分析，现不宜改变涛涛熟悉的成长环境，涛涛由文翠叶夫妇继续抚养为宜。

三场官司打下来，涛涛的抚养权终于落在了外祖父母身上，但姜海军心有不甘，他时常在睡梦中惊醒，他担心涛涛上学后功课没有人辅导，担心缺失父爱的涛涛心理健康问题……于是，姜海军向市检察院递交了申请民事抗诉书，希望检察机关通过抗诉，为他要回涛涛的抚养权。三个月后，市检察院作出不予支持民事监督决定书。

检察官说法

遇到夫妻一方死亡，孩子的抚养权归属出现矛盾，协商无法解决时，一定要按照法律途径解决纠纷。这是因为抚养权不同于监护权，有抚养义务的人并不一定是监护人。特定情形下，监护权可以变更和终止，但父母对子女的抚养义务不能免除。所以，姜海军作为涛涛的父亲依然要按照离婚协议，继续支付涛涛每季度的抚养费直至其18周岁。

在有资格担任未成年监护人的主体中，父母具有优先性、当然性。但是现行法律没有规定监护权顺序决定抚养权归属。因而，在司法实践中，办案法官、检察官通常会站在未成年人的立场和角度，综合分析原被告双方的经济条件、孩子生活环境、孩子意愿等因素，判定抚养权归属问题。本案中，涛涛母亲在世时，姜海军履行涛涛抚养费不到位，也一直没有与涛涛共同生活，缺乏感情。并且他已有两个女儿需要抚养等，这些因素叠加在一起，法官最终判定涛涛由外祖父母抚养更合情合理。

综观全案，原告和被告都抢着要涛涛的抚养权，这对于失去母爱的涛涛来说无疑是好事。事实上，如何把涛涛教育、培养成有用之才才是重中之重。担负涛涛抚养责任的外祖父母可谓千斤担重压在肩，毕竟他们的身体日渐衰老，在管理教育孩子时势必会力不从心。另外，孩子的成长过程中父亲的陪伴也至关重要，父爱是不可替代的，也是不可或缺的。

作为检察官也借此案提一点建议：涛涛在外祖父母的呵护下成长是不完美的，文翠叶夫妇与姜海军应坐下来心平气和地协商涛涛的成长问题。比如，适当提高姜海军的抚养费数额，或要求姜海军拿出一笔经费作为涛涛的成长基金或补偿费，而文翠叶夫妇作为回报，允许轮流抚养，定期让涛涛到父亲身边生活。在涛涛8周岁以后，根据实际情况，可以按照涛涛的意愿变更抚养权。真心希望，姜海军和文翠叶夫妇能尽快形成合力，为孩子搭建健康成长之路，别让父爱缺席。

本案启示

1.生活中，未成年人的父亲或母亲因疾病等原因去世后，在世方与孩子（外）祖父母之间若发生抚养权纠纷，一定要通过协商或者法律途径解决，切莫因过激行为，触犯刑法。

2.法官、检察官通常会站在最有利于未成年人成长的立场和角度，综合分析原被告双方的经济条件、生活环境、未成年人意愿等各种因素，判定抚养权归属。

2. 学校状告家长侵犯名誉权，孰是孰非

锐藤培训学校的老师打伤学生事件被家长曝光于网络后，学校与家长在网上互相指责，引来无数群众评论、转发。最终涉事老师被当作"疯狗"唾骂，学校的声誉也一落千丈。后来，该学校以名誉权受损为由将家长诉至法院。网文中四张"疯狗"解说图片能作为侵犯名誉权的证据吗？网络贬损、侮辱他人要负民事责任吗？

女儿被打：家长网上发帖"伸冤"

乔悦婷的女儿小美写作文一直是弱项。这年春节刚过，乔悦婷便在离家不远的锐藤培训学校为上初二的小美报了作文辅导班。半年后，小美的作文水平大幅度提升，乔悦婷欣然续交了半年的学费。

又过了5个月，一天晚上8点多，乔悦婷突然接到小美的电话。电话中小美泣不成声，她说锐藤培训学校的齐红老师打

她了。乔悦婷起初没当回事，但接小美回家后，发现她的脸上被抓出了一道道血痕，伤口还冒着血。乔悦婷心疼得不得了，赶紧带小美去医院。

小美向乔悦婷讲述了事情的经过。当天小美放学后，发现电瓶车轮胎没气了，便到老师的办公室借用打气筒。当时，齐红见小美用一只手拖拉着打气筒走路，便提醒她"好好拿"。小美听后就用两只手拿好打气筒。几分钟后，小美归还打气筒时，又拖拉着打气筒走进办公室。齐红看到后，便严厉批评了她几句，小美嘴里嘟囔着不服气。恰好这一幕被值班的校长王明升看在眼里，他又把小美叫到门外做思想工作。王明升苦心训导十几分钟，小美却依然不认错，还大吼自己急着回家为表姐过生日。见小美态度如此恶劣，齐红气愤地快步走来，举起右手打了小美两个耳光。"谁不急着回家？你不应该这样凶巴巴地冲老师大吼！"小美挨了两个耳光后火冒三丈，与齐红扭打在一起……校长和另外几名学生将两人拉开。

第二天上午，乔悦婷报了警，并申请对小美的伤情进行鉴定。随后又将小美被打伤的事写成文字，发布在网上。一文激起千层浪，网友们纷纷跟帖留言指责学校。当地媒体也在联系乔悦婷了解事情经过后，发布了一篇《辅导班老师殴打12岁女生》报道，引起了更多人对学校的不满。王明升看到很多负面评价后再也沉不住气了，在网上发布了"校方回复"：学生家长编造情节、夸大事实。事件的真相是，小美不听老师劝告还顶撞老师，老师拉她回办公室教育，小美拒不配合还对老师破口大骂。二人撕扯中，小美脸部被划伤。事件性质是，老师管理学生行为过当，媒体以殴打学生报道，定性有失公允……

锐藤培训学校在"校方回复"结尾处强烈谴责乔悦婷在多处网络平台发布消息，丑化老师形象，恶意扩大学校负面影响，要求她在同等媒体上致歉。

矛盾升级：学校与家长对簿公堂

"校方倒打一耙称'家长编造情节、夸大事实'，真是岂有此理！"乔悦婷看到"校方回复"后愤怒至极，她在网上回应称："我们家长没有夸大事实！小美脸上的伤有照片和医院的诊断书为证，难道校方还要说医院和家长串通吗？老师形象受损的责任不应推卸到家长身上。我们可以接受老师说教式的管理方法，也可以接受通过敲打学生后背、屁股等方式提醒，但老师扇学生耳光、抓学生的脸，这种过激的教育方式，我们不能接受！"

小美脸部的伤情被法医鉴定为轻微伤。公安机关依据该鉴定意见和调查笔录，对齐红作出行政拘留10天，罚款500元的处罚决定。"公安机关的处罚决定书是锐藤培训学校老师打伤学生最好的证据。"乔悦婷第一时间在网上发布了齐红受到行政处罚的信息。没多久，网民点击量突破千人，配有"王明升、齐红就是这样的疯狗乱咬人"等文字的"疯狗"四张图片，彻底激怒了齐红和王明升。

"我们积极想办法与乔悦婷化解矛盾，但乔悦婷依旧在网上发布信息和照片侮辱、诽谤我们,这是有意诋毁齐红老师和学校的名誉,我们必须使用法律武器维护权益!"齐红和王明升将乔悦婷诉至法院,请求法院判令乔悦婷立即停止名誉侵害、公开道歉,赔偿各类损失2.3万元。

齐红在起诉书中写道:"作为小美的老师,我有义务及时纠正她的不良行为,她不接受教育与我争执,被误伤纯属意外。为化解矛盾,减少负面影响,我和校长忍辱向被告赔礼道歉,接受行政处罚,但被告误以为我们软弱可欺,继而利用网络丑化我们的形象,这不仅损害了我个人的名誉,更对学校的声誉造成恶劣影响。"

随后,齐红向法院递交了光盘、四张"疯狗"图片等证据。法庭上,对于小美被打伤的起因,原告、被告并无过大争议。王明升称,乔悦婷在网上连续发布四张"疯狗"的解说图片,这是泄私愤的报复行为。乔悦婷辩称:"媒体记者的报道是联系我们后发布的,但四张'疯狗'图片及光盘中的诽谤文字都不是我们所发。我们在网上发布的内容是事实,没有诽谤。齐红殴打小美的事实已由公安机关的行政处罚决定书认定,别人怎么评价与我们无关。小美受伤后,学校确实找人跟我们协商过一次,但至今没有赔偿一分钱……"

法院判决:校方行为不当

"原告在网上发布的内容已造成我校3名教师辞职,多名学生退学，招生数量受到严重影响，我们花费了大量的人力、物力去维护……"庭审中，王明升说起学校名誉受损，苦不堪言。

那么该不该支持原告的索赔诉求呢？办案的法官通过走访办案民警和审查原告、被告提交的证据后认为，乔悦婷在网上发布的内容与公安机关作出的行政处罚决定认定事实基本一致。网友的诸多评价是对教师殴打学生的事实进行指责，原告名誉受损的根源在于齐红在履行职务时，因琐事殴打小美，造成其轻微伤。在此事件中，王明升作为锐藤培训学校负责人存在管理失位、处理不当等不当行为。因此，原告名誉权损失与乔悦婷发帖行为无直接关系。

一审法院判决：驳回原告的诉求。齐红和王明升认为，四张"疯狗"图片是对他们人格的侮辱，即使乔悦婷所发内容基本属实也应当承担侵害名誉权的民事责任。于是上诉至市中院。市中院依法组成合议庭，开庭审理后认为：一审判决认定事实清楚，适用法律正确，应予以维持。齐红和王明升仍不服，向省高院申请再审，省高院裁定驳回了他们的再审申请。齐红又向市检察院提出抗诉申请，市检察院经过审查后，作出不支持监督决定书。

检察官说法

所谓侵犯名誉权，是指以侮辱、诽谤等方式损害他人名誉，导致他人社会评价降低的行为。司法实践中，法官、检察官办理此类纠纷一般会从以下四个方面审查：一是侵害名誉权的行为方式，是不是以侮辱、诽谤以及其他侵害名誉的方式；二是衡量名誉权受到损害程度；三是侵害名誉的行为是否与社会共识、主流价值观以及公共利益相关联；四是该侵权行为是否具有免责事由。

本案中，网上四张"疯狗"图片虽有侮辱人格情节，但三级法院均没有采纳该图片作为侵犯学校、老师名誉权的证据使用，主要有两个方面原因：一方面，乔悦婷在网上发布的内容与小美被老师打伤有关，并非无中生有、无事生非，也无证据证明四张带有侮辱性的图片系乔悦婷发布。法官从社会公共利益角度出发，权衡利弊，审慎把握证据，把保护未成年人健康成长作为重中之重。另一方面，媒体、家长及网民作为学校老师打骂、体罚学生等违法行为的监督主体，负有评价学校行为的言论自由，具有法律规定的免责事由。该案的判决结果，保护了未成年人健康成长，弘扬了社会正能量。

✎ 本案启示

1.教育未成年人最佳的方式是春风化雨，润物无声。老师和家长在学生成长的道路上，发挥着不可或缺的重要作用，二者只有紧密沟通、团结合作，才能解决好学生在成长中的种种问题。希望广大教育工作者能从这起案件中吸取教训，摒弃打骂、体罚的粗暴式管理，改进教育方式，从根本上提高教育教学水平，赢得学生、家长的信任。

2.对于生活中发生的真实违法行为，媒体、网民为监督主体,具有自由评价的权利。但需要提醒的是:一定要实事求是、讲公德、讲文明,在法律允许的范围内发表言论,切莫无中生有,夸大其词,使用侮辱性等言辞损毁他人名誉。

3. 乘"顺路车"摔伤谁之过

15岁中学生硕硕乘坐一辆面包车途中，因车门突然开启被甩出车外造成脑部受伤。三年多来，硕硕的父母为儿子治病花掉了全部积蓄，硕硕更遭受着伤痛和辍学的双重打击。肇事司机为此也很苦恼、迷茫：我的车投保了交强险，法院为何不判决保险公司承担责任呢？

车门开启，15岁男孩摔出车外

还差两个多月中考，硕硕父母希望儿子全力考上重点高中日后步入名牌大学。但硕硕觉得父母观念太过时了，他的梦想是早点开公司做老板。一天，吃过午饭后，硕硕不顾父母劝阻，执意约同学瑞华去县城摆地摊卖烧烤。在他心中，积累经商经验可比什么都重要。

午后的街道，过往车辆和行人寥寥无几。好大一会儿，一辆银白色面包车才悠然驶来。司机颜晓泽，时年43岁，家有两个正在读书的孩子。平日颜晓泽除和妻子一起种田外,还驾驶着自家面包车送些货物,赚钱贴补家用。这时颜晓泽刚送完一批货,准备往家返,看到路边焦急等车的硕硕和瑞华,便将车缓缓停下。

"正好顺路捎一程,挣点外快。"颜晓泽心里想着便打开车窗询问:"你俩是不是去县城……每人10元钱,赶紧上车!"到县城大约30分钟,打出租车起码80元钱。硕硕和瑞华觉得占了很大便宜,毫不犹豫地上了车。颜晓泽也是心里美美的,又多赚了20元钱。

三人愉快地在公路上前行,可谁会想到命运的推手已悄然而至。20多分钟后,意想不到的事情发生了:面包车的右侧车门突然打开,硕硕瞬间被甩出车外。这突如其来的变故吓傻了颜晓泽和瑞华,二人将昏迷不醒的硕硕抬上车,急速送往市人民医院救治。硕硕颅内出血,医务人员及时手术才将他从死神手中夺回来,但苏醒后的硕硕却意识模糊。

住院18天,硕硕康复出院了,但落下了伤残,父母对他求学的殷切希望彻底破灭了。硕硕忍受着伤痛折磨,情绪低落到了极点。

"我儿子的伤都是司机颜晓泽驾驶不当造成的。我们花了10万多元才保住硕硕的命……可是颜晓泽将硕硕送到医院后,就再也没来看望过。"眼看从前生龙活虎的儿子如今变得萎靡不振,硕硕父母对颜晓泽抱怨有加。然而,当硕硕的家人找颜晓泽讨要10万余元医药费时,颜晓泽总是以各种借口推脱。于是，查清事实真相迫在眉睫。

事故原因，司机和证人各说其词

案发当日颜晓泽报警后，县交警大队对事故现场进行勘查，次日上午民警又找到颜晓泽了解情况。颜晓泽称："车辆行驶了一段时间后，我透过后视镜看到，坐在驾驶座后边那个男孩睡着了，另一个男孩在看手机。过了一会儿，我再次透过后视镜看到坐在后座右侧的男孩（硕硕）突然站起来，我吃惊地问'你干啥'……便听到右侧车门'咣当'一声开了，他从车上跳了下去……我赶紧停车救人。"

面对交警调查，瑞华却是另一番陈述："硕硕上车后就把右侧车门关住了。我坐在中间那排左边的座位上，硕硕坐在右边。走了一会儿，我突然听到'唰'的一声，右侧车门突然打开了。我看硕硕时，他的身体已经倒在车门外了……司机倒车，我和司机把硕硕抬上车，送往医院。"

硕硕是自己跳车摔伤，还是车门自行打开被甩出去受伤的？司机和证人各执一词，到底谁说的是真话？随后，交警大队进行模拟实验，试图找到硕硕摔伤的真实原因。但是多次模拟实验均证明"面包车的车门非人为外力作用不会自动开启"。4个月后，县交警大队民警结合现场勘验笔录、模拟实验结论、证人证言等调查情况，集体研究认为：这起事故形成原因无法查清。

送医院时,颜晓泽为硕硕交付700元治疗费,他还想凑些钱给硕硕,以弥补自己的愧疚之心。但交警队送来的《道路交通事故证明》让颜晓泽释怀了:"这份交通事故证明没有认定我存在过错,我不该赔硕硕10多万元医药费。"

至此,双方协商的大门关闭了。1个月后,硕硕以侵权为由将颜晓泽告上法院,请求判令其赔偿医疗费等各类损失13.5万元。硕硕在起诉状中写道:"这辆面包车在行驶过程中,车门突然滑开,我从车后侧摔下来当场昏迷……我颅脑受伤,学业被耽搁、身心遭重创……司机颜晓泽没有尽到安全保障义务,应为我的损害承担全部责任。"

硕硕父母本以为胜诉在握,哪知一审判决硕硕和颜晓泽承担事故同等责任。换言之:判决如果生效,硕硕只能获得5万多元的赔偿金。

法院重审,被告承担违约责任

一审宣判后,硕硕父母在上诉期内递交了上诉状。市中院开庭审理后,以事实不清为由,发回重审。重审开启后,硕硕父母更换了律师,并将起诉书中的侵权之诉更改为违约之诉。

硕硕的律师解释说:"硕硕付费、乘坐颜晓泽驾驶的面包车,两者便形成事实的客运关系。运输途中,硕硕受伤没有到达目的地,属于违约责任和侵权责任的竞合。县交警队出具的《道路交通事故证明》不能证明司机存在过错,故而选择追究司机的违约责任能让硕硕获得更多的赔偿金。"

一审法院重新组成合议庭，主审法官调取县交警大队的卷宗材料，经详细、认真审查后，仍未找到造成硕硕摔伤事故的原因。

庭审中面对原告提出的诉求，颜晓泽安之若素、振振有词："途中并非面包车的车门突然滑开，是硕硕自行打开车门，主动跳车摔伤的，他应为自己的行为担责。我驾驶面包车在途中加速、减速、变道等多种情况下，车门均没有打开。另外，硕硕与右侧车门之间仍有一个座位的距离，即使车门自动滑开，硕硕也不能直接摔出车外。"

被告的观点遭到硕硕的律师反驳：没有证据证明面包车的车门是硕硕自己开启的。颜晓泽作为承运人不管怎么说都有义务、有责任将车门锁紧，保障乘客的安全。这起事故恰恰是颜晓泽存在过失，导致车门途中打开，造成硕硕摔伤，颜晓泽没有将乘客安全送达目的地，违反了承运合同，应当依法赔偿硕硕由此受到的损失。

庭审中，硕硕的律师要求被告承担1万元精神损害赔偿。颜晓泽提出，发生事故的面包车已在保险公司投保交强险，因此应追加保险公司作为第三人参与诉讼，承担硕硕的赔偿责任。

合议庭成员结合案件事实、证据讨论后认为：精神损害抚慰金是侵权诉讼的赔偿范畴，因原告选择合同中的违约之诉主张权利，所以对原告这一主张不予支持；原告硕硕受伤非自身健康原因所致，被告作为承运人未能举证证明损害后果是原告硕硕故意或重大过失造成的,交警部门出具的《道路交通事故证明》也无法证实这一点,因此,被告应对原告的损失承担赔偿责任。

法院判决被告颜晓泽赔偿原告硕硕10.7万元。宣判后,颜晓泽不服提起上诉。市中院审理后认为:原告硕硕要求颜晓泽承担违约责任,一审予以支持并无不妥。遂作出驳回上诉,维持原判的终审判决。

"一是我经过实际测量,硕硕所坐位置距离右侧车门有50厘米且有高30厘米的折叠椅阻拦,即使车门打开,仍要起身、迈步才能摔出车外。整个行驶过程共计25公里,假设车门未关好而滑开应该发生在道路状况不好的地段而不是事发地段。二是我的面包车投保有交强险。按照《保险法》规定,交通事故造成的损失先由承保的保险公司承担赔偿责任,不足部分才由侵权人赔偿,法院判决由我一人担责显然错误……"颜晓泽提出了再审申请。

省高院审查此案后,驳回了颜晓泽的再审申请。依然走不出败诉阴影的颜晓泽向市检察院递交了民事抗诉申请书。3个月后,市检察院作出不予支持颜晓泽民事监督决定书。

检察官说法

硕硕乘车途中摔伤,司机颜晓泽没有及时安全地将乘客送至目的地,既违反了承运合同,同时也对硕硕的人身伤害构成侵权。根据《民法典》第186条的规定,在违约责任和侵权责任竞合时，受损害方有权选择请求对方承担违约责任或者侵权责任。违约责任与侵权责任均以损害赔偿为给付内容，两者的重要区别在于：违约责任是违约方承担合同不能履行或履行不符合合同标准而造成的财产损失。在交通事故侵权损害纠纷中，适用过错原则，即只要有过错就承担责任。侵权责任则是按侵权造成的后果确定，不仅赔偿人身伤害，还要承担精神损害赔偿。本案中，交警无法查清这起事故原因，难以认定肇事司机责任大小，受害人若选择侵权之诉显然不利于自身利益。所以，受害人及时将侵权之诉变更为违约之诉也是赢得官司的关键所在。

在这场官司中，司机颜晓泽陷入了"出事故的车辆已投保交强险，保险公司也应担责"的误区。为此，承办此案的检察官解释称：交强险承保的是第三人损害责任，也就是司机在使用车辆过程中发生意外事故致使第三者遭受人身伤亡或财产损毁，由交强险赔偿。《最高人民法院关于审理道路交通事故损害赔偿案件适用法律若干问题的解释》第14条规定的除外原则是，本车上的人员不在交强险赔偿范畴中。"车上人员"与"车外人员"的区别是比较固定的。司法实践中，通常把因交通事故的撞击等原因，导致车上人员脱离本车外的，不存在转化为第三人问题。就是说掉到车外人员仍是"车上人员"，不由交强险赔偿。本案中，硕硕虽然从车上摔到车外，但仍是车上人员。因面包车没有投保车上人员险，此次事故不在交强险范围内，所以保险公司没有必要参加诉讼。

📝 本案启示

1.私家车不能以收费为目的进行分发营运。《道路运输条例》第63条第2项规定，未取得道路运输经营许可，擅自从事道路客运经营，由县级以上地方人民政府交通运输主管部门责令停止经营，违法所得超过2万元的，没收违法所得，处违法所得2倍以上10倍以下的罚款；没有违法所得或者违法所得不足2万元的，处1万元以上10万元以下的罚款；构成犯罪的，依法追究刑事责任。本案中，司机颜晓泽在利益的驱动下将法律抛之脑后，驾驶私家车运输乘客是违法行为，为摔伤乘客"埋单"也是他作茧自缚、自食其果。

2.珍爱生命，拒乘"黑车"。生活中，"黑车"有时的确给我们出行带来便利，但其存在的诸多安全隐患不容忽视：一方面，大多"黑车"没有挂靠的运营单位，也没有为乘客购买车上人员险、意外伤害险等保险，一旦发生交通事故，司机很可能想方设法推脱责任，乘客无法获得赔偿；另一方面，一些"黑车"安全性能低、司机驾驶技术差，无视交通法规，这无疑增加了事故发生的可能性。本案中硕硕贪图便宜搭"黑车"代价惨重，应引以为鉴。

4. 父亲"送养"亲生子获刑

韩军伟离异后,把4个月大的儿子亮亮送给一家人收养,签下"永不要回孩子"的《抚养协议》,并向这家人要了3万元"抚养费"。六年后,亮亮的亲生母亲董红丹报警救子,韩军伟身陷囹圄。那么,一个爸爸为什么犯下如此有违常理的刑事案件呢?

次子降生,夫妻感情亮红灯

董红丹曾有一段失败的婚史:女儿彤彤出生后,她不堪忍受前夫陆涛重男轻女的冷暴力,一纸离婚协议把彤彤给了前夫,而她选择了净身出户。

韩军伟与同村姑娘王丽牵手走上红毯。婚后第二年,大女儿出生了。此后王丽两次怀孕,先后又生育两个儿子。韩家子孙满堂,这让村里许多乡亲羡慕不已。可是,小两口没啥养家糊口的技能,总为柴米油盐琐事吵个不停。几年后,因感情不和,两人办理了离婚手续，三个孩子全给了王丽。

打工时，韩军伟认识了比自己大1岁的董红丹。高大、帅气、体贴人的韩军伟很快赢得了董红丹的芳心。婚后，二人在建筑队当小工、砖窑烧砖、煤矿挖煤……脏活、累活都干过。1年后，大儿子涛涛出生了，这让夫妻俩高兴之余却增添了不少忧愁。原来，涛涛患有先天性疾病，三天两头住院却始终找不到治疗疾病的良方。

孩子的医药费使本来就不富足的生活捉襟见肘，小两口经常为孩子医药费、柴米油盐等生活开销发生口角。这两年，董红丹发现韩军伟经常偷偷给前妻邮寄钱物，她只能视若无睹。

不久，董红丹又诞下一子，取名韩亮。亮亮的到来使这个家庭的生活变得更加清苦。3个月后，涛涛又一次住进了儿童医院，一周3次催缴医药费，韩军伟分文不出且对他们母子不闻不问。精神处于崩溃边缘的董红丹拨通了韩军伟的电话，提出离婚。小两口除了两个孩子无任何财产。考虑到大儿子身体不好，董红丹决定把涛涛留在身边，把亮亮留给韩军伟。协议离婚后，韩军伟抱着亮亮找到前妻王丽提出复婚。而王丽不计前嫌，接纳了韩军伟。在补办结婚手续后，王丽为了赚钱贴补家用，踏上了南去打工的火车。韩军伟留在家里照看四个孩子，他既当爹又当娘被生活压得透不过气来。

住在王丽家西侧的李大川爱说媒，经常为熟人牵线搭桥，时间久了与韩军伟也熟稔起来。这天，黄珂和母亲来到李大川家相亲。黄珂对刚认识的姑娘印象很好，可女孩嫌他是二婚且有一个5岁的脑瘫女儿,没聊几句话便礼貌告辞。恰巧,韩军伟抱着亮亮来到李大川家。黄珂回忆说:"当时韩军伟问我,这孩子你要不要?如果要,给3万元'抚养费'就行。一个孩子在医院卖要五六万元呢。这个孩子大眼睛、白皮肤……我和母亲看后都挺喜欢。"

黄珂不做主,抱着亮亮回家征求父亲的意见。"如果买了这个孩子,就没钱给你结婚了……"父亲的话虽然很现实,但黄珂心意已决:抚养这个孩子后就不再娶妻生子。黄父见状,只得同意留下亮亮。

韩军伟笑容满面地与黄珂签下《抚养协议》,并接过黄父东拼西凑的3万元。据黄珂在公安机关供述:"我父亲让韩军伟把3万元写进字据,韩军伟说这就成卖孩子了,不让写进字据。"

"赎"子失败,亲生母亲报警救子

光阴似箭,日月如梭。亮亮快6岁了,董红丹一次也没见过亮亮,她很想亮亮,无数次打电话要求母子见面却被韩军伟以各种理由拒绝。然而,纸终究包不住火。有天,老家的亲戚告诉她,亮亮被卖给别人了。闻听此言,她如雷轰顶,差点晕厥过去。

董红丹被骨肉分离的痛苦折磨得吃不下饭,睡不好觉,面色蜡黄,精神几近崩溃。她找到前夫韩军伟说:"求求你,把亮亮还给我吧,我会凑齐4万元给你。"此刻,韩军伟担心前妻承受不住失去亮亮的打击,便承诺"拿到4万元就去接亮亮回家"。

董红丹赶回老家向年迈的父亲借了4万元。一周后,她将设密码的4万元银行卡交给韩军伟说:"这张卡里有4万元,你先把亮亮赎回来,等我见到孩子就告诉你密码。"

韩军伟本以为前妻无力凑齐4万元,没想到董红丹动了真格非让他去要回亮亮。他只得接过银行卡,一本正经地表示接亮亮回家。一个月后,韩军伟两手空空地出现在前妻面前:"你现在养活不了亮亮,等以后你条件好了再说吧!"说着,他把这张4万元的银行卡还给了前妻。其实,他根本没去找亮亮,只不过是演戏欺骗董红丹而已。

两个月后,董红丹再次打电话,可怎么也联系不上韩军伟,情急下便拨通了报警电话。警方经过大量侦查工作,将韩军伟抓获。涉案的黄珂也被公安机关刑拘。几天后,检察院以涉嫌拐卖儿童罪批准逮捕了韩军伟。

亮亮终于在六年后回到了董红丹的怀抱,可他不适应母亲这边的生活,哭闹着整天不吃不喝,要回抚养他的黄珂家,而黄珂的父母因过度思念亮亮而住进了医院。案发后,韩军伟的亲属将3万元归还给了黄珂,但追责还是不可避免的。

检察院的起诉书指控称,被告人韩军伟以非法获利为目的,出卖自己的亲生儿子,应当以拐卖儿童罪追究其刑责;被告人黄珂触犯了《刑法》第241条的规定,应以收买被拐卖儿童罪追究其刑责。

法庭审理,以"送养"之名卖儿违法

一审法院公开开庭审理了这起拐卖儿童案。按照《最高人民法院、最高人民检察院、公安部、司法部关于依法惩治拐卖妇女儿童犯罪的意见》有关规定,如果不是出于非法获利目的,而是迫于生活困难,或者受重男轻女思想,私自将没有独立生活能力的子女送给他人抚养,包括收取少量"营养费""感谢费"的属于民间收养,不构成拐卖儿童罪。因此,在法庭讯问阶段,韩军伟说:"作为孩子的父亲,我希望亮亮在身边像其他孩子一样健康、快乐成长,但亮亮出生时我已有四个子女,当时情况使我无力抚养亮亮长大。因生活所迫,我不得已才送人抚养……亮亮的户口至今还在我家的户口簿上,我没有犯罪。"

律师向法庭出示了韩军伟所在居委会证明"家庭困难"的材料,辩称:《刑法》第240条没有规定将出卖自己亲生子女列入拐卖儿童罪的范畴。韩军伟将亮亮送养他人并向其借了3万元,其目的不能等同于"出卖",不能与人贩子相提并论,请法官根据案情实际认定其无罪。

然而,公诉人宣读起诉书后,出示了董红丹、李大川等证人证言、公安机关DNA鉴定意见等书证,并指出:韩军伟不认识黄珂,也不了解黄珂的家庭条件是否具备抚养亮亮的能力，便将孩子"送"给其抚养。两家签订《抚养协议》后，黄家给付韩军伟3万元"抚养费"，韩军伟不让写收条，不能排除韩军伟有意规避法律的意图。从黄珂的供述及黄父和董红丹的证言中可以印证，韩军伟是有意出卖亲生儿子，存在非法获利目的……

在法庭最后陈述时，黄珂对检察机关起诉书指控的事实无异议，表示认罪服判，恳请法官从轻处理，而韩军伟始终沉默不语。

韩军伟上有老、下有小需要他照顾，案发后他归还了3万元"抚养费"具有酌定从轻的情节，合议庭经讨论后认为：被告人韩军伟在亮亮生母不知情的情况下，将仅4个月的婴儿以3万元的价格"送"给不了解有无抚养能力的黄珂，其索要钱款超出4个月婴儿所需的营养费范畴，因此韩军伟是以非法获利为目的，应以拐卖儿童罪追究责任。

一审法院以拐卖儿童罪，判处韩军伟有期徒刑5年3个月，并处罚金5000元；以收买被拐卖儿童罪，判处黄珂有期徒刑1年6个月，缓刑2年。宣判后，韩军提出上诉。市中院依法组成合议庭，作出终审裁定：维持原判决，驳回上诉。

检察官说法

司法实践中，检察官、法官通常会审查行为人将子女"送"人的背景和原因、有无收取钱财及收取钱财的多少、对方是否具有抚养目的及有无抚养的能力等，以综合判断行为人是否具有非法获利目的,来确定该行为是送养还是出卖。

《最高人民法院、最高人民检察院、公安部、司法部关于依法惩治拐卖妇女儿童犯罪的意见》第17条明确规定了可以认定为以非法获利为目的的四种情形:(1)将生育作为非法获利手段,生育后即出卖子女的;(2)明知对方不具有抚养目的,或者根本不考虑对方是否具有抚养目的,为收取钱财将子女"送"给他人的;(3)为收取明显不属于"营养费""感谢费"的巨额钱财将子女"送"给他人的;(4)其他足以反映行为人具有非法获利目的的"送养"行为的。

出卖子女与民间送养在法律上是有本质区别的:出卖子女是将子女作为商品出卖,以营利、获利为目的,该行为构成拐卖儿童罪;送养则是一种民间行为,不收或少量收取"营养费",不以犯罪论处。需要注意的是:《民法典》第1097条规定:生父母送养子女,应当双方共同送养。本案中,董红丹作为亮亮的亲生母亲,也是其合法监护人之一,韩军伟没有经过她同意而擅自将亮亮"送"给他人抚养,本身就属于违法行为。

亮亮的母亲董红丹案发后递交了谅解书,韩军伟的亲属归还了黄珂3万元"抚养费"等都是可以从轻量刑的情节,法院仍判决韩军伟的刑期为5年3个月,是不是过重?我国《刑法》第240条第1款规定:拐卖妇女、儿童的,处5年以上10年以下有期徒刑。可见,拐卖妇女、儿童罪量刑起点为5年。综合韩军伟的认罪态度不好,没有悔罪表现,所以该案的量刑也就能理解了。

本案启示

1.收买儿童的黄珂受到法律的处罚,应当引以为鉴。生活中,不乏有些家庭想收养子女,需要提醒的是:《民法典》第1105条第1款规定,收养应当向县级以上人民政府民政部门登记。因此,收养子女应在法律的框架内进行。

2.此案为广大父母敲响了警钟:子女多、生活贫穷不是出卖子女的理由,更不是违法者以"送养"之名免除刑罚的"挡箭牌"。父母出卖子女导致其身心受到难以愈合的伤害,后果极为严重,必须坚决禁止。

5. 幼童摔伤：家长与幼儿园的侵权之争

幼儿园生活是孩子校园生活的第一站，也是孩子迈向独立生活的起点。这个阶段的孩子年龄小，心智不健全，发生小摩擦、小磕碰在所难免。近日，群星幼儿园发生了一起幼童摔伤事件。本起纠纷中，幼儿园该不该承担幼童损害的全部损失？法院的判决给幼教工作者又带来了哪些警示呢？

祸于平衡木：家长与幼儿园起争议

歇产假两年有余的林敏想重返职场，可孩子太小，她的爱人从事IT行业也无暇顾及家庭。2022年春节刚过，林敏夫妇商量后决定将未满3周岁的儿子贝贝送进幼儿园。夫妻俩实地考察了许多家托幼机构，最终选择了群星幼儿园。入园之初，贝贝同其他孩子一样，哭闹着不去。在老师和林敏的循循善诱下，贝贝渐渐适应了幼儿园生活。每天接回家，贝贝都会跟妈妈分享幼儿园里的趣事，还会给妈妈表演新学的儿歌，林敏的脸上幸福满溢。

2022年3月16日早上,林敏照例将贝贝送到幼儿园门口,看着孩子高高兴兴地走进教室。熟料,两小时后,幼儿园的马老师打来电话说:"贝贝在大课间活动时摔伤了……孩子说右胳膊有些疼,需要上医院。"

林敏听后心急如焚,她火速赶到幼儿园。随后她带贝贝到市中医院排队挂号。其间,贝贝一直哭闹,情绪坏极了。林敏无奈只得先带孩子回家,安抚好其情绪,并决定下午再去就诊。回家路上,贝贝不哭了,林敏给孩子买了面包和粉肠吃,又顺路到幼儿园取回了贝贝的书包。

下午2点左右,林敏带着贝贝来到儿童医疗中心就诊。经过问诊、X光拍片等一系列检查,直到晚上7点左右,所有的检查结果才出来。林敏本以为贝贝的胳膊并无大碍,然而医生反复查看贝贝的X光片后告诉林敏:贝贝的摔伤造成肱骨外髁骨折,需要手术治疗。

儿子还那么小,就要动手术,林敏很心疼。与爱人商议后,她将手机拍照的诊断报告等资料微信发给马老师,并告知"明天医生给贝贝实施肱骨外髁骨折闭合复位克氏针内固定术+肘关节稳定术+石膏外固定手术"。

第二天上午,贝贝的手术非常成功。医生告诉林敏:"出院后贝贝右臂需要石膏固定至少6周,休息3个月,出院后需加强营养。"林敏只得向单位请假3个月在家专心照顾贝贝。4月27日,林敏带贝贝再次到医院接受第二次手术,医生取出了固定在贝贝胳膊内的装置,贝贝的摔伤治疗才基本完成。这期间,幼儿园及时支付了贝贝的医疗费。可是,每次看到右臂缠着白纱布的贝贝,林敏就越想越生气:"孩子活蹦乱跳地走进幼儿园,现在却摔成这样……这些天我请假在家照顾孩子,这些损失幼儿园也该赔偿。"

接着,林敏夫妇向幼儿园索要护理费等损失无果后,决定运用法律手段讨回公道。他们自学了许多法律知识,又调取了贝贝摔伤时的监控录像,反复观看。屏幕上,身体矮小的贝贝爬上一块红色的长木板,晃晃悠悠地前移……旁边竟无老师看护。林敏气愤至极:"我孩子还不到3岁,平时走路还不平稳,现在他一人在平衡木上玩耍,怎么没有老师管?若不是老师疏于看管,贝贝也不会摔成这样。"

难辞其咎:摔伤处无安全防护措施

2022年4月,林敏夫妇一纸诉状将幼儿园告上法庭,请求判令幼儿园承担自己的全部损失。林敏在起诉书中写道:"作为家长,我将孩子送进幼儿园,幼儿园的老师不仅要照顾好孩子的饮食、休息、卫生等生活需求,更要保障孩子的安全和健康。现在贝贝在幼儿园摔伤了,这说明幼儿园没有尽到安全保障责任,应赔偿由此造成的全部损失。"随后,她向法院递交了现场监控、贝贝出入院记录、各类费用明细表、发票等证据。

一审法官根据林敏的申请,委托鉴定中心对贝贝的伤残程度及后续治疗费等进行鉴定。三个月后,鉴定中心出具的鉴定报告显示:贝贝的伤残符合《人体损伤致残程度》十级。

幼儿园负责人在法庭上表示:贝贝在平衡木上跌倒后,我们工作人员立即进行查看和安抚,并在第一时间告知贝贝的家长送医检查……事发前,我们园的老师多次对孩子们进行安全教育和引导。贝贝本身活泼好动,好奇心强,他的摔伤纯属意外。我们已尽到了应有的安全管理责任和义务,不存在失责行为,不应承担侵权责任。

一审合议庭查明,事发时贝贝未满3周岁。通过观看现场监控,法官发现平衡木相对于贝贝较高,且平衡木底部没有护垫,也没有专门的工作人员进行安全保护。结合庭审情况,一审合议庭认为:幼儿园的活动设施存在安全隐患,老师未尽到安全管理职责。

林敏提出幼儿园应该赔偿所有损失,但明确表示幼儿园已支付大部分医疗费,不再主张医疗费。一审法官梳理林敏提交的各项费用凭证后,最终认定幼儿园应当赔偿以下费用:1.残疾赔偿金:109708元。计算方式为54854元/年(以城镇居民可支配收入为标准计算伤残赔偿金)×20年×0.1(十级伤残赔偿指数)。2.鉴定费:3276元。3.住院伙食补助费:住院两次共5天,每天100元共计500元。4.营养费:酌定营养费为1000元。5.交通费:459元。6.护理费:未成年人需一名监护人护理,住院两次认定住院护理费为750元(150元/天×5天);

根据医嘱，出院后尚需护理21天，护理费为2520元（120元/天×21天），共3270元。7.精神损害抚慰金5000元。上述费用合计12.32万元。

2023年6月，一审法院判决群星幼儿园赔偿贝贝残疾赔偿金、鉴定费、护理费等各类损失共计12.32万元。

终审判决：幼儿园应承担全责

一审法院宣判后，群星幼儿园提起上诉，请求二审法院撤销原判发回重审或改判。幼儿园负责人在上诉书中写道：贝贝是从低矮的长凳上摔下的。该长凳四脚平稳，凳面较宽，是幼儿娱乐教学器材，无须防护……一审法院认定低矮长凳为体育器械"平衡木"，需要防护措施，属于事实认定错误，放大了幼儿园的管理职责和义务。另外，贝贝母亲未向法院提交当天上午带贝贝到中医院就诊的记录。其母亲关于"孩子哭闹而未进行相关检查"的说法，有悖常理。我们认为，贝贝到中医院就诊的记录关系本案的责任认定。如果中医院诊断结果不是骨折，则证明贝贝的骨折并非在幼儿园跌倒所致，园方无须担责……

作为贝贝的监护人，林敏辩称，一审法院称贝贝跌倒的木板为"平衡木"并无不当，该木板放置于幼儿园就是为了让幼儿在上面行走，锻炼身体平衡性，故称为"平衡木"；搜索购物网站的"幼儿平衡木"均有多款与案涉"平衡木"相同或类似的款式。并且，案涉木板是否为严格意义上的"平衡木"并不影响群星幼儿园的侵权责任认定。本案中的"平衡木"系有高度的木板,无论是大人还是小孩在上行走均有跌落的风险。监控视频可证实,贝贝的身旁并无工作人员保护,这与群星幼儿园自称"已尽到教育、管理职责"截然相反。

二审期间,林敏向法院补交了与马老师在中医院就诊时的微信沟通记录。对该证据,群星幼儿园并无异议。那么,贝贝的肱骨外髁骨折是不是在群星幼儿园受伤所致呢?二审法院认为:贝贝母亲补交与马老师的微信沟通记录,可证实贝贝当天上午11点在中医院就诊,后退号处理,又于当天下午2点多到儿童医院就诊,被确诊为肱骨外髁骨折。在群星幼儿园无相反证据推翻该事实的情况下,应认定贝贝的摔伤系在群星幼儿园期间所致。

双方协商中,幼儿园称已赔偿贝贝医疗费3万多元,最多承担50%的损失。对此,林敏夫妇并没有让步。那么,幼儿园该承担贝贝摔伤的全部责任吗?二审法院认为:贝贝作为无民事行为能力人,在群星幼儿园期间跌落发生肱骨外髁骨折。群星幼儿园并未提供充分的证据证实其已安排工作人员在幼童行经平衡木时在旁看管、照料,无法证实其已尽到教育、管理的责任,依据《民法典》第1199条规定,群星幼儿园应当对此承担举证不能的不利后果,即应当对此次侵权行为承担全部过错责任。

2023年10月30日,二审法院作出终审判决:驳回上诉,维持原判。

检察官说法

孩子是家长的希望。孩子的健康和人身安全关乎每个家庭的幸福，重于一切。我国《民法典》第1199条规定："无民事行为能力人在幼儿园、学校或者其他教育机构学习、生活期间受到人身损害的，幼儿园、学校或者其他教育机构应当承担侵权责任；但是，能够证明尽到教育、管理职责的，不承担侵权责任。"本案中，由幼儿园证明自己在贝贝摔伤事故中不存在过错，否则就必须承担赔偿责任。

无民事行为能力人（不满8周岁未成年人或不能辨认自己行为的人）在幼儿园或学校等教育机构学习、生活期间受到人身损害的，采用过错推定原则。通俗地说，就是发生事故后，推定幼儿园或学校存在过错，幼儿园或学校不能证明自己没有过错的，应当承担责任。法律之所以采用过错推定原则，主要是因为无民事行为能力人心智发育不成熟，对事物认知和判断存在欠缺，没有安全意识，不能认识自己的行为后果，所以对他们的保护必须强调有更高的注意义务。

本案启示

1.这起幼童摔伤纠纷案提醒幼教机构必须无时无刻做好入园幼童的安全防护工作，防患于未然。

2.幼儿园应为每位入园幼童购买一份人身损害保险，这样在发生伤害及突发事故时，保险公司能为受害家庭提供一份经济损失补偿。

三、人身损害赔偿

生活中突发而至的危害在所难免。
我们要增强防范意识，
无法预防时要善于运用法律武器维护自身权益。

1. 赠送隆鼻术"隆出"瘢痕

随着科技水平的提高，越来越多的人想拥有高颜值。有些人不惜忍痛挨刀尝试各种美容项目，以达到自己在别人心中赏心悦目的形象的目的。可是，很多时候现实与理想大相径庭。刘欣为去除眼袋通过熟人介绍做"热玛吉"等美容项目，谁知做完赠送的隆鼻术后发生感染，最终形成瘢痕，成了永久的心痛。

都是赠送"特色服务"惹的祸

乌黑的头发、白皙的皮肤，水汪汪的大眼睛，柳眉弯弯……这是同事们往日对刘欣的印象。然而，刚过而立之年，刘欣便惊异地发现自己的眼皮有些臃肿，眼睑皮肤下垂。她本以为是最近加班没休息好出现的倦态，可是调整了两个多月睡眠，任凭再怎么化妆也遮盖不住面部浮肿的眼袋。这令刘欣郁闷不已，不禁晒朋友圈自嘲了一番。

陆红比刘欣大8岁，在市区经营一家化妆品店。刘欣是该店的回头客,对陆红信任有加。陆红看到刘欣的眼袋照片,说:"这么年轻你就有了眼袋……眼袋不治疗还会影响视力,造成角膜炎、白内障,据说'热玛吉'美容项目能消除眼袋,你可以试试……我家章姐在省会开美容院,她店里正搞活动,还会针对你个人情况赠送其他美容项目,保你容颜更美。"

章姐名叫章亚芳,陆红常给她介绍客户,收取了不少介绍费。刘欣回到家中审视着镜中的自己,想象着眼袋越变越大的样子,顿觉可怕,便马上打电话催促陆红联系章亚芳,还迫不及待给了200元定金。

谁会想到,一场噩梦正在成真。一天,章亚芳开车来到陆红预订的酒店。刘欣和章亚芳在酒店协商好"全面部热玛吉"的价格后,章亚芳笑盈盈地表示要向她赠送特色服务"线雕隆鼻术"。看着一组组线雕隆鼻者前后的对比照片,刘欣心动了。

刘欣在美容协议上签下名字,章亚芳取出工具,先在刘欣鼻部打上麻药针,又在鼻梁处植入"蛋白线"……大约半小时后隆鼻完成,二人商定好,待鼻部恢复后再做其他项目。刘欣满心期待地回到家,却发现鼻部手术部位出血,还有些红肿,她用棉签涂上双氧水消炎。章亚芳知情后让她使用生理盐水冲洗创口,用碘伏消毒创面。然而,几天过后,刘欣的鼻尖部红肿并没有消退,反而化脓渗出异物。

一个多月后,刘欣的鼻部感染经过多家医院治疗仍时常复发。"这不等于毁容吗?"刘欣想死的心都有了。章亚芳很自责,她写下保证书:"以后刘欣的鼻子有任何不良异样反应,由我章亚芳全权负责。"

隆鼻感染引发赔偿之诉

不久，刘欣在某医院进行鼻部修复术等治疗，根除了鼻部炎症。然而，她的鼻尖留下凹凸瘢痕，像一条"肉虫"趴在上面。

刘欣拿着半年多来治疗鼻部感染的各项费用发票，找到章亚芳和陆红赔偿。章亚芳一改往日态度，推脱称"鼻部炎症是因刘欣自身感冒所致，当时她使用双氧水不当导致病情加重……所以后续费用应由她个人承担"。陆红也极力撇清关系，称"隆鼻术美容项目是刘欣与章亚芳商谈的，美容也不是我做的，刘欣的鼻部感染跟我无关"。

索赔无果，刘欣将陆红、章亚芳诉至法院，请求法官判令二人承担隆鼻术后感染造成的医疗费、精神损害抚慰金、后续其他花销等各类费用19万元。

法院依法组成合议庭，公开开庭审理了此案。庭审中，双方当事人围绕两个焦点展开激烈辩论：一是章亚芳为刘欣实施隆鼻美容项目是否构成侵权；二是刘欣的鼻部感染治疗费、精神损害金应由谁赔偿。

法庭上，刘欣提交了照片、微信聊天记录、保证书等证据，证明该"线雕隆鼻术"属于明显的侵入性、创伤性美容项目，她指出："从事隆鼻美容项目应具有医疗美容资质，而章亚芳无医疗美容资质,实施隆鼻美容属于违法行为,理应赔偿我的损失。陆红把没有资质的章亚芳介绍给我做美容……她存在过错,也应担责。"

庭审中,陆红承认曾介绍章亚芳、刘欣二人认识,但辩称"我的行为是好意施惠……章姐的美容项目成功与否跟我无关,刘欣不该把我告上法庭"。

一审法院根据当事人提供的证据,又结合庭审情况,最终确定刘欣损失医疗费、误工费等共计6万元。法官调查发现,陆红为章亚芳的美容院介绍客户赚取"好处费",二人存在合作关系。因此合议庭认为:陆红和章亚芳构成共同侵权,应对刘欣的损害承担责任。

一审法院作出判决:由被告章亚芳赔偿原告刘欣隆鼻术后感染治疗费、住院费等共计5.4万元,精神抚慰金1万元,被告陆红负连带赔偿责任。

三方当事人均有过错需担责

章亚芳、陆红收到判决书不服,递交了上诉状,请求二审法院改判或发回重审。刘欣的鼻部感染到底是不是隆鼻美容所引发?为此,二审法官走访某医院刘欣的主治医生后,形成调查笔录,再次开庭审理了这起美容纠纷案。主审法官从专业角度向章亚芳、陆红分析了这起美容纠纷案形成的原因,二人终于认识到自身问题。

美容包括生活美容和医疗美容。主审法官认为：章亚芳为刘欣实施线雕隆鼻术，是通过刺破肌肤的创伤性方法在刘欣鼻内植入蛋白线，对人体明显具有侵入性和创伤性，符合医疗美容特征。根据《医疗美容服务管理办法》第8条和第11条的规定，美容医疗机构必须获得《医疗机构执业许可证》后方可执业，主诊医师必须具有执业医师资格才可提供医疗美容服务。本案中，章亚芳既无《医疗机构执业许可证》，也无执业医师资格，她仅有生活美容资质却擅自开展医疗美容项目，且她实施手术场所在宾馆中，违反《医疗美容服务管理办法》第15条"实施医疗美容项目必须在相应的美容医疗机构或开设医疗美容科室的医疗机构中进行"的规定。因此，章亚芳对刘欣实施隆鼻手术属于侵权行为，应对其鼻部的瘢痕后果承担责任。

法官认为：根据调查笔录内容以及某医院的病历显示"必要时异物取出"等证据，可证实刘欣鼻部感染及鼻修术属于必要的救治措施，章亚芳应当赔偿。

对于这起美容纠纷中刘欣本人是否存在过错，法官指出：刘欣作为成年人，在选择美容项目时，未尽审慎和审查义务，尤其在接受美容服务时，明知宾馆是非正规手术场所却无任何反对意见，她对自身损害后果也具有一定过错，应承担10%的责任。

那么，法院该不该支持刘欣的精神损害赔偿呢？二审法官认为，《民法典》第1183条对精神损害赔偿作出明确规定。本案中，章亚芳不规范的线雕隆鼻术造成刘欣鼻部明显瘢痕后果，相比其他伤害，该损伤在人体面部，所造成的精神痛苦极大。一审法院根据一般正常人的审美标准，结合损害部位、严重程度等因素，确定精神损害抚慰金1万元较为合情合理。

二审法院作出终审判决：驳回上诉，维持原判。

检察官说法

美容机构仅是取得营业执照但没有医疗机构执业许可或诊疗范围内不包括医疗美容项目，不得开展医疗美容服务。

《民法典》第1165条第1款规定，行为人因过错侵害他人民事权益造成损害的，应当承担侵权责任。这里的"过错"不仅包括行为人的过错，也包括受害人的过错。受害人因自身过错造成的伤害可以减轻行为人的责任。本案中，刘欣本人存在过错，法院判决其承担10%责任，依据充足，说理翔实。

《民法典》第1168条规定，二人以上共同实施侵权行为，造成他人损害的，应当承担连带责任。陆红给章亚芳介绍客户并获取"好处费"属于有偿服务，这与无偿奉献的好意施惠行为有本质区别。章亚芳作为美容从业人员，超范围实施医疗美容属于违法行为，法院认定章亚芳承担90%责任，陆红承担连带责任，该判决结果有利于最大化挽回受害人的损失。

本案启示

1.很多时候，医疗美容也并非宣传的那般美好，消费者需要理性、慎重对待医美需求。消费者一定要选择正规的医疗美容机构和具有执业资格的医生进行医疗美容。实施医疗美容前，消费者可要求美容机构和实施美容术的医生出示相关执业证书，或通过卫生部门的官方网站，查验美容机构相关经营证件是否合规、有效，了解医生是否具有《医师资格证书》和《医师执业证书》等相关信息。对于那些价格便宜、优惠措施多，却难以了解从业资质人员信息的美容机构，消费者宁可放弃，也不要拿自己的容颜冒险为之。

2.出现医疗美容争议纠纷，首选法律途径维权。消费者对美容手术后的效果不满意或是出现了不良症状，可能涉及鉴定、精神损害等问题，消费者及时提起民事起诉是高效维权的捷径。

2. 爆胎炸伤维修工，车主有责吗？

车坏了、冰箱出了故障，我们一般会送到维修店修理。那么，维修工检修有故障的车或家电时受伤，由谁担责呢？一家汽修店的维修工检修一辆重型货车时，因爆胎伤及腿部，由此产生近10万元费用。汽修店老板认为，肇事车没有进行安检，存在重大事故隐患，车轮轮毂还有明显开裂和焊接的迹象，车主该为爆胎伤人承担赔偿责任。然而，官司连打了三年，汽修店老板与车主屡次对簿公堂，究竟孰是孰非？车主该为爆胎受伤的维修工担责吗？

飞来横祸，维修工被爆胎炸伤

"检修重型货车的轮胎如同排雷，搞不好就会爆胎伤人。"现年64岁的汽修店老板董军，原是市消防器材厂的下岗职工。20世纪90年代末，董军通过再就业培训掌握了汽修、电气焊技术，开了一家汽修店。他与货车补胎的活儿打了20多年交道，没出过事。由于价格合理,服务周到,还招来不少回头客。

由于缺少人手,时年18岁的刘敏被招进汽修店做维修工。"每月3000元,还包吃。"仅有初中学历的刘敏甚是满意这样的月薪。

一天,老顾客郭涛将一台八轮重型自卸货车开到汽修店的门前。这辆长5.8米左右的重型货车格外显眼,车辊辘上还粘有一些泥沙。"这辆车后轮总有响声,你给看看……我明天还要拉石子。"

"行!"刘敏一边回应,一边拿起千斤顶来到货车的后轮前。他蹲下身,伸手将千斤顶的凹槽卡在底盘下面的凸起处……他卸下螺栓,取下一个轮胎靠在一边后,又起身到店中取工具。大约两分钟后,刘敏返回这辆货车的后轮前,伸手放气的瞬间,意外发生了。"嘭"的一声巨响,车轮下的轮胎爆炸了,巨大的冲击力把毫无防备的刘敏炸飞5米多远,他的身体重重摔在地上,顿时昏迷过去。

此时站在车头位置的郭涛被眼前的惨景吓得目瞪口呆。半小时后,刘敏被送进医院救治。经医生诊断,刘敏系右下肢冲击伤,股骨干粉碎骨折,右肾周血肿,需要立即进行手术。据董军回忆:"当时我跟郭涛在手术室外因3万元手术费发生口角,郭涛答应这笔钱由他出,但因没带钱让我先垫上,他走时还将货车停放在我们汽修店里。"

经过半年多疗养,刘敏的身体基本康复,但走起路来还是一瘸一拐的。市司法医学鉴定中心出具鉴定意见为:刘敏右下肢丧失功能25%以上，属于九级伤残。

刘敏刚满21周岁，还未曾谈过恋爱，却落下终身残疾，这给他带来沉重的精神打击。"虽然医疗费大部分是老板董军陆续垫付的，可剩下的小部分加上辅助开销，我自己也花掉了好几万元，我还要做第二次手术。我是在汽修店检修车辆时被爆胎炸伤的，所以董军应该承担我的一切损失！"刘敏理直气壮地找到董军要求赔偿。谁料，董军却说："你走法律程序解决吧。"

维修工追责，老板向车主追偿损失

董军认为："我虽与刘敏是雇佣关系，但他没有得到我的授意便擅自修理郭涛的货车，后果应自负；另外，刘敏的伤是由于郭涛的重型自卸货车轮胎爆炸所致，该车没有进行安检，存在重大安全隐患，依照相关法律规定，刘敏应该直接找第三人也就是车主郭涛承担赔偿责任。"

然而，事态没有沿着董军所预想的方向发展。刘敏把董军告上法庭，请求判令其支付医疗费、护理费等各类损失共计15万元。

开庭前，董军申请追加郭涛为第三人参加诉讼，遭到法官拒绝。经过一审、二审后，刘敏赢了官司，可他却高兴不起来。原来，判决生效后，董军迟迟没有赔偿。转眼又是半年过去了，刘敏向法院申请强制执行。执行法官晓之以理，动之以情，反复做董军工作，二人最终同意各自退让一步：刘敏放弃起诉董军承担二次手术费用的权利，董军仅支付刘敏各类损失3.5万元。双方在《执行和解协议》上签字，握手言和。

董军粗略计算了一下：自己先前垫付给刘敏的3万元手术费、陆续的治疗费以及3.5万元和解费用加起来足足有14.5万元。"这些损失不应由我一人承担。"他决定向郭涛行使追偿权。他调查发现，郭涛送修的这辆八轮重型自卸货车的车轮轮毂有明显裂纹和焊接的迹象，是报废的车辆。他拍下照片，连同诉状送到法院，请求判令车主和司机负连带责任，并支付自己为刘敏垫付的14.5万元费用。

郭涛答辩称："涉案货车出现故障，我到原告汽修店维修，维修工刘敏因操作不当致使轮胎爆炸而受伤，我没有过错，不应承担责任。即便如同原告所说，轮毂存在多次焊接痕迹，刘敏在修理过程中更应尽到注意义务，但事实上原告及刘敏并未尽到这些义务……"

一审法院公开开庭审理了此案。董军提出肇事的货车属于报废的车辆，但除了外观照片并没有提供相应证据。随后，他又提出"轮胎年久失修，爆胎是由于货车存在隐患"的观点，立刻遭到郭涛的回击："我家这辆货车不存在安全隐患问题！如果有隐患，这辆货车平日装载60吨货物怎么还能在路上正常行驶呢？刘敏作为专业维修人员，在事前未对轮胎放气便将轮胎螺栓卸下，轮胎爆炸是因刘敏自身操作有误所致。所以，刘敏受伤与我的车无关。"

庭审中还查明，董军的汽修店没有营业执照。合议庭成员综合当事人提供的证据认为：原告董军与被告郭涛之间形成承揽合同关系。董军作为承揽人无照经营，其雇用的工作人员刘敏在维修涉案货车的过程中，因轮胎爆炸受伤，应承担70%的赔偿责任；郭涛作为定作人，选择无照经营的汽修门市维修货车，对承揽人的选任有过失，应承担30%赔偿责任。董军在事发后，实际赔偿维修工刘敏3.5万元，所以郭涛应按比例给付原告董军1.05万元。

终审改判，雇主输了官司

一审宣判后，郭涛和董军都不服，纷纷上诉至市中院。郭涛上诉称："我作为普通公民无权调查汽修店是否有营业执照。汽修店已经营多年，有店面，有员工，任何人都不会质疑该店维修资质和员工的技术。到汽修店修车，我没有过错。"

在法庭质证环节，董军拿出派出所出具的《补充说明》称："被告郭涛在医院抢救刘敏时曾答应我支付医药费的，现在应履行承诺，偿还我垫付的3万元手术费。"

郭涛反驳称："如果我同意垫付刘敏的医药费，董军就不会扣下我的货车长达10个月之久。这份《补充说明》仅能说明我们双方曾因维修工的手术费产生争执，但我没有答应支付手术费……董军所言不属实。"

市中院依法组成合议庭，经审理后认为：涉案轮胎为何爆炸是导致刘敏受伤的关键。对此，董军没有提供有效证据证明是郭涛的车辆自身原因导致爆胎的。涉案车辆没有进行车检，与轮胎发生爆炸并不具有必然的因果关系。根据"谁主张，谁举证"的民事诉讼原则，在没有证据证明是郭涛车辆轮胎自身问题导致爆炸的情况下，一审法院判令郭涛承担30%的责任不妥当。

市中院作出终审判决：撤销一审法院民事判决；驳回董军的诉讼请求。

"按照经验，开裂并有多处焊接痕迹的轮毂是导致轮胎爆炸的直接原因，如果货车轮毂不开裂，在空载的情况下维修车辆不会发生爆炸。"董军不服终审判决，申诉至省高院。省高院审理后，裁定驳回董军再审的申请。

检察官说法

从本案事实可以看到，车主将有故障的货车送到汽修店检修，对于汽修店的工人来说，应具备安全防护意识和必备的专业修理技能。如果维修工在拆卸轮胎中，因操作不规范导致轮胎爆炸而受伤，车主没有过错就不必承担责任。现实生活中，作为定作人（客户）一般也没有查验承揽人营业执照、资格证书的惯例。本案中，一审法院判决被告郭涛因选任过失承担刘敏在修车时被爆胎炸伤的后果，显然违背常理也是不公平的。二审法院的判决结果更符合情理，也很"接地气"。

轮胎爆炸是因"货车存在隐患"，还是因维修工操作不当所致，需要权威鉴定机构出具鉴定意见。本案中，汽修店老板董军仅凭个人经验便对爆胎原因下结论，是很难在法庭上被当作证据采信的。因而，董军没有申请鉴定机构作轮胎爆炸原因的鉴定也是输掉这起官司的因素之一。

✒ 本案启示

1.爆胎事故产生的严重后果需要警惕：一辆重型货车的轮胎爆炸相当于一枚手榴弹的威力。因而，汽修店员工应注意加强防范，绷紧安全操作这根弦，千万不可麻痹大意。对于存在诸多安全隐患的货车，员工可以出于自身安全考虑，拒绝对其进行检修和维护。

2.汽修店老板要尽可能为员工提供全方位的安全保障措施，尽到安全管理义务，必要时可以组织员工进行相关专业技能及安全防护培训，预防和降低货车爆胎造成员工受伤的概率。

3.老板购买雇主责任险很有必要。员工在工作期间一旦发生人身伤亡等突发事故，保险公司按照雇主责任范围承担赔偿责任，这样无疑减轻了老板的经济负担。

3. 收割机触电伤人，电力公司该担责吗？

在秋收季节，一望无际的玉米田等待收割。曹军华与好友关孝先、吴晓刚合资购得一台玉米收割机，三人劳作在丰收的田野上。熟料，关孝先操作收割机误触高压线，巨大的电流将曹军华致残。电力公司该为曹军华的伤残承担赔偿责任吗？

遭高压电击，好友倒在血泊中

某日傍晚，一户小院内三个男人正开怀畅饮。"如今国家的惠农政策这么好，我们承包200亩农田，采用现代化技术耕种、收割定能赚个金银满钵……"吴晓刚思虑已久的想法一出口便得到好友曹军华、关孝先的赞同。

一周后，三人筹足18万元，购买了一台自走式茎穗兼收玉米收割机。谁想到，开工没几天，一场横祸不约而至。那天，气温高达36.5℃，要收割的玉米却比往常多出几十亩。为了不耽误进度，三人商量好轮流吃午饭。中午12点半左右，吴晓刚先回家吃饭，关孝先将曹军华从驾驶室换下来。曹军华满脸汗珠密布，顾不上休息，跟在收割机后面做辅助工作。

坐在驾驶室的关孝先娴熟地操作着收割机，浑然不知顶部视线盲区内有横空排列的十几条高压线。他按下按钮，启动升运舱想将舱内的玉米放入旁边拖拉机的拖斗内。突然半空中火花四溅……"停！停！赶紧停！升运舱已触到高压线了……"五六米远的村民张峰看到后，挥舞着双手，声嘶力竭地呼喊。关孝先意识到事情不妙，立即停止操作，可为时已晚。"嘭！"的一声巨响，收割机右轮胎在电击后突然爆炸，曹军华顿时浑身起火，腹部鲜血淌流，场面令人触目惊心。

被眼前惨景惊呆的张峰回过神来，赶紧用铁锹的木棒一端将曹军华救到安全地带。曹军华被火速送往医院救治后，全身烧伤达40%之多，内脏多处受伤，他躺在重症监护室，一直处于昏迷状态。

后来，曹军华先后到几家医院治疗，住院400多天，花销80余万元，病情才逐渐平稳下来。令曹军华寒心的是治疗期间，好友关孝先、吴晓刚好似人间蒸发了，连只言片语的暖心话也未托人捎来。

出院后，曹军华的家人报销了30万元的医药费，还有50余万元无着落。曹军华愤愤不平地说："事发时，我看到一些玉米秸秆卡在割台的缝隙中，担心损坏收割机的转送轴便侧身清除，没想到被千伏的高压电击伤，现在我的左臂截肢，两腿失去知觉，只能靠轮椅代步……电力公司应赔偿我一切损失！"

对簿法庭，谁该为事故担主责

曹军华和家人认为电力公司存在三方面过错：一是电力公司没有在事发地点设置警示标志，以致受害人没有意识到高压电存在；二是高压线高度过低不符合架设要求；三是发生触电事故后，电力公司监管人员没及时断电，致使受害人遭电击的时间过长使伤情扩大。

曹军华仅把电力公司告到法庭，请求赔偿各类损失138万元。为此，电力公司的负责人认为："这起触电事故本是关孝先违规操作所致，关孝先应承担事故责任。原告曹军华检修收割机时也未对当时的客观环境尽到安全注意义务，本身也有过错。事故责任应由他们二人承担，我们电力公司不存在过错，无须承担任何责任。"

对于曹军华的指控，电力公司的律师答辩称："事发地点位于田间耕地上空的电力路线保护区域，并不需要在每一处架线线路地点都设立警示标志，所以供电公司在设立标志上不存在义务和过错。事发的第二天，供电公司工作人员到现场勘测，涉事高压线的相关高度均符合规定。"

辩护律师向法院提交涉事线路突发故障时的数据表，并解释曹军华遭电击原因：当日12点40分47秒，事发地110千伏变电站1号、2号母线出现接地报警信号，供电所工作人员在12点49分接到电话，随即拉开涉事线路负荷开关及时断电。

接地信号复归显示时间为12点49分57秒，这足以证明供电所不存在故意推延、不作为行为。另外，这些数据也能真实反映出原告自身触电后通过大地进行放电没有形成回路才导致事故发生……

为了妥善解决纠纷，电力公司申请法院追加关孝先为被告参加诉讼，曹军华申请法院委托鉴定机构对其伤残程度进行鉴定。

主审法官同意了原告和被告的申请，在初步审查材料后，发现原告、被告对事发地点的高压线高度争议很大。为此，主审法官亲自到事发地点勘查，并用标杆尺测量，发现高压线高度确实符合规定。3个月后，法医也出具了鉴定结果。一审法院开庭审理了此案。原告、被告均准时出现在法庭上，庭审气氛异常紧张。

曹军华考虑到自己与关孝先交情颇深，没有将关孝先列为被告。

庭审质证时，对于电力公司出示的现场照片和数据表，曹军华称："这些照片是电力公司事发后第二天所拍摄，不能证明事发当日电线高度为5米多；电力公司提供的这份表格上的时间也完全可以更改，不是真实情况。"

没有过失，电力公司该担责吗

案情在当事人双方激烈的辩论和出示的证据中逐渐明朗起

来。休庭后，合议庭经讨论认为：《电力设施保护条例实施细则》第9条规定，电力管理部门应指导电力设施产权单位在架空电力线路穿越的人口密集地段，人员活动频繁的地区，车辆、机械频繁穿越架空电力线路地段等设立安全标志。本案的事故发生地为田间耕地内，属于非居民区范围，不是高压电必须设立标志的地点。

事发地点的高压电线的高度符合架设标准吗？合议庭认为，原告没有提供有力证据证实，庭审时也没有对法官现场的勘查笔录提出异议，所以电力公司对事发地点架设电线的高度不存在过错。

既然电力公司没有过错，那该不该承担原告的赔偿责任呢？合议庭结合庭审情况及原告、被告提交的证据，讨论认为：曹军华与关孝先在高压线下收割玉米，关孝先操作不规范，导致曹军华触电致残，他们对损害的发生有过失，可以减轻电力公司的责任。曹军华、关孝先二人和电力公司的责任应按照6:4的比例承担计算。

法院为何不区分关孝先承担赔偿份额的多少呢？法官解释称：根据不告不理原则，电力公司追加关孝先为被告后，曹军华仍未要求关孝先承担赔偿责任，所以不能超出原告的诉求进行判决。

最终，主审法官结合原告提交的医疗费、伤残赔偿金等几十张单据，确认各类损失共计121.3万元。一审法院判决电力公司赔偿曹军华48.52万元。

宣判后，曹军华认为"电力公司应承担70%以上赔偿责任"，遂提起上诉。市中院对曹军华增加的精神抚慰金、交通费、被抚养人生活费等予以认可，改判电力公司赔偿各类损失53.1万元。

曹军华又向省高院申请再审。省高院审查后，驳回了曹军华的再审申请。

检察官说法

高压电的经营者（电力公司）在从事传送高压电等高度危险的活动时致人伤害，承担的是无过错责任。《民法典》第1240条规定："……能够证明损害是因受害人故意或者不可抗力造成的，不承担责任。被侵权人对损害的发生有重大过失的，可以减轻经营者的责任。"可以看出，无过错责任并非一定要承担主要或全部赔偿责任。

本案中，关孝先在操作收割机时没有注意，触及高压电，造成曹军华触电而伤残，因此存在重大过失。电力公司在这起事故中虽然没有过错，但是无法证明受害人存在故意或不可抗力，根据法律规定的无过错原则仍要承担一定的赔偿责任。法院依据本案事实，最终判决电力公司承担40%的责任，并无不妥。

本案启示

1.高压电等特殊侵权责任中，因自身原因疏忽大意等触及高压电，造成伤亡事故的，受害人也要为自己的过失行为承担相应的责任。

2.收割机、吊车等驾驶员在工作中一定要加强防触电等安全意识。操作可能触及高压线的机械设备前，应认真检查周边环境是否有电杆、高压电线、变压器、线路设备，以防误碰带电设备发生事故。若工作范围出现高压电等设施，要按照电力企业提出的安全措施远离电力线路，不得私自采取用手、木棍或其他方法撑起电线，强行使收割机通过。当电力线路与收割机之间垂直距离不足或收割机顶部高于电力线路时，应停止作业，防止收割机碰触导线发生事故。

3.高压线路的经营者（电力公司）在高压电损害赔偿案件中，承担无过错责任，也就是说不管是否存在过错，只要发生法律不能免责的事故，都要承担相应的责任。因此，电力公司也需要做好预防群众触电的各种措施。比如：架设高压线路要符合国家标准；在高压电力设施的周围设立警示标志；选派责任心、专业能力强的工作人员到有高压电设施的场所指导收割机开展相关工作等，以降低触电事故的发生率。

4.采取科学有效的方式，提高自身防护和救助触电人员能力。发现有人触及低压电，可采用带绝缘柄的电工钳或是干燥的木棍、竹竿等绝缘物挑开电源线，使用干燥木柄的斧头、铁锹等利器砍断电源线。发现有人触及高压电时，必须在木板或绝缘垫上进行操作，戴上绝缘手套、穿上绝缘鞋后拉开电闸，通知有关部门立即停电。发现高压电线断落时，不要靠近，应站在导线断落点8米以外；如在距导线的落地点8米以内时，应及时双脚并立跳离。

4. 救治不规范，医院要"埋单"

发烧、咳嗽的刘怀生先后在两家医院就诊，不幸被病魔夺走生命。三年来，这起备受争议的医疗纠纷经法院审理，原告最终获赔40余万元，该案给医院的不规范救治行为敲响了警钟。

患者经两家医院救治身亡

2016年9月26日早上9点半，一宿咳嗽不止、高烧未退的刘怀生神色萎靡地来到离家不远的A医院就诊。可他万万没想到，死亡正悄悄向他靠近。

人吃五谷杂粮，难免头疼脑热的。若不是实在撑不住，刘怀生也不会因这么点小病踏入医院。面对医生问诊，他描述起病情："昨天下午，我在地里粉碎玉米秸秆。晚上回家就咳嗽、浑身发冷，体温39℃。吃了点感冒药才稍有好转，可半夜又发烧……"

医生戴着听诊器听了听刘怀生肺部，又用右手食指触摸他的脉搏……一番望闻问切后，记录下刘怀生的病情。十几分钟后，刘怀生的父亲刘贤德放心不下赶来陪儿子看病。据刘贤德回忆："医生开了些抗病毒的药给我儿子输液。不到20分钟，不知是滴速过快，还是其他原因，我看他的脸色苍白，额头涔涔地冒汗，神情异常痛苦。我找来护士时，儿子的鼻腔开始出血……院长告诉我们，他们医院救治条件跟不上，要我们立即转院。"

刘怀生的弟弟开着面包车将他送到20公里外的市B医院时，已是下午1点左右。刘贤德挂上急诊号，值班医生进行了常规的体温、血压测量后，意识模糊的刘怀生被推进了急救室……

下午5点，"医治无效"的噩耗传来，刘怀生的妻子杨娜扑在他的尸体上哭得死去活来，没想到上午这一别竟是天人永诀。刘贤德更是悲痛欲绝：儿子刚满40周岁，身体强健，无任何既往病史，小小的感冒怎会命丧黄泉？

"这是病情自然发展的结果"，A医院的解释无法消除刘贤德心中的疑惑。"人的生命仅有一次，如果就此不了了之，只会纵容更多的庸医！"他要弄清原委。

2016年10月25日，刘贤德将A医院告上法庭。他起诉称："我儿子输液时鼻腔出血，A医院明知是病情加重却不安排救护车、医务人员护送，也不告知我们治疗情况……我儿子的死亡是被医院误诊的。"

家属申请作医疗损害鉴定

对于刘贤德的起诉内容，A医院在答辩状中写道："我院发现患者病情加重已及时告知家属转院治疗。当时患者家属提出自己有车，愿意用自家车转院……我院是治疗设备跟不上才让患者转院的。患者的死亡属于病情自然发展的结果，我们已尽到了救治义务。"刘贤德不能提供A医院诊疗过错的有效证据，很快在庭审较量中败下阵来。但这并没挫伤刘贤德打官司的信心，他意识到想胜诉，证据至关重要。回家后，他和家人反复商量决定追加B医院为被告，并正式向县法院递交了《医疗损害鉴定申请书》。

2017年2月12日上午，县法院司法技术辅助室法官和三方当事人，采用转盘式抽签方式，从多个符合标准的鉴定机构中，随机抽出D鉴定中心。对此原、被告均表示认同。

D鉴定中心召开听证意见会议的场景，刘贤德至今记忆犹新："B医院认为我儿子死亡系自身疾病所致，家属不同意尸检是无法判断其死亡的真正原因。对此我们不予认同，明明是两家医院在救治我儿子过程中存在不当的治疗行为导致的。"

2017年12月27日，D鉴定中心的专家出具了一份长达15页8000余字的鉴定意见。刘贤德无数次研读了鉴定意见上的文字，每每提起都激动不已："这份鉴定意见指出，A医院医生未询问患者是否有鼻咽部异常表现，也未作胸部X线检查……

是医务人员鉴别诊断不充分,延误了我儿子的病情。"

关于B医院的五项医疗过错,刘贤德更是义愤填膺:"我儿子肺部感染属于急诊。我们当天在B医院挂急诊号,凝血测定、血常规、心电图等检查缴费时间为下午1点27分,可是大部分检验结果均在3点左右作出,该鉴定意见认为B医院未做到及时检查、检验,延误抢救时机;B医院将患者由急诊科转入重症医学科治疗存在转科治疗,增加了患者的死亡风险……鉴定意见的结论是,两家医院均对患者刘怀生的诊疗存在医疗过错,A医院为次要作用,B医院为主要作用。"

然而,两家医院对D鉴定中心的鉴定意见均持否定态度,并申请法院重新鉴定。原告、被告各执己见,该支持谁?合议庭为谨慎起见,经商议后,向D鉴定中心送达了《出庭通知书》,要求鉴定的人员出庭质证。

两家医院为过错担责90%

2018年4月3日下午2点,一审法院的旁听席上座无虚席,B医院聘请的专家田教授也现身法庭。庭审中,针对"鉴定人员是否具备鉴定资质""2017年5月制定的《急诊危重症患者院内转运共识》可否作为2016年9月诊疗行为的鉴定依据""患者是否属于感染休克"等问题,田教授与D鉴定中心韩主任观点相悖。韩主任重点阐述了患者死亡的原因:患者发病是由咳嗽、发烧引起的。患者在A医院治疗2小时病情加重……转到

B医院时患者已低血压、白细胞数2100……B医院应意识到患者属于感染休克，但该医院并未作感染生物标本物检验，从而无法确定感染源……被鉴定人所患肺炎，及时治疗后可痊愈。本案恰恰是两家医院未及时识别、启动规范治疗，才导致患者不幸进入该病死率42.91%的行列。

这起医疗纠纷专业性极强、争议点颇多，一审法院又连续两次开庭审理，才弄清是非曲直，合议庭最终采信了D鉴定中心的鉴定意见。合议庭结合证据和庭审情况讨论认为，两家医院没有证据证明该鉴定意见有法定实体和程序错误，因此申请重新鉴定不符合法律规定。

患者应该为自身死亡承担责任吗？主审法官解释说，鉴定意见明确指出，两家医院的诊疗过错行为在刘怀生的损害后果成因中参与度为主要作用，而刘怀生自身疾病是其死亡的次要原因，故刘怀生也应为其死亡后果承担相应的责任。

此时，刘家人将损害赔偿由5万元提升至105万元。另一个棘手的问题是：刘怀生的户籍在农村，他生前从事出售农机配件、补胎等服务业，是按农村还是按城镇居民人均可支配收入计算死亡赔偿金？两种赔偿标准悬殊甚大，原告和两家医院为此争辩异常激烈。最终，一审法院依据原告提交的个体工商营业执照，支持以城镇居民人均可支配收入计算，即刘怀生死亡赔偿金为56.4万元，丧葬费2.84万元，被扶养人生活费13.5万元，精神损害5万元，医疗费5401元，鉴定费等原告各类损失共80.7万元。

2018年4月23日,一审法院作出判决:B医院承担70%责任,赔偿原告各类损失56.5万元;A医院承担20%责任,赔偿原告各类损失16.1万元。

宣判后,三方当事人均不服,提起上诉。

2018年9月,市中院开庭审理了此案。庭审中,法院将当事人的上诉理由归纳为"D鉴定中心的鉴定意见能否作为定案依据""原告和被告承担过错比例是否正确""死者该不该按城镇居民认定死亡赔偿金"三个争议焦点,当事人再次展开辩论。

休庭后,合议庭结合证据和庭审情况讨论认为,两家医院没有证据证明该鉴定意见有法定实体和程序错误,因此申请重新鉴定不符合法律规定。

患者应该为自身死亡承担10%的责任吗?主审法官解释说,鉴定意见明确指出,两家医院的诊疗过错行为在刘怀生的损害后果成因中参与度为主要作用,而刘怀生自身疾病是其死亡的次要原因,故一审法院判令刘怀生承担10%的责任正确。

个体工商营业执照作为认定受害人为城镇居民从而计算死亡赔偿金的证据能成立吗?二审法院经讨论认为:受害人户籍地在农村,经常活动地也在农村,原告提供的个体工商营业执照上标示的经营场所为某村,因此该证据不足以证明受害人生前经常居住地和主要收入来源地均为城镇,故刘怀生死亡赔偿金应按照农村居民的纯收入计算。

2018年10月23日,市中院改判B医院承担70%责任,赔偿原告各项损失33.6万元;A医院承担20%责任,赔偿原告各项损失9.6万元。

检察官说法

本案发生在最高人民法院修改《关于审理人身损害赔偿案件适用法律若干问题的解释》(以下简称《人身损害赔偿解释》)之前,二审法院依据当时法律规定和司法解释,按农村居民人均可支配收入标准计算,作出了终审判决。

但事实上,"城市和农村居民的人身伤害赔偿标准应该一致"是受害群众的合理诉求和呼声。2019年4月,《中共中央、国务院关于建立健全城乡融合发展体制机制和政策体系的意见》提出,改革人身损害赔偿制度,统一城乡居民赔偿标准。

该意见在司法办案中落地生根需要时间。直到2022年4月,最高人民法院修改了《人身损害赔偿解释》,将残疾赔偿金、死亡赔偿金由原来按照城镇居民人均可支配收入或者农村居民人均纯收入标准计算修改为按照城镇居民人均可支配收入标准计算;将被扶养人生活费由原来按照城镇居民人均消费支出或者农村居民人均年生活消费支出标准计算修改为按照城镇居民人均消费支出标准计算。"城镇居民人均可支配收入""城镇居民人均消费支出"按照政府统计部门公布的各省、自治区、直辖市以及经济特区和计划单列市上一年度相关统计数据确定。这样一来,改变了过去户籍不同的居民认定赔偿数额差距较大的情况，农村居民的合法权益得到维护。

司法实践中，检察官、法官办理医疗纠纷案件通常把医疗损害鉴定作为定案的重要证据使用。这是因为《民法典》第1218条规定：患者在诊疗活动中受到损害，医疗机构或者其医务人员有过错的，由医疗机构承担赔偿责任。然而，现实生活中，患者由于不具备医学知识很难提供医疗机构或医务人员存在诊疗过错的证据。因此，《最高人民法院关于审理医疗损害责任纠纷案件适用法律若干问题的解释》第4条第2款明确规定，患者无法提交医疗机构有过错的证据，提出医疗损害鉴定申请的，人民法院应予准许。本案中，刘贤德向法院申请医疗损害鉴定符合法律规定。

本案启示

1.当前在医疗损害鉴定与医疗事故鉴定并存的情况下，患者走法律途径维权的渠道应首选医疗损害鉴定。其中有两方面原因：一是医疗损害鉴定更加符合《民法典》第1218条规定，是处理医疗纠纷案件和医疗侵权责任案件的重要依据；二是医疗损害鉴定一般由司法鉴定机构接受法院委托对医院诊疗行为是否存在过错，该过错与患者损害结果是否有因果关系及参与度作出评价，无论是程序还是实体均在法律规定下进行，通常比医疗事故鉴定更为严格，其结论通常被司法机关认可，有利于维护广大患者的利益。

2.对于医院来说，患者的生命重于一切。医疗损害鉴定报告显示，涉案的两家医院均在救治急诊患者的措施上存在过错，这也应引起其他医院重视。作为救死扶伤的医疗机构，应当以患者生命为中心，积极改进措施，确保以最快速度、最准确的治疗方式挽救患者的生命。

5. 商铺致顾客摔伤，商城不能免责

我国《民法典》第1198条第1款规定：宾馆、商场等经营场所、公共场所的经营者、管理者，未尽到安全保障义务，造成他人损害的，应当承担侵权责任。现实中，一些商城认为事先签订"免责合同"就能将侵害顾客权益的赔偿责任全部转嫁到租赁商铺的个体经营者身上。对此，法律支持吗？三年前，冯大妈在一家培训机构走廊前因地毯上的太空沙而滑倒，造成左手骨折。商城拿出"培训机构给第三人造成损害，均由培训机构承担赔偿责任"的《租赁合同》，这能成为免责"金牌"吗？因商铺疏忽造成顾客摔伤，责任到底该如何划分？

顾客踩中地毯上的太空沙滑倒

汇美培训机构是一家专为中小学生提供英语学科培训的服务机构，位于翡宇商城一层。热情的服务、优质的教学、繁华的地段，使这家培训机构迅速驶入发展"快车道"。一个周末，

冯大妈路过这家培训机构，宣传单上"系统课程+形象教学+定制服务"吸引了她的注意。一番咨询后，工作人员承诺"孩子英语成绩百分百提高"。想到家中正在读小学四年级的孙子萌萌英语成绩很差，儿媳为此伤透脑筋，冯大妈便从自己的退休金中拿出5000元为萌萌报了英语基础班。

萌萌放暑假的第一天早上9点左右，冯大妈骑电瓶车把萌萌送到培训机构。最近几天，培训机构为培养孩子专注力，提高学习乐趣，特意准备了一些太空沙。课间，孩子们三五结伴围在走廊的游乐桌旁做出各种沙雕模型，欢声笑语飘荡在走廊。

谁会想到，给孩子们带来欢乐的太空沙竟成为一场权益纠纷的祸首。中午11点多，冯大妈来接孙子回家，萌萌正在游乐桌前玩得不亦乐乎。冯大妈一面招呼他回家，一面急步走过去。也许是目光太过专注于萌萌，冯大妈的右脚不小心踩在地毯上一块鸡蛋大的太空沙上。在极速滑力作用下，她的全身失去平衡，瞬间倒向一侧。她习惯性用左手支撑身体，没想到臀部重重摔在地上，同时听到左手腕"咔"的清脆响声，随之而来的是钻心般疼痛……

几分钟后，冯大妈被救护车运到医院救治。一番问诊、CT等检查后，冯大妈的摔伤被确诊为尺骨桡骨闭合性骨折。医生告诉她，左臂软组织损伤较重需要马上手术。1个小时后，冯大妈左臂缠着厚厚的白绷带，坐在轮椅上，被护士推出手术室。汇美培训机构负责人带着许多水果和6000元治疗费来到医院探望。

冯大妈住院治疗19天后,病情趋于稳定但"伤筋动骨一百天",她出院后仍要静养,家人请来护工照料她的饮食起居。拆掉白绷带和石膏后,冯大妈仍感到"左手麻木,阴天下雨就疼痛,手腕不能自如转动,不敢骑车"。她的生活节奏被彻底打乱了。

半年后,冯大妈拿着医疗费等十几张单据数次找到汇美培训机构讨说法。工作人员每次都深表同情,但谈及赔偿责任时总在推脱:"那天冯大妈走路快,过错主要在她……摔一跤能有多重?她一直耗在医院里……我们公司已拿出6000余元补偿,已仁至义尽。"

将涉事者告上法庭要求赔偿

经过调查,冯大妈得知汇美培训机构所租赁的教室是翡宇商城的商铺,事发地旁边还有家学习用品店。"我滑倒处的走廊本就狭窄,左侧还摆着游乐桌。但凡谁能把地上的太空沙及时清理干净排除隐患,我也不会滑倒摔伤!"冯大妈把摔伤归责于汇美培训机构、学习用品店及翡宇商城,她将三方告上法庭要求赔偿精神抚慰金、医疗费等各类损失18万余元。

法院受理此案后,汇美培训机构在答辩状中指出:"冯大妈的伤情能否达到评残等级,护理费、营养费的计算标准也不清楚,原告提出18万元赔偿金我方有异议!"在法官建议下,冯大妈向法院递交了委托司法鉴定申请书。两周后，法医司法鉴定依据对冯大妈的伤情查验结果和病历资料出具了司法鉴定意见书，结论为：此次受损造成冯大妈左腕关键功能性障碍，评定十级伤残；护理期为60天，营养期为90天。

主审法官按该认定结论计算各项损失如下：营养费为90天×50元/天=4500元；住院伙食补助费为19天×100元/天=1900元；十级伤残赔偿金计算方法为，上年度城镇居民人均可支配收入乘以20年再乘以10%，且满60周岁未满75周岁的每增加1周岁减1年。定残时冯大妈61周岁，当时该市上一年度城镇居民人均可支配收入为47659元，故按19年计算再乘以10%，伤残赔偿金为90552.1元；按上一年度居民服务、修理和其他业务每人每年55245元折算41天护理费为6205.6元（住院期间护理费已由汇美培训机构支付）；综合医疗费50699.16元、鉴定费3200元、精神损害抚慰金5000元、交通费300元，冯大妈摔伤损失共计16.24万元。

法庭上，原告、被告对于司法鉴定意见书均无异议。对于冯大妈的摔伤该由谁承担责任，各方当事人争论尤为激烈。原告代理人认为："汇美培训机构和翡宇商城及学习用品店均对顾客安全负有保障义务，而事实上，这三家店商均未采取预防或消除危险的必要措施从而造成冯大妈滑倒、摔伤左手，所以这三家店商应承担连带责任。"

对此，学习用品店代理人情绪激动地辩称："我们店仅是距离事发地点较近而已，冯大妈不是我店的顾客……我们对于她的摔伤不存在任何过错,原告让我方承担责任纯属无稽之谈。"汇美培训机构代理人也指出:冯大妈着急走路不注意脚下安全,自身有过错……

庭审中,汇美培训机构和翡宇商城均认可双方签订的《租赁合同》第38条约定"汇美培训机构因故意或过失而给第三人造成损害时,均由汇美培训机构承担赔偿责任"。翡宇商城的代理人指出:"太空沙和地毯均属汇美培训机构所有,是他们自行放置,且案发地已出租给汇美培训机构,合同中已明确约定相关权利、义务。汇美培训机构是涉案地的管理者、经营者,冯大妈摔伤与商城无关,应由汇美培训机构赔偿冯大妈的全部损失。"庭审持续了3个多小时,鉴于此案争议较大,合议庭决定休庭,择日宣判。

免责条款能为商城免责吗

冯大妈摔伤是由摆放在公共走廊的游乐桌上洒落的太空沙所致。合议庭经讨论认为:汇美培训机构作为涉事游乐桌设置管理者未尽到管理责任,应对冯大妈受伤承担责任;翡宇商城应对公共区域的设施是否符合安全要求进行管理检查。本案中,商城地面通常为光滑的瓷砖,在有太空沙时极易造成过往人员滑倒摔伤,翡宇商城作为整个商业体的经营管理者显然未尽到管理义务。《租赁合同》第38条内容不能对抗第三人,翡宇商城应对冯大妈的摔伤承担连带责任。冯大妈提供的证据不能证明被告学习用品店对冯大妈摔伤负有责任，因此学习用品店不承担责任。

冯大妈摔伤赔偿比例该如何划分？一审法院认为：冯大妈作为成年人，对其自身安全负有注意义务，也就是接近案发地点时，应提前对太空沙造成滑倒有所防范，因此本人对损害的发生也有过失，综合考虑两被告的过错程度，酌定由冯大妈负担20%责任，由汇美培训机构和翡宇商城负担80%责任。

一审法院作出判决：被告汇美培训机构一次性给付原告冯大妈各项损失共计12.9万元；被告翡宇商城承担连带责任。宣判后，翡宇商城认为"《租赁合同》中约定的权利义务很明确，一审判决错误"，遂上诉至市中院。

二审审理中，各方当事人均未提交新证据。二审法院开庭审理后，同样认为汇美培训机构在涉案公共区域摆放游乐桌、铺设地毯后因疏于管理，导致冯大妈被太空沙滑倒摔伤，应承担侵权赔偿责任。不同的是，二审法院认为：翡宇商城应对涉案位置在内的商场整体承担安全保障义务，其未认真履行监管职责应承担补充责任；一审判决翡宇商城承担连带责任，适用法律不当，应予纠正。

对于《租赁合同》中"均由汇美培训机构承担赔偿责任"的抗辩内容是否能免除翡宇商城责任，法官解释称：翡宇商城承担补充责任后，可以另行向合同相对方主张权利。市中院依法作出终审判决：汇美培训机构一次性给付冯大妈各项损失共计12.9万元；上诉人翡宇商城承担补充责任。拿到终审判决书，

> 以案说法：生活中的*法律*故事

冯大妈的摔伤损失终于有了准确赔偿对象。

检察官说法

商场和店铺都具有保障顾客安全的义务，这一点毋庸置疑。司法实践中，安全保障义务主体有两种责任类型：义务人因违反安全保障义务而直接致使他人遭受损害应承担直接责任；义务人未尽安全保障义务而使被保护人遭受第三人的侵害时应承担相应的补充责任。本案中，培训机构占用公共区域摆放游乐桌，又因工作疏漏使桌上的太空沙散落在地上致冯大妈滑倒，应对其摔伤承担直接责任；翡宇商城作为走廊等公共空间的管理者未起到监督作用，间接损害了顾客利益，所以承担的是补充责任。

本案启示

1.无论是店铺经营者还是商场管理者，均要为顾客提供相应的安全防护措施，还要切实履行各自的安全保障责任。商场切不可自认为签订了免责合同就可置身事外。

2.人身损害案件需要赔偿损失的种类包括：营养费、住院伙食补助费、伤残赔偿金、护理费、医疗费、鉴定费、精神损害抚慰金、交通费，伤者为在职人员还应赔偿误工费。

6. 做踏板操崴脚，健身馆该担责吗？

吴女士本想通过健身运动获得健康、苗条的身段，悦人悦己。没想到她在健身馆做踏板操时不慎崴伤右脚，落下十级伤残。吴女士不甘自认倒霉，将健身馆告上法庭。但她在健身馆运动使用的是其父亲的健身卡，又因自身原因崴伤右脚，健身馆该为此担责吗？

起因：在健身馆跳操崴伤脚

花甲之年的吴大伯花费3000元在距家不远的某健身馆办了张游泳卡。可他没去几次，便将这张卡转给女儿吴女士使用。吴女士因为喜欢踏板操，跟健身馆商议后，这张游泳卡换成了踏板操运动卡。此后，吴女士每天晚上都会按时到健身馆，跟着教练和小伙伴在动感十足的音乐下，尽情挥舞胳膊，汗水的肆意挥洒驱走了工作压力和坏情绪，运动让她很放松。

几个月下来，吴女士的小腹和臀部赘肉消耗掉许多，身材更加匀称了。她兴奋至极，对镜自拍在微信朋友圈晒照。看着满屏的赞，吴女士坚持健身的动力倍增。她风雨无阻，逢课必上，可谁知意外却不约而至。一个周三的晚上，吴女士在教练的带领下，随着动感音乐有节奏地在踏板上舞动。突然，她的右脚踩在踏板的蓝色边缘处，身体失去平衡，猛地晃动两下便摔在地上……踏板也随之滑动。吴女士坐在地上，双手不停揉搓右腿受伤部位，表情十分痛苦。几分钟后，她用右手扶着墙壁慢慢站起身，轻轻活动右脚腕。而后，她一瘸一拐地走到不远处的空地上休息了一个多小时。下课后，吴女士在同伴的搀扶下，缓缓走出健身馆。

吴女士坐上车回到家，本以为睡上一觉就没事了，可她躺在床上休息了两天后，右脚崴伤处不但没有好转反而红肿得更厉害了，疼得连路也走不成。无奈之下，她被亲友送到医院。医生详细问诊并帮吴女士拍CT片检查后，确诊为：右外踝骨骨折，她不得不住院做了手术，母亲日夜守候在病榻前，照顾她。看着母亲突增的白发和憔悴的面容，吴女士很是愧疚。术后第七天，吴女士的病情趋于稳定。出院时，主治医师叮嘱她：在家休息一个月，再来医院复诊。

"做踏板操，只是在踏板上不停地移动……如果不是踏板出现故障，怎么会摔得这么重？"吴女士躺在床上，脑海中反复回忆事发时的那一幕，她认为是健身馆没有固牢踏板才导致自己做操时崴伤了脚！

一周后，吴女士的母亲拿着医疗费1.29万元收据，找到健身馆要求赔偿，但遭到拒绝。吴女士母亲又要求健身馆提供事发时的监控录像，没想到又被回绝。双方发生争执后，吴女士的母亲在情绪激动下报了警。最终，在民警帮助下她才调取到监控。

争议：健身馆存在过错吗

吴女士躺在床上，反复观看事发时的监控回放。录像显示：是她先踩到踏板边缘后才导致踏板滑动。她转而又想"如果踏板不滑动我的脚也不会受伤，他们应事先固牢踏板，错在他们"。吴女士委托某司法鉴定所对其伤残程度、后续治疗费用等进行鉴定。3个月后，该鉴定所出具鉴定意见为：吴女士右脚踝骨折损伤的后遗症系十级伤残，误工期为120日，护理期为60日，营养期为90日。有了依据，她将健身馆告上法院，请求法院判令健身馆给付医疗费、护理费、伤残赔偿金等各类损失合计15.2万元。

一审法院依法组成合议庭公开审理了此案。吴女士右脚踝骨折是否与她在健身馆做踏板操摔倒存在因果关系？健身馆经理辩称：是吴女士自己不注意安全崴伤的右脚，与健身馆没任何关系。吴女士当天受伤后，可以自行行走，与其两天后诊断的"右外踝骨骨折"结果明显不符。此外，吴女士就诊时间与事发时间相隔48小时，这么长的时间间隔会发生许多事情，不排除其他原因造成其右脚受伤可能性。

健身馆是否尽到合理范围内的安全保障义务，是否应对吴女士的损伤承担赔偿责任？健身馆辩称："我们健身馆贴有注意安全的警示标识，我们的教练也都会在健身运动开始前反复提醒学员注意安全防护……健身馆已对所有学员尽到'合理'限度范围内的安全保障义务。事发时，吴女士没有穿运动鞋仍坚持跳操，是她自身原因导致崴脚受伤，我们健身馆不应承担赔偿责任。"

庭审质证环节，吴女士当庭出示鉴定书、病历、医疗费等书证。原告健身馆对这些书证的真实性无异议，但辩称："这张健身卡是吴女士父亲的，吴女士跟我们健身馆没有实质关系。对于护理费，吴女士母亲有退休金，不应赔偿。"

鉴于此案案情争议较大，合议庭决定结合庭审情况，讨论后择日宣判。休庭后，主审法官再次对事发健身馆进行实地调查，并结合已有证据，与合议庭其他成员讨论后认为：本案吴女士使用父亲的健身卡是经健身馆同意的，双方服务合同关系自成立时生效。监控录像证实，吴女士做踏板操时因其右脚踩踏在踏板边缘导致崴脚，而后身体失控倒地。吴女士是在两名学员的搀扶下离开健身馆的，证实其右脚不能正常行走，伤情较为严重。这说明两天后吴女士在医院的诊断结果与在健身馆摔伤具有高度盖然性，进而判定她的右脚踝骨折与在健身馆跳操摔伤存在因果关系。

判决：健身馆承担30%责任

吴女士因自身不慎而崴脚骨折，健身馆存在过错吗？法官指出，健身馆有三点过错：一是健身馆对学员的人身健康未尽到安全保障责任。吴女士受伤后，健身馆教练没有积极采取救护措施，也没有陪同其前往医院救治，仅是短暂观察后，又带领其他学员继续练习。健身课结束后，教练仍未对不能正常行走的吴女士实施救治措施。二是事发当天，健身馆发现吴女士未穿运动服和运动鞋，着装不符合要求，未尽安全提醒义务。三是健身馆未告知吴女士开设健身项目的风险系数、注意事项等内容。

一审合议庭经讨论后认为：吴女士作为完全民事行为能力人，应对踏板操运动可能发生摔倒、绊脚、扭脚等风险具有认知和注意义务，其摔伤主因是自身不慎或防范不力所致，故应当自行承担70%责任，健身馆应承担30%责任。

吴女士的母亲系退休职工，健身馆应赔偿吴女士相应的护理费吗？法官认为，《最高人民法院关于审理人身损害赔偿案件适用法律若干问题的解释》第8条第2款规定"护理人员有收入的，参照误工费的规定计算"，护理费是支付给代替侵权人履行护理责任人员的劳务报酬。护理人员有无固定收入，并不影响护理人员收取护理费的权利。吴女士系右脚踝骨折，需他人照料生活起居。吴女士母亲虽为退休职工有固定收入，但代替侵权者履行护理义务，应给予护理费。

主审法官梳理吴女士提交的各项损失凭证后认定：医疗费1.29万元、住院伙食补助费840元（住院7天×参照国家机关工作人员出差补助费标准120元/天）、护理费为1.419万元（8.63万元/年÷365天×护理期60天）、误工费2.84万元（8.63万元/年÷365天×120天）、营养费2700元（营养期为90天×30元/天）、残疾赔偿金6.96万元、鉴定费2180元、交通费100元、精神损害抚慰金2000元，各项损失合计为13.29万元。

一审法院作出判决：健身馆应承担30%责任，赔偿吴女士经济损失3.99万元，另外70%责任由吴女士自行承担。

一审宣判后，双方均不服，纷纷提起上诉。二审期间，吴女士和健身馆均未提交新证据。中级法院作出终审判决：驳回上诉，维持原判。

检察官说法

任何健身运动都有潜在的风险和安全隐患。《民法典》第1176条对"自甘风险"作出规定，也就是危险的自愿承担。同时该条第2款指出组织者负有必要的安全保障义务。本案吴女士自愿参加踏板操健身运动，应自行承担健身活动带来的风险，但对于组织者健身馆来说，若没有提供必要的安全保障，仍需承担相应的赔偿责任。综观全案，吴女士的伤情没有在第一时间得到有效治疗，健身馆负有一定的责任。

本案启示

1.这起侵权案提醒健身馆等经营场所,应配备兼职或专职的医务人员,以便在健身者因受伤或突发疾病时,第一时间快速诊治,采取抢救等措施。

2.健身者要提高自身防护意识。除了严格按规定穿着运动鞋、运动服,在健身运动时如果感到胸痛、胸闷、心悸、呼吸急促或窒息等不适,应及时停止运动,立即就医,避免延误病情。

四、反腐倡廉

做官当修身为民。
走上仕途要戒贪止欲，廉洁清明，
所作所为要经得起良知、道德、法律的评判。

1. 财务处长的人生"败笔"

翻开汪华的履历，其成长轨迹令人羡慕：他以名列前茅的成绩考入知名大学会计系；毕业后进入某中央直属机构下属某单位工作。此后，他仕途顺风顺水：先后任副主任科员、主任科员、财务处副调研员，并在42岁时担任财务处处长，成为该单位最年轻的正处级领导。然而，高光的背后却隐藏着一颗"不安分"的心……

动用公款投资股票

从小出类拔萃，上进心强，是老师和同学公认的好苗子。他果真不负众望，在大学毕业后考入某中央直属机构下属某单位成为财务处的一名出纳员。在国家机关工作，他自然赢得了亲朋好友的羡慕目光。然而，汪华内心并不甘于微薄的工资，他既想体面当官，又想快速实现财务自由。于是，他做起了兼职。

业余时间，汪华开始尝试写作，但无奈诗歌稿费偏低；接着，他考取了房地产中介从业资格证，却发现中介市场不规范、风险大。后来，他把目光锁定在股市。恰好那两年股票市场红火，汪华小试牛刀便收益丰厚。看着自己银行卡上的存款数字飙升，他误以为自己有"炒股天赋"。一年春天，他断言"此后一段时间股市必然大好"，于是把父母为其购买的一套房产作为抵押，向银行申请贷款并全部投入股市。

不料，此后股市大跌。汪华所持的股票大量贬值。"只有卖掉房子，才可解燃眉之急。可那是爸妈一辈子从牙缝省出来的，卖掉房子等同于用万箭穿二老的心。"就在他一筹莫展时，无意间发现同办公室的李会计保管印章的钥匙放在电脑键盘下面。他不由得眼前一亮："不如先用单位公款顶上炒股损失，等赚了钱再还给单位，反正我们单位有300多万元的资金躺在账户里，平时很少用。"事实上，汪华内心反复思想斗争了好几天，才最终决定挪用公款抵股票亏损。他诚惶诚恐地将单位基本账户上的20余万元悄悄转出，归还了自己的银行贷款。

股市风云万变，经常是小幅反弹后进而狂跌，汪华一次次血本无归。为了早日还款，他私刻银行公章5枚、制作假对账单据，自此频频将魔掌伸向单位的公款，基本账户资金挪空便改挪用房改账户和零余额账户。每次操作后，他都会给自己"画饼"："现在房价持续高涨……只要把挪用的公款数额控制在风险线内，有房产在握，将来不愁还不上单位的钱。"

汪华在股市沉浮中屡败屡战，也积累了一些投资经验，时而也会有些盈余。炒股十几年，他将股市所赚收益1116.4万元归还单位。但他整体亏损较大，截至案发前，仍有1000余万元公款漏洞无法补上。

无论如何绝不能卖掉父母给买的房产！于是，汪华寄希望于岳父的200余平方米宅基地拆迁补偿款和妻子公司的专利产品。然而，岳父的宅基地拆迁遥遥无期，妻子的公司产品也没出现热销……

内心痛楚，无处倾诉

在同事眼中，汪华爱岗敬业、才华横溢。顶着名校光环的他，事业蒸蒸日上，妻子贤惠端庄，女儿乖巧可爱，可谓家庭事业双丰收。其实，唯有汪华自知这仅是表面的风光，内心的大山压得他几乎窒息：他不敢将挪用公款的秘密告诉任何人，还要小心翼翼地不能让人察觉任何蛛丝马迹。他把办公室看成"牢笼"……工作中每每提到"账户对账单""审计"等字样，他就特别敏感，心虚得额头直冒冷汗。尤其是每年的9月和11月，是审计、对账的时节，他内心更是高度惶恐。

十几年来，汪华睡梦中都在焦虑着如何掩饰自己挪用公款的行为。据汪华归案后供述："单位的零余额账户是财政强监管账户，对于备用金、工资报销等正常开支无法监控到明细，同时国库、银行、单位三方对账只发生在每年12月31日。只要保证这一时间点的实时金额正确就不会有纰漏……一般审计都觉得零余额账户不会存在问题，都只看列出的合理性，所以有漏洞可钻。"

汪华主持财务处工作后，对全处人员重新分工：财务印章由出纳保管，支票由他亲自保管……他与出纳同一个办公室，并授意出纳不必锁印章。这样，他盗用印章、自开现金支票就更方便了。每年对账或审计的时候，汪华都会使用excel、word画图板、ps等软件修改账户单据，而后在这些假对账单据上加盖他私刻的银行印章，应付各类财务检查。

纵然心思再缜密，也有露出破绽的一天。这年6月，审计组进驻该单位巡察。按计划，审计组不要求财务处提供单位各个账户的对账单。谁知第三天下午，审计组突然要求财务处提供单位各个账户的对账单。由于时间紧，汪华慌乱中出了纰漏。他仅修改了基本账户结息的贷方发生额，却忘记修改余额，审计组一眼看出端倪。得知审计组第二天要去银行核对账单，汪华如同惊弓之鸟。下班后，他一人呆呆地坐在办公室的椅子上，内心翻江倒海。当晚，他主动向领导交代了自己的犯罪事实并向纪委投案自首。5天后，汪华委托妻子向办案机关退缴赃款1079.9万元及利息36.97万元。

获刑六年半，终悔罪

汪华因一念之差，多年的努力付诸东流。他先后被开除党籍、公职，3个月后，又被检察机关以涉嫌挪用公款罪、伪造公司印章罪提起公诉。

庭审中，检察官宣读起诉书，并出示了汪华伪造的5枚银行印章、银行对账单、银行出具的说明、证人证言及汪华的供述等证据。检察官指出：汪华作为国家工作人员，利用职务便利，挪用公款2134.5万元（包括挪用61.8万元3个月内归还），其中用于经营活动的数额为1577.3万元，用于个人消费且3个月未归还的数额为557.2万元，情节严重，其行为已触犯《刑法》第384条、第280条，应以挪用公款罪、伪造公司印章罪追究其刑事责任。

检察官结合汪华"自首、自愿认罪认罚、主动退缴全部赃款及利息、在被押期间发现同监视人员自残立即报警并配合看守所警官处置突发事件"等多项从宽情节，提出量刑建议：以挪用公款罪判处有期徒刑6年，以伪造公司印章罪判处有期徒刑1年并处罚金1万元；两罪合并执行有期徒刑6年6个月，并处罚金1万元。

汪华对检察官所指控的罪名及量刑建议无异议。辩护人提出："汪华伪造公司印章是为实施挪用公款做准备，其属于牵连行为，应择一重罪处罚，而不应再将伪造印章另行定罪。此外，汪华挪用公款未造成损失，具有自首、认罪认罚等多项法定从轻、减轻情节。"

一审合议庭认为：公诉机关指控被告人汪华罪名成立；汪华的行为已构成挪用公款罪、伪造公司印章罪，依法应数罪并罚；汪华自动投案并如实供述了自己的罪行，系自首；其自愿认罪认罚，委托亲属退赔原单位全部损失、其在押期间表现良好，依法应从轻处罚。公诉机关的量刑建议适当。

为何不支持辩护人的意见，主审法官解释说：汪华伪造公司印章的行为与挪用公款并不存在必然的牵连关系。他伪造银行印章的目的是制作假对账单，掩盖其挪用公款的罪行，并不是挪用公款的手段，因而，伪造公司印章和挪用公款是两种不同的犯罪行为，应当分别评价，数罪并罚；汪华十几年来持续多次挪用公款，数额累计2000余万元，依据《最高人民法院、最高人民检察院关于办理贪污贿赂刑事案件适用法律若干问题的解释》第6条的规定，挪用公款数额在200万元以上的，属于《刑法》规定的"情节严重"。结合本案犯罪事实，辩护人提出减轻处罚的意见不符合法律规定。

一审法院判决汪华犯挪用公款罪、伪造公司印章罪，数罪并罚，决定执行有期徒刑6年6个月，并处罚金1万元；退缴的赃款1079.9万元及利息36.97万元由办案机关返还原单位。一审法院宣判后，汪华服判未上诉。

汪华在忏悔书中，深刻剖析了自己走上犯罪道路的主要原因：一是理想信念不坚定；二是法律意识极其淡薄；三是太过自私；四是思想不成熟。悔恨交加中，他希望多做些力所能及的事情，弥补自己的过错。然而这些对他而言已为之晚矣，但对于每名公职人员来说是一种警醒：无论何时何地都要谨慎使用好手中的权力，切实做到公私分明、先公后私、克己奉公。

检察官说法

从字面上很容易理解《刑法》第384条规定的挪用公款罪，即利用职务便利，挪用公款归个人使用的行为。为何时至今日还有不少公职人员屡屡出现挪用公款的违法行为呢？本案除了汪华在忏悔书里写的原因，不少公职人员往往心存"查不出来""能躲过去"的侥幸心理，不惜铤而走险。这些人大多从几千元公款挪起，时间久了，胆子越来越大，一发不可收……汪华毕业于名校，在国家机关工作，原本有着美好前程。而他私刻银行印章5枚、制作假对账单据，利用职务便利私开单位现金支票，挪用公款达千万元。案发时，这种并非高明的作案手段却已逃避各类财务检查十几年之久。

公职人员挪用公款进行违法活动或者进行营利活动的都属于犯罪行为。《最高人民法院关于审理挪用公款案件具体应用法律若干问题的解释》第2条规定，对挪用公款罪，分为三种不同情况进行认定：（1）挪用公款归个人使用，数额较大、超过3个月未还的，构成挪用公款罪。挪用正在生息或者需要支付利息的公款归个人使用，数额较大，超过3个月但在案发前全部归还本金的，可以从轻处罚或者免除处罚。挪用公款数额巨大，超过3个月，案发前全部归还的，可以酌情从轻处罚。（2）挪用公款数额较大，归个人进行营利活动的，构成挪用公款罪，不受挪用时间和是否归还的限制。在案发前部分或者全部归还本息的，可以从轻处罚；情节轻微的，可以免除处罚。挪用公款存入银行、用于集资、购买股票、国债等,属于挪用公款进行营利活动。所获取的利息、收益等违法所得,应当追缴,但不计入挪用公款的数额。(3)挪用公款归个人使用,进行赌博、走私等非法活动的,构成挪用公款罪,不受"数额较大"和挪用时间的限制。挪用公款给他人使用,不知道使用人用公款进行营利活动或者用于非法活动,数额较大、超过3个月未还的,构成挪用公款罪;明知使用人用于营利活动或者非法活动的,应当认定为挪用人挪用公款进行营利活动或者非法活动。

挪用公款达到多少数额,才追究刑事责任呢?《最高人民法院、最高人民检察院关于办理贪污贿赂刑事案件适用法律若干问题的解释》第5条明确规定,挪用公款归个人使用,进行非法活动,数额在3万元以上的,应当以挪用公款罪追究刑事责任。

本案启示

1. "当官就不要想发财,想发财就不要当官。"党员干部把挪用的公款作为投资经营的生财之道,无疑是条不归路。名校毕业的汪华工作能力强,学识丰富,可谓前途无量,但终因诱惑,混淆了公私界限而身陷囹圄,其教训应引以为鉴。

2. 开展财务专项检查、督查工作中,要突出检查薄弱环节,更要有随机性、不确定性,形成"严审""严管""严查"的长效机制,从而实现财物管理规范、阳光透明。

2. 11张假发票揪出粮仓"硕鼠"

朱港春在县粮食局主政时，曾在一篇体会文章结尾处写道："莫以恶小而为之，守得住清贫、抵得住诱惑、扛得住干扰、经得住考验，道德之根才能越扎越深，立身之本才能越固越牢。"而现实中他的灵魂深处早已与之背道而驰：收受开发商房产，侵吞百万元租赁费，虚构项目套取建库资金……

曲线敛财：与开发商"共赢"

时年41岁的朱港春被提拔为县粮食局局长。上任伊始，他便频频插手该县粮库基建项目。A公司中标粮库混砖仓库工程后，他搞幕后操作，令其二哥朱某顺利接手该粮库地下排水系统、变压器屋等项目。完工后，县粮食局通过A公司将134万元拨款转入朱某的账户，朱某轻轻松松赚了"一桶金"。

权力带给朱港春的不光是精神上的"爽感"，更多是财富的增加。一年年初，一家保险公司的杜总想来拓展业务，找到朱港春帮助。"这家保险公司每年纳税都在200万元以上,如果在县城落户既可帮县粮食局完成招商引资任务,还可顺势赚取'人情'……"面对如此一举多得的美事,朱港春自然乐得为该公司牵线搭桥。他协调政府各项优惠措施,还将县粮食局两间门市免费提供给这家公司使用。没多久,在朱港春的张罗下,这家保险公司享受到地方返税50%的优惠政策。半年后,善于感情投资的杜总悄悄在外省购得一套房产,登记在朱港春儿子的名下。

那几年,县粮食局无论大小事,朱港春说一不二,可谓大权独揽。在他眼中,各种规章制度都是约束别人的。临县B公司承揽到一项中央储棉业务,想租借朱港春所在县的粮库存放棉花。该公司李总到粮库实地考察后很满意,经多次与朱港春商谈,双方签下《棉花储备合作协议》。按这份协议,B公司先垫资在该县粮库东侧新建5个钢构仓库和消防系统供储存棉花使用;B公司每年从国家拨付的200万元保管费中扣除100万元补偿前期新建仓库垫资。合作期满,5个新建钢构仓库产权归该县粮库所有。

粮库仅提供空地,便可"空麻袋背米",真可谓无本万利。然而,朱港春贪心起,邪念生。他并没有向上级领导汇报他代表该县粮库与B公司签订《棉花储备合作协议》的事宜,B公司新建的5个钢构仓库投入使用后,他也没让会计将这5个新建仓库列进单位固定资产。每年的租赁费,他都让B公司打进其二哥朱某的账户。就这样,B公司支付粮库的380万元租赁费陆续进入朱港春的私人腰包。

后来，朱港春在网友的引荐下，用手机在某期货平台注册了账户。他先是试探性投资1000元做期货，果真赚了一笔钱。尝到甜头后，他携带单位营业执照和公章，到某典当公司贷款200万元，满心期待"大赚一笔"。然而，当他把200万元贷款投入期货平台后，不到半年时间便亏损170多万元。无奈之下，他用B公司的租赁费填补了损失，这件事才未被及时发现。

虚构项目："套"公款为儿子买房

几年后，朱港春升任县发展改革局党委副书记、副局长，主管粮食部门工作。他在县粮食局深入开展党风廉政建设和反腐败斗争会上强调："要'严'字当头，持之以恒在粮食系统中抓出新常态。"平日，嘴上对别人大谈反腐，而他自己内心的贪腐之门却越开越大。

朱港春的儿子在一线城市工作，一直租房居住，以自己的家庭收入水平很难在那买房定居。朱港春心急如焚，发誓一定及早"给孩子买房、安好家"。起初，他想用B公司租赁费买房，可是投资期货赔了本。

但机会再次从天而降。省里加大粮食仓储建设力度，给县粮食局下拨150万元建库基金。"去年因为无相应项目导致省粮食系统下拨给县财政部门257万元的粮库维修基金被收回，这回到嘴的'鸭子'绝不能再让它飞走。"朱港春绞尽脑汁终于想到了新"项目"——原来，B公司在粮库新建钢构仓库的事情，上级领导仍不知情。"如果新建的钢构仓库走公开招标程序套出工程款，既能为孩子买房，这5个钢构仓库也能名正言顺地列入单位的固定资产……"权衡利弊后，朱港春决定铤而走险。

因为省里这次拨款不足200万元，朱港春只得先申请2个钢构新建仓库及地面硬化项目（以下简称两个项目）列入政府采购计划。随后，朱港春电话联系A公司老总，谎称"两个项目已由无资质的王某公司施工，需借用A公司资质投标"。因为是两个项目，朱港春又让A公司联系另一家有资质的C公司参加竞标。在朱港春暗箱操作下，A、C两家公司成功中标。

朱港春可谓心思缜密、神通广大。他随后又通过补充协议将白庄剩余3个钢构仓库让A公司承揽，又陆续追加工程款。不到半年时间，他便完成虚假施工合同、虚假监工、虚假工程图纸等一系列手续，只等最后验收。验收前一天，朱港春打电话告知二哥朱某做好验收准备。虽然院内硬化地面整洁、干净，5个钢构仓库光亮如新，可他仍心怀忐忑。第二天，验收组成员来到粮库，经过对钢材、地面质量检测以及现场拍照等一系列流程后，验收组宣布"合格"。这时，朱港春悬着的心才终于放下。

两个月后，县财政局将项目工程款752.1万元拨付到A公司和C公司账户。朱港春深知这笔巨款打入他个人账户风险太大。他让A公司和C公司扣除管理费及税金后，将余款716万元分别打进老同学汪某和杜总的账户。不久，他使用部分赃款为儿子购得一套二手房。

东窗事发：归案后懊悔不已

度过了四年安然无恙的时光后，朱港春突然由副局长被降为四级调研员。他预感到不妙，惊恐中他授意杜总将替他保管的300万元赃款购买保险，以便能够掩饰赃款的去向。

一年后，县纪委接到群众举报信，对朱港春违法行为展开调查。经过8个多月初查，专案组围绕11张增值税发票来源、是否存在真实交易、具体用途等问题层层剥茧，终于发现朱港春虚构工程项目，套取建库资金等犯罪事实。

县纪委对朱港春立案审查的第二天，将他在去往县委开会的路上抓获。面对专案组审讯，朱港春自知已穷途末路，很快交代了犯罪事实，并退缴赃款580万元。县检察院以朱港春涉嫌贪污罪、挪用公款罪提起公诉。

庭审中，站在被告席上的朱港春对检察官指控的罪名并无异议。在最后陈述时，朱港春欲哭无泪、追悔莫及："这些年我手中的权力失去了监督，才走向犯罪……我认罪，恳请法官宽大处理。"一审法院经审理查明，朱港春侵吞白庄粮库租赁费380万元，虚构项目、骗取工程款752.1万元。A公司将其中8.7万元用于缴纳税金，朱港春并未实际占有、未给国家造成损失，可在犯罪数额中扣除。A公司和C公司扣除管理费27.1万元，已使公款失去控制，造成国家损失，朱港春应当退赔。一审法院作出判决：被告人朱港春犯贪污罪、挪用公款罪，决定执行有期徒刑11年6个月，并处罚金150万元；其退缴580万元、孳息1.5万元，上缴国库；其造成国家损失27.1万元，责令退赔。

检察官说法

"不是自己的不能要，单位的公共财物更不能拿！"这是许多家庭的家训，也是做人的基本道德规范和原则。而生活中，有的人喜欢占公家的便宜，以公肥私，这种危害后果不容小觑。国家工作人员利用职务上的便利，侵吞、窃取、骗取或者以其他手段非法占有公共财物的，构成贪污罪。贪污罪的客观方面表现为：（1）国家工作人员利用职务上的便利；（2）侵吞、窃取、骗取或者以其他手段非法占有公共财物的行为。

司法解释对贪污罪的量刑规定明确、清晰。根据《最高人民法院、最高人民检察院关于办理贪污贿赂刑事案件适用法律若干问题的解释》第3条的规定，贪污或者受贿数额在300万元以上的，属于"数额特别巨大"，量刑在10年以上有期徒刑、无期徒刑或者死刑，并处罚金或者没收财产。本案中，朱港春贪污数额达到700余万元，法官考虑到案发后他积极退缴赃款等从轻情节，最终判处11年6个月，可见量刑在法律的框架内。

✒ 本案启示

　　粮食系统腐败现象之所以层出不穷，究其原因主要有两个方面：一是"一把手"一人独大，目无法纪，面对诱惑欲罢不能而走上腐败之路；二是粮库建设、维修，粮食收储、销售等环节，资金稠密、贪腐隐蔽性强，给腐败滋生创造条件。但无论贪腐形式和手段披上何种"隐形衣"都难以掩饰以权谋私、贪图钱财的本质。

3. 套取公款投资的结算主管

徐友大学毕业后，先后在旅行社和某网络科技公司工作，后来通过政府招聘，成为 DS 公司电子商务增值业务部的一名职员，负责收集上缴机票款、机票行程单管理等商旅机票业务。谁会想到，他在 DS 公司工作刚刚三年，便开始利用公司新系统漏洞频频截留公款，要不是他因嫖娼被抓、DS 公司排查隐患，他可能现在还在悄无声息地侵蚀着公款……

利用新系统"漏洞"套取公款

DS 公司涉足商旅服务、电子支付等电子商务类业务。徐友刚入职便成为单位公款的"把门人"。工作之初，他兢兢业业、毫厘不差。但每日经手的不计其数的机票款很快"唤醒"了他内心的贪欲。集团决定将代理机票业务转为全国集中支撑模式，新系统运行前，徐友需要测试虚拟账户功能。他从单位顶点账户（顶级账户）向自己在该平台注册的账户转款 8 万元，用于测试汇付账户的支付收款等功能。测试结束后，他并没有将公款返还单位的账户，而是将其中2.1万元用于自己的生活开销。他为此提心吊胆了好一阵子。

"我是结算主管，专门负责公司的汇付账户管理，别人怎会知道……"在这种侥幸心理支配下，徐友内心有了更大的躁动——何不用单位公款"借鸡生蛋"，神不知鬼不觉，等赚了钱再还给单位。

他开始琢磨把公款套出来的办法。经过半年摸索，徐友发现，全国邮政机票代理网点每天出票几万张，这些售票款都汇集到他所在单位的汇付顶点账户里。"资金池"数据不停滚动上涨，变化不定。他经过打探得知，"资金池"的钱不在单位的财务账目中显示，并且航空公司提供的机票代理费和实际代理费也存有差异。

综合分析后，徐友暗喜：利用该系统"漏洞"，从"资金池"里套取公款或许无人发现。经过缜密思考，他找到同学张某提供对接账户。张某听后不问缘由便答应帮忙。接下来，徐友轻而易举将DS公司汇付账户和张某的公司账户绑定，通过报销虚假差旅单等报账把公款转进张某公司的账户，继而转入自己的个人银行卡中。于是，单位公款就被他一次次顺利偷取。

四年间徐友分别向张某公司账户转款28笔，累计套取公款299.3万元。然而，他的贪欲还在膨胀。张某公司不能及时将公款转给徐友，而且要付一定比例手续费，他干脆自己成立一家科技公司，用于套取单位"资金池"的公款。

DS公司似乎意识到单位账户管理中的纰漏，便规定公司顶点账户只能绑定本单位的对公账户转款。但此时的徐友并没有收手之意，他很快想出了应对的办法。他以单位名义办理了一张公务卡用于商旅机票结算，这张卡一直在他手中保管。有次外出购物时，他错拿这张公务卡消费后想到：如果把这张单位公务卡绑定在公司的顶点账户上，自己就可以继续套取"资金池"的公款了。

为掩盖罪行，徐友可谓做足了功课。他从网上购得一部pos机，把自己一张银行卡作为收款账户和pos机账户绑定。于是，单位机票款"资金池"成了他自己的"活期存折"，只要需要用钱，不管是投资生意还是生活开销，他便第一时间从"资金池"转款至公务卡，再通过刷pos机套现……

蒙混各种检查，肆意挥霍

徐友涉案时间长，涉案资金多。那么，他为何能躲避相关部门例行检查而逍遥法外呢？原来，DS公司账户的资金用于保障机票支付、结算，每日需要人工再次核实，而负责此项复核工作的是徐友本人，复核岗位自然沦为了摆设；到了公司年底对财务账目审计时，徐友在提供相关财务报表时会刻意把套取公款的款项记录删除；此外，面对公司核对徐友所持单位公务卡收支情况时，他总能以各种借口拖延，甚至不予提供银行账单等材料，最终核对的事情不了了之……

一年3月，航空公司将一笔800万元担保金退还到徐友保管的单位公务卡内，他私自将这笔公款转入单位机票款结算的"资金池"，以弥补套取公款的亏空。如此操作，单位各项业务不会受到任何影响，他自认为此举天衣无缝。

徐友这些年套取公款投资个人生意，不仅没有收回成本，还亏损严重。他投资60多万元经营了一家320余平方米的雪具实体店，线上线下同时经营雪具。几年下来，非但没赚到钱，还欠厂家300万元预付款；听说电子烟很畅销，他便从网上找到进货渠道，本想多进些烟发点小财，没想到货款支付后，却怎么也联系不上对方了，最终被骗30余万元；他先后投资32.5万元与两个朋友合伙经营汽车修理店，可三年下来因经营不善，没有分过一次红，汽车修理店还负债100余万元；他还把公款投资在贵金属期货上，又赔了个底朝天。

徐友在生意场上屡屡遭挫，可腰包始终有公款做"后盾"，享乐依旧。他喜欢玩车，购得一辆30多万元的越野车供自己使用；他喜欢旅游，每年都会和朋友一起到海边度假；他还喜爱健身，专门聘有私人教练……这些爱好的每年开销都在30万元以上。

难逃法律严惩

"一念放恣，则百邪乘衅。"徐友放纵自己的贪欲，违法套取公款从事营利活动，他的个人生活作风也是糜烂不堪。他因嫖娼被公安机关行政拘留后，DS公司抽调精湛的专业人员对徐友负责的业务进行查账，通过调取银行交易流水单，核对一组组发票，终于发现徐友负责的单位账户数额与销售机票实际金额之间差异巨大。3天后，徐友涉嫌挪用公款罪的线索被移交纪检部门调查。

徐友被监察委采取留置措施。面对讯问，徐友自知罪行已暴露，主动交代了整个犯罪过程，还让家人退回51万元赃款和一辆越野车。

检察机关对徐友提起公诉。庭审中，检察官指控徐友主要有三宗犯罪事实：一是利用测试新系统时机，套取公款2.1万元；二是使用单位账户分别向张某公司账户转款28笔，向科技公司转款22笔，累计挪用公款474.5万元；三是将单位公务卡资金通过pos机刷卡套现方式，挪用公款169笔，共计301.2万元。

检察官还当庭出示了DS公司顶点账户支出流水、张某公司账户交易单、审计报告等书证。对此，徐友的辩护人辩称，徐友在没有被采取调查措施前向办案机关投案并如实供述自己的罪行系自首，建议从轻处罚。针对上述辩护，检察官指出：DS公司通过调取银行账单掌握了徐友犯罪事实在前，徐友接受调查是被动归案，不符合自首规定。

在大量的证据和事实面前，被告席上的徐友表示认罪悔罪。法院认为：徐友身为国家工作人员，利用职务便利，挪用DS公司机票代理业务账户资金，进行营利活动，情节严重，数额巨大且不退还，其行为已构成挪用公款罪。徐友到案后能如实供述自己的罪行，愿意接受处罚，且退还了部分赃款、赃物，对其可以从轻处罚。辩护人主张徐友系自首的辩护意见不符合法律规定，不予采纳。法院以挪用公款罪判处徐友有期徒刑12年；责令徐友退赔DS公司777.8万元。

掩卷深思，徐友作为新型电子商务交易模式的管理人员本应及时协助单位完善措施，堵住漏洞，而他却借机套取公款，投资理财，中饱私囊。这无疑暴露出他的道德低下、品行恶劣，受到法律的严惩也是必然的结果。

检察官说法

徐友作为一名国家工作人员，在贪欲下百余次利用系统漏洞从单位机票款的"资金池"套取公款，累计达777.8万元，给国有企业造成了重大损失。不少读者看完这个案件可能会有疑惑：法院为何不对徐友的行为以贪污罪追究其刑事责任？

首先，贪污罪与挪用公款罪的主要区别在于犯罪客体不同。贪污罪侵犯的是公共财产所有权中的四种权能，即占有权、使用权、收益权、处分权，而挪用公款罪仅仅侵犯公款的占有权、使用权和收益权。其次，主观故意不同。贪污罪的主观故意是将该公共财物非法据为己有，不准备归还；而挪用公款罪的主观故意是暂时占有并使用该公款，以后还有归还的想法。最后，贪污罪与挪用公款罪的行为方式不同。贪污罪在客观上表现为使用侵吞、盗窃、骗取等方法将国家的公物据为己有，

> 以案说法：生活中的*法律*故事

行为人往往采取销毁、涂改、伪造单据、账目等手段，这种销毁或涂改手段是彻底消除记录，无法让人查知公款信息，很难发现公共财产已被非法侵占；而挪用公款罪的行为，会在账目上留下痕迹，通过查账等方式能够发现公款被挪用的事实。本案中，尽管徐友有修改或删除账目的行为，但是通过银行账户仍能清楚核实单位的实际账目，结合本案徐友的犯罪主观故意，认定为构成挪用公款罪相对来说较为合适。

✒ 本案启示

1.当今，电子商务发展迅猛，电子商务领域的贪腐犯罪是一种高智商的新型犯罪，其作案隐蔽性、危害性更大，倘若不能及时完善相应的监管制度，该领域便可能沦为"贪腐高发地带"，需要引起全社会高度重视和警惕。

2.此案其实也反映了当下一些国有企业防腐教育跟不上、内部财务管理不善，各项规定落实不到位、网络账户系统和单位公务卡管理存在漏洞，监督流于形式问题。因此，要尽早发现电子商务领域犯罪苗头，遏制此类案件发生，除了切实有效提高国有企业工作人员的自警、自重、自律、自省意识，更重要的是要及时完善电子商务领域监督措施，真正有效把复核、查账、审计等各项财务监管制度落实到位。

4. 被"围猎"的银行主任

"在银行工作每天都与钱打交道，自我约束力一定要强。尤其是每天面对形形色色不同层次的客户，一定要时刻保持清醒头脑，切不可在金钱面前丧失原则。"这是陈继萍入职前父亲对她的殷切嘱咐。当时，她信誓旦旦向父亲承诺自己会终生铭记。然而，她走上领导岗位后，很快便改变了初心……

交往失度：金钱诱惑前迷失方向

陈继萍大学毕业后，成为某银行下属储蓄所的一名普通职员。她从最底层的储蓄员岗位干起，经常在单位加班加点、不辞辛苦地默默付出。她先后在支行营业部、业务部等多岗位历练，很快成为业务佼佼者。几年后，领导提拔陈继萍为支行副行长。这个地区拥有15家金融机构，同行业竞争激烈异常。那几年，她每天带着客户经理奔波在市场营销路上，事无巨细地亲力亲为，赢得了领导和同事的一致好评。

后来，这家支行升级为某分行，陈继萍的职务调整为业务部主任，她的工作热情依旧，甚至还时常自我加压："市场营销是一场无硝烟的战争，其他领导都是外地人，我是土生土长的本地人，对本地市场环境熟悉，我必须加倍努力，在千变万化的市场环境中有所作为。"

陈继萍凭借过硬的业务素质在激烈残酷的市场竞争中稳立不败之地，却在与开发商、企业老板等人员的交往中迷失了方向。某地产公司会计陈某是陈继萍的发小，二人关系密切。几年前，陈继萍曾为该公司成功办理一笔1.3亿元的项目贷款，帮助该公司渡过了难关。一年年初，陈某又来某分行为公司贷款。在陈继萍助力下，该公司顺利拿到了1.2亿元的项目贷款。为感谢陈继萍的长期"照顾"，该公司邵总向陈继萍送来某地团购价4000元/平方米的购房优惠，被陈继萍婉言谢绝。

邵总没有放弃，又让陈某陪同陈继萍到该地旅游，借机专程到工地去看房。得知陈继萍仍无购房之意，邵总又悉心做工作："这房子质量好，将来你退休了，这可是养老的好地方，别错过机会。你若缺钱，我为你提供购房款。"陈继萍听后沉默不语。一个多月后，邵总在陈继萍的单位附近，从车里拿出装有40万元现金的手提袋塞到她的手中。陈继萍假意推辞了几下，便收下了。

给陈继萍献殷勤的可不止邵总一人。A公司的马总靠高速公路施工起家，早在十年前便在陈继萍的身上做起了"投资"。那时，陈继萍还未担任某支行副行长，马总多次到该行办理存贷业务，对接人就是陈继萍，两人因此熟络起来。此后，马总时常邀陈继萍一起喝茶、吃饭、参观新项目……在外人眼里，二人如同亲姐妹。但事实上，马总的公司既在银行贷款，也搞民间借贷。陈继萍把家里闲钱放在A公司，一直享受着马总给她的"高息"回报。

吞下"诱饵"：违规办理贷款业务

每年银行系统都会不定期召开警示教育大会，陈继萍每次观看警示教育片后，心灵深处都有极大震撼，她反复告诫自己："要在工作中守法，绝不能触碰法律底线。"可是，现实中真的遇上违法乱纪的事情，她的思想天平仅是摇摆几下，便心存侥幸顺从了开发商或企业老板的意愿。

A公司在另一区域的项目因缺少资金进展缓慢，马总请陈继萍帮忙贷款。"这个项目在我们分行贷款属于跨区域业务，通常是不能跨区域发放贷款的。"陈继萍咨询省行后，得到答复为"原则同意"，但事实上A公司自身存在诸多问题，不符合银行贷款的规定。马总为了能拿到这笔项目贷款，开始在陈继萍身上动起脑筋。那天，陈继萍在家照顾患脑出血刚出院的母亲，马总便带着水果等礼品登门看望。一阵寒暄之后，马总把她拉到无人的房间，将装有10万元现金的手提袋塞到陈继萍手中。"这是我的一点心意，就当孝敬伯母了。"其实，陈继萍知道马总的"醉翁之意"，但她犹豫片刻还是收下了。

正所谓"拿人钱财,替人消灾"。A公司因注册资本达不到亿元项目贷款准入,便伪造10张回单将注册资本增资到3.3亿元,陈继萍等人审查A公司的授信额度材料时,本应调查、核实注册资本的增资来源,但陈继萍略过了这一环节;A公司本来有民间借贷问题,且陈继萍和亲友都在A公司放钱"吃"利息,而她却故意视而不见;A公司控制人马总存在"欠息42万元、9次逾期还贷"等不良征信记录,陈继萍想尽办法予以规避……不仅如此,A公司的授信额度材料报送省行审批后,陈继萍还马不停蹄地赶往省行汇报工作,实则是为该贷款项目审核予以"打点"。

在某分行向A公司发放7896万元贷款后,A公司实际并没将这笔贷款用于建设项目,负有监管职责的陈继萍等人不闻不问,任其发展。一年后,A公司资金链断裂,其民间借贷还款被中断,马总却在第一时间给陈继萍送了一套价值150万元的商铺偿还她的本息。A公司所欠某分行的3000余万元贷款自然成了呆账,陈继萍对此无动于衷。

B公司主要经营瓜果蔬菜冷藏业务,法人登记在马总侄子名下,但实际控制人也是马总。马总出面要陈继萍帮助贷款。陈继萍以中小企业流动性资金贷款项目为由头,替B公司申请到520万元贷款。在办理这笔贷款时,她明知A公司与B公司是集团企业、马总是B公司实际控制人,却不予考虑。更可怕的是,几年后,陈继萍的下属已发现B公司出现还本付息困难,提出不符合续贷条件,陈继萍仍违规操作,给银行捅了更大

"窟窿"，造成国家一系列财产损失。

法庭受审：认罪服法，追悔莫及

在反腐高压态势下，陈继萍的罪行被相关部门发现。陈继萍被县纪委监委"双规"，永远告别了工作27年的岗位。5个月后，县检察院以陈继萍涉嫌受贿罪、违法发放贷款罪提起公诉。

检察官指控陈继萍的犯罪事实主要有两个方面：一是收受A公司马总现金10万元和某地产开发公司邵总40万元；二是违规向A公司发放贷款7896万元，向B公司发放贷款520万元。

一审法院公开开庭审理了此案。庭审中，检察官宣读起诉书，出示了证人马总和邵总的证言、忏悔书，立案决定书等相关证据，陈继萍及其辩护人对起诉书指控的事实和罪名均无异议。在最后陈述时，陈继萍已泪流满面："我同企业人员交往过度，思想壁垒不坚。我没有用好手中的权力，给国家造成了巨大损失。我真恨自己，愧对父母和家人……恳请法官宽大处理，给我一次重新做人的机会。"

一审法院经审理后认为：公诉机关指控被告人陈继萍犯罪事实和罪名成立。陈继萍利用担任某支行副行长、某分行业务部主任的职务便利，非法收受他人50万元现金，为他人谋取利益，其行为构成受贿罪；违反国家规定发放贷款，数额特别巨大，其行为构成违法发放贷款罪，应依法惩处。被告人陈继萍自愿认罪认罚，且具有自首、主动退缴赃款等情节，对其犯罪行为，依法可从轻处罚。公诉机关的量刑建议适当，依法予以采纳。

一审法院以受贿罪、违法发放贷款罪，判处陈继萍有期徒刑6年6个月，罚金20万元，没收涉案款50万元。一审法院宣判后，检察机关未抗诉，陈继萍没有上诉，判决生效。

检察官说法

《刑法》第385条和第386条对受贿罪构成、量刑进行了具体阐述。非法收受他人财物的，必须同时具备"为他人谋取利益"的条件，才构成受贿罪。为他人谋取的利益是否正当，为他人谋取的利益是否实现，不影响受贿罪的认定。受贿罪中的"财物"，包括货币、物品和财产性利益。财产性利益包括可以折算为货币的物质利益如房屋装修、债务免除等，以及需要支付货币的其他利益如会员服务、旅游等。后者的犯罪数额，以实际支付或者应当支付的数额计算。需要指出的是，索贿是从重情节，索取他人财物的，不论是否"为他人谋取利益"，均可构成受贿罪。

本案启示

1.家庭美满幸福、事业顺风顺水的陈继萍将父亲当初的谆谆教诲抛至九霄云外，在诱惑中迷失了自我，教训深刻。我们除了对陈继萍误入歧途、自断前程感到痛惜，更应警醒：监督机制固然重要，筑牢自己内心防腐根基，提高自身拒腐防变的能力更重要。

2.综观本案不难发现以下问题：一是银行信贷审批领域存在不少漏洞，在授信调查、贷款发放管理等环节，需要改进监管制度，完善措施、补齐短板。二是一些银行工作人员理想信念不坚定，面对金钱"诱惑"，心理防线较弱，容易被糖衣炮弹诱惑；他们碍于亲朋好友情面、公私不分，看似"有情"，实则害己又害人。

维权篇

Chapter

一、婚姻家庭

每个家庭都有潜在的矛盾纷争,
家庭成员间要相互包容。
一旦纷争进入法律程序,
亲情将悄然不复存在。

1. 抚恤金分割：一纸判决难平公媳多年积怨

褚曾彬因病离世。3个月丧期未满，其再婚妻子与80岁父亲多年的积怨终如火山般爆发。20余万元抚恤金到底该如何分割？没做亲子鉴定的孩子能分得一杯羹吗？耄耋老人与儿媳法庭相见，其背后到底有着怎样难解的纠葛？

迷恋跳舞，抛妻舍子娶新欢

褚曾彬的父亲褚国新曾是一名交警，母亲是普通的工人。褚曾彬和两个妹妹从小生活环境不错，家庭和睦幸福。褚曾彬20岁从中专毕业后被分配到市建设局工作。后经人介绍，与章玲相识。初次见面，高大、帅气的褚曾彬让章玲怦然心动，褚曾彬对在车管所工作、长相端庄、衣着朴素、谈吐大方的章玲也深有好感。没多久，两人便步入婚姻殿堂。

婚后，小夫妻一直跟着褚曾彬父母居住在公园东街的四间平房中。后来儿子褚飞上中学了，小两口搬进了自己购买的100

余平方米的商品房独立生活。又过了几年,褚曾彬夫妇还清了房贷,重担卸肩一身轻。章玲憧憬着美好未来,然而现实却给了她沉痛一击。不知何时起,褚曾彬开始痴迷于跳舞,经常出入歌厅夜总会。他在歌厅认识了小自己11岁的吴红。吴红曾有一段婚史,和前夫生育一子胡悦。离异后,胡悦跟着前夫生活。

吴红貌美时尚,体态婀娜,见多识广,善于交际。每次共舞都让褚曾彬如沐春风。褚曾彬常以"工作忙、值夜班"为由夜不归宿,直觉告诉章玲事情没这么简单。为了孩子,她想方设法,制造一家三口团聚的机会,可丈夫总是爽约。

渐渐地"褚曾彬和漂亮女人泡在一块"已不再是秘密。面对街坊邻居异样的目光,章玲白天装作若无其事,夜晚却以泪洗面。斗气、冷战、妥协、哭闹……这样的日子让她身心疲惫。章玲清楚丈夫的心已飞到她力不能及的地方了。那年年底,夫妻二人卖掉了房子,来到民政局办理了离婚手续。褚飞跟着章玲住到了姥姥家,过起单亲生活。几个月后,褚曾彬和吴红成为合法夫妻,但他们的婚姻没有得到父亲褚国新的认可和祝福。

过了一年,褚国新无意中发现自家户口簿上多出一页"褚燕"的信息,上面清晰写着系户主"孙女"。因为没有听说吴红怀孕,褚国新心生疑惑。他每次问及此事,褚曾彬都支支吾吾,最终也没说清与"褚燕"的关系。

褚燕在褚曾彬夫妇照料下,一天天长大。后来胡悦的父亲因病撒手人寰。吴红告诉检察官:"10周岁的胡悦,再次回到我身边生活。褚曾彬视胡悦为己出,把他送到了市区最好的学校读书。"吴红称,一家四口其乐融融的那段时光是她人生最幸福的时刻。

收集证据,"孙女"身份引争议

章玲离婚后,时常买些水果带着褚飞一起去看望褚国新夫妇,母子出入褚家大门不由得引来街坊非议。但章玲不在乎,她告诉褚国新夫妇:"您二老就把我当作自己的亲闺女吧!"老两口听后感动得热泪盈眶。章玲与前夫父母经常联络感情,最受益的是褚飞,他没有因父母离异而隔断与爷爷、奶奶的情感。

两相比较,褚国新对吴红的印象却不好。他告诉检察官:"吴红和褚曾彬结婚后,在外边租房生活,他们几乎不来看望我们。我和老伴搬进单位集资筹建的小区后,把公园东街的四间平房租了出去。我去收房租时,发现褚曾彬和吴红住在里面,这才知道他们私自把租房人赶走了。我让曾彬腾出房子,他就是不搬。我几次想去他单位告状,但怕领导因此处分他,影响他的前程,就忍了下来。"

再后来,褚燕在重点中学读初二;胡悦已从医专毕业,找到工作;褚飞成家做了父亲。褚曾彬觉得是时候缓口气享受一下生活了,谁知病魔却夺走了他的生命。

吴红料理完丈夫的丧事后,市建设局按照规定,将一笔

22.35万元的抚恤金和3100元丧葬费送到她手中。

"这是政府给我和女儿褚燕的精神抚慰金……"吴红没有声张。

可是,褚国新和褚飞很快就知道了抚恤金这件事,并多次找到吴红分割这笔钱。吴红只同意按5∶2的比例分割其中的15万余元。她亮明自己的理由:"褚燕正在读书,无生活来源;我没有正式工作,而褚国新每月都有退休金,条件比我们好,所以我和褚燕理应多分一些。"

"她对我们家什么贡献也没有,还不孝顺老人,凭什么要多分抚恤金?我不同意!"心里本来就对吴红很不满,这回又看到她如此贪心,褚国新气愤至极。

褚家爷孙将吴红告上法庭,请求法官依法分割22.35万元抚恤金。吴红接到应诉通知书,发现这份诉状遗漏了褚燕和胡悦的诉求。"胡悦一直跟着我和褚曾彬生活,已形成事实上继父子关系,理应分一份抚恤金。褚燕是我和褚曾彬所生,更该享受一份抚恤金。"她赶紧请求法院补充当事人,又将居委会证明信、褚燕的出生证明、结婚证、办丧事票据等20份证据提交给法院。

褚国新这边也在紧锣密鼓收集对自己有利的证据。他在派出所调查发现自家户口本上登记褚燕的信息是从别的派出所迁来的,褚燕的监护人是游珍。由此他断定:"这说明褚燕不是我儿子曾彬亲生的!"

终审改判，拒做亲子鉴定难分抚恤金

开庭这天，褚飞指责吴红隐瞒褚曾彬去世的消息，致使父子没能见上最后一面。吴红告诉法官："因为褚飞跟随他母亲生活，已近十年没跟父亲联系。曾彬重病期间，褚飞未曾来看望过他。曾彬去世后，我没有褚飞的联系方式，找不到他，只能与曾彬的两个妹妹联系。"

庭审中，吴红认为褚燕和胡悦都应分得一部分抚恤金。"褚燕是否为褚曾彬的亲生女儿"成为双方争议的焦点。褚国新亮明观点："褚燕的出生证明、居委会证明、结婚证等这些证据虽能证明褚燕是在褚曾彬与吴红夫妻关系存续期间所生，但不能证明系褚曾彬的亲生女儿。我们申请依法对褚燕做亲子鉴定。另外，据我调查，胡悦在其生父死后，一直跟着奶奶生活，并没有与母亲吴红共同生活，所以胡悦并未与褚曾彬形成继父子关系。"

听到要给女儿褚燕做亲子鉴定，吴红异常激动："这样会造成对孩子的心理阴影，我不同意！"

法院依法作出判决：褚曾彬去世后，国家发放一次性抚恤金22.35万元，原告褚国新、褚飞分得11.175万元，被告吴红、褚燕分得11.175万元；丧葬费3100元由吴红获得。

宣判后，褚国新提出判决书上对"褚燕是否系褚曾彬亲生女儿"一事只字未提，却分给她一部分抚恤金，这显然错误。

随后,褚国新和褚飞提起上诉。

二审期间,吴红向法院提交一份新证据:褚曾彬亲自为褚燕办理了一份人身保险,在这份合同书中投保人与被投保人一栏写着"父女"关系。褚氏爷孙看后表示:"保险公司不是法律规定确认是否父女关系的机构,这份保险合同不能作为证据使用。"

褚国新再次要求做亲子鉴定,又遭到吴红反对。市中院结合证据和庭审查明的事实认为:一审、二审期间,吴红均不同意做亲子鉴定,现有证据不能证实褚燕系褚曾彬亲生女儿。抚恤金应根据褚曾彬的近亲属与其生活的关系综合考虑,褚燕不应分得国家发放的抚恤金。

随后,市中院撤销原审判决,改判由褚国新、褚飞、吴红各分得7.45万元抚恤金。

吴红收到终审判决书后,提起申诉。她在申请再审书中写道:"亲子鉴定并非证实亲子关系的必要证据。退一万步讲,即便不是亲生父女,也构成事实上的养子女关系。曾彬生前特别疼爱女儿褚燕,父女共同生活15年之久。曾彬还在自己的遗嘱中写明褚燕有权继承他的所有财产。"

但市中院作出驳回褚燕再审申请裁定。

吴红怎么也想不通:为什么曾彬的女儿褚燕不能分割抚恤金?随后,她将申请抗诉材料递交到市检察院。褚国新闻讯后,特意给办案检察官打去电话,倾诉起憋了多年的心里话:"我作为褚曾彬的父亲,今年80岁了。说实在的,我们这些上年纪的老人，谁不盼着多子多孙呢？吴红怀孕的事情，我儿子生前从未跟我说过……我们请求做亲子鉴定不过分吧？"

考虑到这起案件当事人之间特殊的关系，检察官还是期盼能将这家人拉到协商的轨道上，可是褚国新谢绝了："十多年来，逢年过节，吴红基本不来我家看望，甚至大年初一也不来拜年。前几年老伴去世后，我儿子曾彬来看望我的次数更少了，有时仅是坐上十几分钟打个照面就走了……一年大年初一，我因哮喘病住进医院。早上医院的食堂因过年没有饭菜，是章玲让我孙子褚飞送来了热腾腾的饺子……章玲对我们二老这么好，我会永记在心。吴红不孝顺，又贪心，她要多分抚恤金，还想分我名下的房产，你说这种人我能让她得逞吗？"

电话中褚国新数度哽咽甚至失声痛哭。他请求检察官依法裁决。检察官耐心解释有关法律规定，让他安心等待结果。不久市检察院作出不支持褚燕的监督申请决定书。

检察官说法

抚恤金到底该如何分割？法律目前并没有明确统一的规定，但是抚恤金不属于个人遗产，是死者近亲属的共有财产。司法办案中，检察官、法官通常会参考《烈士褒扬条例》《民法典》等相关规定，结合死者与近亲属关系等情况，综合考虑分割抚恤金。本案中褚国新认为褚曾彬与褚燕可能不存在父女关系，而吴红没有有效证据予以推翻又不同意做亲子鉴定，自然难以证明褚曾彬与褚燕存在父女关系。

> 以案说法：生活中的*法律*故事

按说收养的孩子与亲生子女应享有同等权利，可本案中褚燕为何不能作为收养子女分得一部分抚恤金呢？在法治社会，收养子女首先要符合《民法典》规定的收养子女的相关条件，还要依法到民政部门办理收养登记手续。本案中褚曾彬与吴红未在民政部门办理收养登记手续，不符合《民法典》的规定，所以褚曾彬和褚燕不能视为收养基础上的父女关系。

本案启示

1.抚恤金本是单位按照国家相关政策，为符合条件的死者近亲属发放的精神抚慰金和生活补助金，亲属本应感激政府，多为社会做些有益的事情。可是本案中双方当事人却因抚恤金的分割问题发生纠纷，这与政府发放抚恤金的初衷是背道而驰的。

2.孝顺父母和公婆是每个子女应尽的职责和义务。本案难能可贵的是，章玲作为前儿媳，本与褚家再无任何法律关系，她却依然照顾前公婆，孝顺老人的美德令世人交口称赞，也感染着子女成长。相反，吴红与公公之间发生抚恤金纠纷后，不能作出礼让，在道德和仁义上，已吃了败仗。人世间比金钱更为重要的是道德良知，是亲情友爱，别让自私、贪婪，吞噬了应有的幸福和快乐。

2. 夫妻"AA"制，能避免继承纠纷吗？

三年前，孙慧峰的女儿与继母对簿法庭：一方手持父亲遗嘱和继母签名的《情况说明》请求判令父亲名下房产归自己所有；另一方抛出"夫妻共同财产"等诸多书证主张法定继承。夫妻"AA"制为何不能让家庭财产问题防患于未然？孙慧峰的遗产究竟适用法定继承，还是遗嘱继承？

再婚家庭，男主人去世引发继承纠纷

在市拖拉机厂工作的孙慧峰经邻居介绍认识了棉纺厂女工王燕红，那个双眸澄澈、羞涩莞尔的"北方妹子"让他一见钟情。邻居告诉他，王燕红比他小1岁，离异，与10岁大的儿子姚利相依为命。孙慧峰与她的境遇相同，妻子两个月前因病去世，留下一个13岁的女儿孙美霞。

高大、帅气的孙慧峰让王燕红孤儿寡母的生活变得五彩斑斓。两人相见恨晚，不到3个月，便迈入婚姻殿堂。再婚后，

王燕红搬到了孙慧峰的住所居住（孙慧峰前妻单位棉纺厂家属院）。然而，让孙慧峰头疼的是，女儿孙美霞与继母时常闹矛盾，他却束手无策。

日子就这样过着，3年后孙慧峰的单位集资建房，他和家人商量后买下一套两室两厅的房子。又过了几年，棉纺厂家属院旧房改造，夫妻二人又换购了一套110平方米的大房子。

后来，孙慧峰的女儿孙美霞考上大学，王燕红的儿子姚利也中专毕业前往广东工作。身体每况愈下的孙慧峰，不想儿女在自己百年后因财产问题发生矛盾，思来想去，他来到一家律师事务所，请两位律师作为见证人，立下遗嘱："我和王燕红婚后曾约定，生活上施行'AA'制。我单位集资建的那套房子，购房款全部是我个人所出，按约定房子是我个人的私有财产……在我百年之后，那套房产归女儿孙美霞所有。"

遗嘱签订后，孙慧峰带回家悄悄藏起来。为了避免遗嘱内容产生歧义，孙慧峰写下《情况说明》："我和前妻（已故）生有一女，王燕红（离异）带来一子。为此我们婚后曾商定，双方子女的生活教育婚嫁等各管各的。多年来，我俩的工资和经济收入都是各自管理，各花各的钱，经济始终没有合伙，就连子女婚嫁我们都没有给对方花钱。"随后，孙慧峰让王燕红和见证人在《情况说明》落款处签下名字，还按下了手印。孙慧峰因血管堵塞住院做心脏搭桥手术，儿子姚利专门从广东赶回来和母亲及孙美霞一起守候在孙慧峰的床前，一家人互帮互助，共渡难关的场景让孙慧峰幸福满满。在他60岁寿宴上，儿孙满堂热闹非凡的场景让他激动地流下热泪。据姚利讲,他和姐姐孙美霞的关系很好,逢年过节都会走动,春节他还给了小外甥1000元压岁钱。

再后来,孙慧峰因患食管癌医治无效离开了这个世界。办理完丧事,王燕红召集亲友协商孙慧峰单位送来的6万元抚恤金和丧葬费分配问题。王燕红觉得自己跟孙慧峰同床共枕20多年,受了不少罪,应该多分一些。可是孙美霞却不这样认为,协商无果而终。

对簿公堂,遗嘱内容中有无"夫妻共同财产"

孙美霞拿着父亲生前的遗嘱向王燕红索要房产证,却碰了壁。王燕红说:"这套房子是我和你爸共同出资所购……房子还有我一半呢!按法律规定,遗嘱人以遗嘱形式处分他人所有的财产,遗嘱的这部分内容应认定为无效。你爸未经我同意擅自处分了属于我这一半的房产,是无效的。"

几番争执,双方互不相让。孙美霞只得将王燕红告上法庭,请求法院判令王燕红交付房产证,并判令父亲6万元抚恤金和丧葬费的五分之一归她所有。孙美霞还向法院提交了父亲的《情况说明》和遗嘱等书证。

王燕红接到应诉通知书,在答辩书中写道:"我和孙慧峰结婚时,他的前妻治病花光了家中全部积蓄。购买第一套房子时,我的月工资1000元左右,而孙慧峰仅有200元。我们借了一部分又一点点攒钱才凑齐了房款。"王燕红将邻居开具的"夫妻共同出资购房"说明和单位出具的工资情况说明等证据一同交到了法院。

庭审中，孙慧峰的父亲孙怀华坐在原告席上情绪激动地说："我儿子前妻病故后，孙女美霞和继母王燕红合不来，王燕红还常虐待孩子，美霞没有跟他们夫妇共同生活，一直由我们抚养到高中毕业。我儿子和王燕红曾订立《情况说明》，多年来夫妻俩的工资和经济收入都是各自管理，就连子婚嫁也是各自承担。美霞上大学后学费、生活费等开销一直都由我儿子承担，王燕红没有尽到抚养美霞的义务。"

被告席上的王燕红反驳称："美霞上大学的学费都是我和孙慧峰共同出资的……孙慧峰的工资卡一直由我保管，这说明我们不是'AA'制。孙慧峰的食管癌病情恶化，要去医院治病，我给了他一张1万元银行卡和5万元现金，还让女婿去陪他看病。另外，我还曾向亲属借了3万元给他治病。2016年1月，女婿说报销医疗费2.7万元，这笔钱都在孙美霞手里。我和孙慧峰的生活如同大多数普通家庭一样，所有收入和财产都是夫妻共同财产！"王燕红向法院提交了孙美霞结婚、孩子满月时的礼单、共同支付家庭大项物品开支及共同出资购房的证明材料。

法院判决，男主人所立遗嘱合法有效

法庭质证环节，对于孙美霞出示的《情况说明》，王燕红承认上面的签名是自己亲笔书写，但她称这份《情况说明》内容"各自工资收入各自管理，子女生活、教育、婚嫁等都各自负担，经济始终没有合伙"系孙慧峰伪造。

孙美霞认为："王燕红出示的'夫妻共同出资购房'等证据上的证人都是王燕红亲戚和同事所写，不是事实……我结婚时王燕红没有出嫁妆，姚利结婚时我父亲也没有出资，我父亲和王燕红是遵守'AA'制约定过日子的。我父亲的工资卡密码和身份证由我掌握。"

庭审中双方各执一词，所出示的证据内容也相互矛盾，这给案件审理增大了难度。合议庭查明孙慧峰和王燕红共有两套住房：一套登记在孙慧峰名下，另一套登记的是王燕红的名字。

针对这份没有日期的《情况说明》，法官调取孙慧峰的工资卡明细表，对开支项目一一分析，并对孙美霞和姚利教育、婚娶等情况进一步核实。最终，合议庭讨论认为：孙慧峰和王燕红共同在《情况说明》上的签字，证明双方再婚后对夫妻财产做过约定，该约定系双方当事人的真实意思表示，合法有效。孙慧峰和王燕红各自名下的财产和存款归各自所有，孙慧峰有权立遗嘱处分个人财产，其所立遗嘱合法有效；孙慧峰单位发放的抚恤金和丧葬费是给死者亲属的生活补助，具有精神安慰性，不属于遗产继承范畴，可参照法律规定的遗产处理原则分割。

法院判决：孙美霞享有位于辛庄北路5号房产所有权；按本案实际，6万元丧葬费、抚恤金由孙慧峰第一顺序继承人共有，王燕红分得3万元，孙怀华夫妇分得2万元，姚利、孙美霞各分得5000元。

王燕红不服，提起上诉，市中院经审理后认为：该《情况说明》证明系王燕红和孙慧峰再婚后对夫妻财产作出的约定。不论孙慧峰和王燕红在日常生活中以何种名义如何进行民事活动，其双方之间关于夫妻关系存续期间的财产约定均对双方具有法律效力。一审法院对王燕红的辩称不予采信并无不妥。

随后，市中院作出"驳回上诉，维持原判"的终审判决。王燕红接到判决书，又向省高院申诉。省高院审查后，依法驳回了王燕红的再审请求。

检察官说法

法律保护夫妻财产约定。从本案各方证据来看，孙慧峰夫妇签订的《情况说明》对夫妻关系存续期间财产的约定内容有些笼统，仅是"各自工资收入各自管理，子女生活、教育、婚嫁等都各自负担，经济始终没有合伙"，没有涉及具体财、物的划分问题；王燕红提供的"夫妻共同出资购房"等书证均在孙慧峰去世后取得，这些证据没有孙慧峰本人认可，其效力大打折扣。从另一个角度分析，法院的判决结果也是合情合理、公平公正的，王燕红并没有吃亏。这是因为孙慧峰和王燕红再婚后共有两套房产，即便按照"夫妻共有财产"的主张划分，孙慧峰也该分得一套房产，只不过孙慧峰去世前，将属于自己的房产通过遗嘱的形式留给了亲生女儿，对此王燕红应该理解、支持丈夫的意愿才对。

《民法典》第1065条第1款规定，男女双方可以约定婚姻关系存续期间所得的财产以及婚前财产归各自所有。约定应当采取书面形式。夫妻之间进行财产约定，既可以在婚前约定，也可以在结婚登记时或者在婚姻关系存续期间签订夫妻财产协议。夫妻双方如果在履行财产约定时感到不合适，可协商修改约定内容也可直接废除约定，但是夫妻只要达成了财产约定，该约定便受到法律保护，对双方具有约束力。

本案启示

1.经济问题、子女生活和继承等是再婚家庭最为关注的问题，处理起来也比普通家庭复杂很多，本案中类似夫妻AA制的《情况说明》没有明确哪些财产归属，为日后纠纷埋下了隐患，我们应引以为鉴。

2.夫妻在进行财产约定时需要注意以下几个方面：（1）夫妻财产约定只能采取书面形式，口头约定是无效的；（2）夫妻约定的财产内容一定要明确、清晰，内容越具体、越翔实越好；（3）制定好的夫妻财产协议，最好到当地公证部门公证，请法律专业人士把关，这样有备无患，打起官司也能在证据上胜出一筹。

3. 替名购房：儿媳与公公的五年诉讼之战

"好想有个自己的家，不要华丽，温馨就好。"这是众多城市租房族的共同心声，他们多么希望万家灯火中有属于自己的那一盏，其中不乏一些想购房却无购房资格的人。6年前，路丽夫妇以公公的名义在某小区购得一套房产，不料路丽的丈夫王海峰因家庭矛盾自杀身亡后，公婆悄然将这套房产退掉……路丽起诉公公归还首付款和9个月的月供并赔偿由此所造成的一切损失，她的诉求能得到法院支持吗？

购房受阻，半路夫妻借名购房

王海峰与前妻因感情不和，婚姻走到了尽头，3岁的女儿丹丹归王海峰生活。路丽比王海峰小1岁，离异后4岁的儿子亮亮被判给她抚养。相似的经历让二人惺惺相惜。王海峰和路丽登记结婚，一年后，儿子涛涛出生。

王海峰是普通的煤矿工人，月工资仅4000余元，全家生活,都靠他一人支撑。亮亮和丹丹每月上特长班就需要1000多元,小两口不愿压缩孩子的教育经费,开销十分紧张。有几次涛涛生病住院,王海峰透支了银行卡才渡过难关。但因为没有按时还款,王海峰被银行列入不良信用"黑名单"。

两年后,路丽在物业公司找到一份工作,家里经济条件改善许多,逐步有了点积蓄,小两口萌生了购房想法。他们跑遍市区大小楼盘,对价格、地理位置等情况综合考量后,看中了某小区一套110平方米,总计60.2万元的期房。

路丽夫妇筹齐了18.2万元的首付款,与开发商签下预售房合同。剩余的房款他们打算从银行贷款。可是因王海峰的不良信用记录,他们无法与银行签订贷款合同。刚签订的预售房合同也在市房管局网站公示期间因不良诚信记录而被注销。

面对突如其来的购房变故,夫妻俩并不甘心。经过分析,路丽觉得以公公王俊的名义购房是个好办法。

小两口反复做王俊的思想工作,他才点头答应:"考虑到儿媳在市区上班,将来孙子上学方便……为了儿子一家过上好日子,我才勉强同意。当时我还给了他俩4万元。"

王俊在儿子和儿媳的陪同下,来到售楼部,顺利与开发商签订了预售房合同。一周后,王俊又以自己的名义在银行签下42万元的购房贷款合同。

一切手续都在设想的轨道上进行,王海峰和路丽都很高兴。

丈夫自杀,公公私退房产起纠纷

王海峰和路丽购得房产的喜悦很快就被现实冲击得无影无踪。两人月工资加起来不足7000元,每月要还房贷5370元,还有三个孩子需要抚养……这样的日子要熬170个月。

不到半年,小两口的工资便难以维持正常生活,从此为钱争吵成为生活常态。两人脾气都很暴躁,一个嫌对方没本事,另一个嫌对方强词夺理、不体谅人,感情的裂痕越吵越大。

王俊夫妇本就不看好儿子的这段婚姻,如今看到儿媳不停地逼着儿子从自己身上搜刮钱财,他们很是气愤却又拿儿媳无可奈何,只能背地唠叨儿子。

妻子的指责和父母的埋怨,让王海峰整日情绪压抑,经常失眠。一日上午,王海峰乘电梯下井工作时接到一个电话,在通话中他突然情绪失控,不顾同事的拦阻,越过护栏,纵身跳入了百米深井……

公安机关认定王海峰系自杀。可王俊夫妇了解得知,儿子跳井前所接的电话正是路丽打来的,因此他们认定儿子是被路丽"逼死"的。

料理完儿子的丧事,王俊夫妇便在报纸上刊登了内容为"购房合同不慎丢失"的作废声明。随后,王俊拿着相关证明材料,来到售楼部办理了退房手续。他接过开发商退回的首付款和已缴纳的4万多元月供,不禁老泪纵横:"若能换回儿子的命,花多少钱我都愿意呀!"

路丽得知公公退房后,认为:"我公公明知购房手续在我这里,却瞒着我把新房退了,这是恶意侵占行为!这套房产一直在升值,现在少说也能卖80多万元,我的损失他得赔偿。"

路丽以不当得利将王俊告上了法庭。她在3页起诉状中叙述了以王俊的名义购房的前因后果,请求法院判令王俊返还开发商所退款额,并赔偿房屋差价等各类损失68万元。

路丽递交了"预售房合同、5张收款凭证、录音光盘"等12份书证,其中一份写有王俊签名和手印的《证明》颇具争议:"由于王海峰的银行卡存在银行不良记录,不能办理银行贷款,所以用我的名字购买。房屋实际购买人为儿子王海峰和儿媳。"

王俊接到法院送达的应诉通知书,在答辩状中表示:"原告路丽提供的这份《证明》,是她逼迫我儿子给我们老两口下跪,不忍看儿子这样,我才违心写下的。事实上,天厦这套房产所有款项均是由我个人支付……购房合同、银行贷款均是我的签名,我有权向开发商退房。"王俊还向法院递交了住房公积金领取单。

孰是孰非,法院审理一波三折

法官对原告和被告提交的证据展开核实,调查了解到:售楼部出具的5张收款凭证显示,18.2万元的首付款是路丽分四次交付售楼部的;而住房公积金管理中心将18.2万元转入了王俊账户。王俊并未提供将该公积金交付开发商用于购房款的凭证。

一审法院判决王俊返还原告路丽23万元，驳回路丽的其他请求。宣判后，王俊不服，路丽也因"没有判决赔偿自己其他损失"提出上诉。3个月后，市中院公开开庭审理此案后，以事实不清，裁定发回重审。

重审庭审中，已花甲之年的王俊一口咬定是儿媳支取并使用了自己的住房公积金："路丽把我的身份证和银行卡偷走，与我儿子海峰一起去住房公积金管理中心办理了公积金提取手续。18.2万元公积金转到我名下的银行卡后，路丽又持该银行卡通过某内衣店的pos机，将18.2万元转入其母亲张悦的账户。我当时考虑到路丽是我家儿媳，家丑不可外扬，并且路丽提出房子归我所有，所以我没有报案。"

路丽夫妇先行交付开发商的18.2万元首付款是否与王俊的住房公积金有关？法庭质证时，路丽反驳称："我没有拿被告的银行卡……王俊曾借过我妈的钱，这18.2万元是他还我妈的借款。"因为王俊提供的银行转账记录难以印证是路丽偷走了王俊的银行卡，不能排除其他合理怀疑。所以谨慎起见，法官告诉王俊可以向公安机关报案或是另行民事起诉查明是否与路母张悦存在债务纠纷。

庭审结束后，合议庭成员经过讨论，达成了共识："路丽提交的收款凭证能够证实18.2万元首付款和4.7万元银行按揭贷款属于夫妻共有财产，夫妻二人各占50%权益。因为王海峰已去世，其所属11.5万元涉及继承问题，双方可以另行起诉。"

法院重审期间，评估公司对这套涉案房产评估价为95.5万元。该不该支持路丽提出的赔偿房屋差价等诉求呢？法官解释说：本案王海峰因不良信用记录无法从银行贷款购房，所以路丽夫妇与王俊协商，以王俊的名义与售楼部签订房屋预售合同。从这份有王俊亲笔签名的《证明》内容可以看出，顶名买房是双方真实意思的表示，并未损害他人的合法权益，但实际上是原告和被告规避强制性规定为获取非法利益而进行的恶意串通行为。依据《民法典》的规定，当事人这种民事行为无效。所以，路丽提出"房屋差价、评估费等其他损失"，应自行负担。

　　随后，一审法院判决：王俊在判决生效10日内归还路丽11.5万元。接到一审判决书，路丽不服提起上诉，请求二审法院改判其损失57.3万元，市中院审理后，作出驳回上诉，维持原判的终审判决。

再审改判，替名购房存在诸多隐患

　　这期间，王俊针对与张悦的18.2万元纠纷，起诉到法院。经过两级法院审理后，王俊因证据不足败诉而终。

　　可是，这场替名购房官司仍没有息诉的迹象。"既然法院认定这23万元是夫妻共同财产，凭什么把11.5万元判给王俊呢？原判决侵害了我的财产所有权和继承权。此外，原审法院不支持赔偿房屋差价等损失，有悖于法律相关规定……"路丽申请省高院再审。

省高院另行组成合议庭，对该案审理后认为：原审已查明首付款和4.7万元按揭贷款均由王海峰和路丽支付；本案系不当得利之诉，王海峰的份额及继承问题不应同案解决。原判欠妥。随后，省高院指令市中院重审。

这起替名购房案的棘手问题是：该如何处理王海峰的11.5万元遗产？原告和被告谁也不另行起诉或反诉分割该遗产。依据不告不理原则，法院无权对继承纠纷进行审理，但涉案款11.5万元又必须随案处理。最终，考虑到23万元属于王海峰夫妻共同财产，11.5万元作为遗产暂时放在路丽这边似乎更为合理、合法。市中院再审后改判：王俊返还路丽购房首付款和按揭款共计23万元。5个月后，路丽仍无法释怀："王俊擅自处分了我的房产，为何法院不判定他赔偿我的损失呢？"她向市检察院递交了申诉材料。

市检察院作出不予支持路丽民事监督抗诉决定书。

检察官说法

替名购房是指实际购房人因种种因素，不具备购买房屋条件而以他人的名义购买房屋，真实购房人支付房款，名义人在房屋买卖合同上签字，并将房屋所有权登记在名义人的名下。

《民法典》第465条规定："依法成立的合同，受法律保护。依法成立的合同，仅对当事人具有法律约束力，但是法律另有规定的除外。"依据合同相对性原则，依法成立的合同仅仅约束签订合同的双方当事人，而不能约束合同之外的第三人。

替名购房一般要签订两份合同：一是购房合同，签订者是名义者和开发商；二是按揭贷款合同，签订者是银行和名义者。购房合同约束的是名义者和开发商，按揭合同约束银行和名义者。按揭逾期后，银行向名义者追讨贷款。本案中，王海峰自杀后，王俊夫妇极度悲伤，路丽应对二老给予关爱并主动找公公协商该房产的后续事宜，但她没有这么做。那么银行贷款到期后，银行肯定要找王俊归还这笔钱。而王俊在综合考虑自身利益后，终止贷款合同，退掉预购房产也在情理之中。

本案启示

1.替名购房违背了民法的诚实信用原则，对于实际购房者和名义购房人均存在诸多隐患。实际购房人和名义购房人双方不仅容易在购房款上出现纠纷，在发生名义购房人私下将房屋抵押、出售或擅自终止购房合同等情形时，实际购房人的权益很难得到法律保护；名义购房人也可能存在"因实际购房人不按时还款而进入银行征信系统黑名单或在购买第二套房产时遭遇限购影响自己本该享受的购房政策"等风险。

2.现实生活中，难免有些人选择替名购房，需要提醒的是：发生意外问题时应当及时沟通、协商解决，以免因信任缺失，造成不必要的纠纷和财产损失。

4. 改嫁女处置前夫遗产惹纠纷

屈指算来,祝时红改嫁已有25个年头。在她心里,是时候处置前夫的遗产了。可她没想到,两处老宅刚售出不久,便被前夫的两个哥哥告上了法庭。这起继承纠纷超过了最长20年诉讼时效吗?祝时红与买主签订的房屋买卖合同有效吗?当年公婆购置的房产属于祝时红夫妻的共同财产吗?诸多法律问题交织在一起,使得这起继承纠纷解决起来更为棘手。

售出老宅,引发遗产纠纷

爱女范婷已长大成人、嫁作人妇,祝时红心中百感交集。20世纪80年代中期,祝时红嫁给范强为妻。从丈夫口中,她得知:公婆含辛茹苦地把六个子女养大,又陆续盖了两套新宅院,为大哥、二哥操办了婚事。大哥范伟、二哥范杰先后搬进新房居住,之后三个姐姐陆续出嫁了,范强和父母生活在老宅。

新婚不久，范强告诉祝时红："父母虽然跟着我们生活，但在分家时已明确把这套老宅给了咱们。"范强还将一张白纸黑字的《分家单》交由她保管。

几个月后，范强的父母范书钊夫妇又购买了邻居的房屋。新购的房屋共7间，范强夫妇简单整修后便搬了进去。一年后，范强和祝时红的爱情结晶呱呱坠地，范书钊为孙女儿取名范婷。范家的日子伴随着分田到户政策而日渐好转，可范强却因病英年早逝。

范强去世后，30岁出头的祝时红带着女儿改嫁他乡，范婷随继父改名为王玲。后来，范书钊夫妇相继走到人生尽头，两套宅院人去楼空。二哥范杰时常居住在老宅，看护、修补房屋。王玲大学毕业后在城市安家落户。祝时红见女儿不回村生活，便将两套老宅以1.5万元的价格卖给了本村村民贺云。签下房屋买卖合同后，贺云喜不自禁。可是，范伟、范杰闻讯后十分恼火。一天上午，贺云到老宅砍枣树、拆墙头，范杰看到上前阻止。双方争吵激烈，怒火中动起手来，幸好范伟赶来后报了警，一场恶战才平息下来。

几个月后，范家兄弟将祝时红、贺云告上法庭。这让祝时红如鲠在喉，她不愿意看到村民说三道四。她愿意用一部分房款给范家兄弟作补偿。可是，直到开庭的前一天晚上，双方也没有找到合适的协商方案。

合同无效，遗产处于共有状态

两套共计14间房屋的宅院以1.5万元购得，对贺云来说极为"划算"：日后翻盖成新房留给子女住，或是转手他人都可以。贺云与祝时红共同研究对策："范强去世快30年了，范伟、范杰两兄弟才提起诉讼，已超过法律规定的20年最长时效。另外，宅基地所有权属于村集体所有，不能继承……法院应驳回原告的诉求。"

一审法院开庭审理这天，祝时红、贺云无故缺席审判。法官没有采信祝时红的书面答辩理由，反而原告范伟、范杰在法庭上出示的证据被采纳，这让祝时红和贺云始料不及。

贺云收到败诉判决书的第二天，便上诉至市中院。市中院审理后，裁定发回重审。一审法院重新组成合议庭，再次开庭审理了该案。这次开庭，祝时红、贺云高度重视，聘请了律师还双双准时出现在被告席上。

法庭上，原告咄咄逼人的话语彻底打碎了祝时红和解的幻想。庭审中，贺云提出"范强的遗产超过法律规定的20年的诉讼时效，范家兄弟请求确认合同无效不成立"的辩解，遭到原告代理人反击。

休庭后，法官耐心为贺云解释称："继承开始后，继承人未明确放弃继承的，视为接受继承。继承财产未分割的即为共同共有。具体到本案中，范家兄弟在范书钊夫妇去世后未放弃继承，视为已接受继承。因被继承人范强的遗产未分割，所以涉案财产处于共同共有状态。原告和祝时红母女实际上因物权归属、内容发生争议，属于确认物权归属纠纷。物权具有永久性，所以物权确认请求权不适用诉讼时效，这起遗产分割纠纷没有过时效。"

主审法官进一步解释：共同共有人擅自处分不动产的，没有征得其他共有人同意，处分行为属于无权处分，其效力待定。当其他共有人明确反对时，其处分行为即为无效。本案的两套老宅由范家子女和被告祝时红、王玲共同共有，祝时红母女未经范家兄弟同意擅自将共有财产出售，事后又遭到范家兄弟反对，因而祝时红出售老宅应认定无效行为。

听完法官细致、翔实的解释，贺云似乎领悟了原因所在，无奈地叹了口气。一审法院重新判决祝时红和贺云败诉，二人没有上诉。

争议再起，父母购置老宅该归谁

老宅买卖的官司刚尘埃落定，祝时红母女请求法院分割遗产的官司又悄然打响。范家兄弟接到法院送达的应诉通知书后，除聘请律师调取证据，撰写答辩状外，还对《继承法》进行了一顿恶补。法院开庭这天，范家三姐妹均表示将自己继承份额转赠给范伟、范杰；祝时红表示将分得的遗产转让给女儿王玲。这场遗产纠纷实际是在王玲与范家兄弟之间展开的。

庭审的焦点在范书钊夫妇生前所购老宅的归属问题上，原告和被告争论异常激烈。祝时红主张："后买的这套老宅是我和前夫出资5000元委托公公购买，并且宅基地使用权证上登记的是前夫范强的名字……这应属于我和前夫的共同财产。"

对此，范杰辩称："西边那套宅院是我父母用自己的钱所购，是我父母的财产。"为支持自己的观点，范杰还向法庭提供了购买老宅时两名在场见证人的亲笔证言。

这两套老宅距今已有30多年，范书钊夫妇去世也10年之久。当年到底发生了什么？很多事情都已模棱两可。庭审中，祝时红出示登记在范强名下的两处宅基地使用权证复印件，遭到范家兄弟质疑："该宅基地使用权证户主与编号需要核实……该宅基地使用权证来源不明。"范伟的妹妹回忆称，她见过这套老宅的宅基地使用权证上登记的是父亲范书钊的名字。

宅基地使用权证上所登记的名字至关重要，可作为房屋归属权的直接证据，为此主审法官实地走访了街坊邻居，又到县国土局翻阅卷宗材料，终于查到编号为NO4和NO5登记在范强名下的这两处宅基地使用权证的原件和范强申报两块宅基地的相关记录。

然而，再次开庭质证时，范家兄弟对于法官调取的宅基地使用权证复印件不予认同。最终，合议庭成员综合庭审情况和现有证据，讨论认为：范书钊分家时将东面老宅7间房屋分给了范强，该房屋属于范强婚前个人财产，应作为遗产处理；范强结婚后，祝时红夫妇当时不具备买房的经济实力，故西宅认定为范书钊夫妇所购比较合理，该宅基证登记在范强名下，范书钊夫妇是知情，所以该出资视为范书钊夫妇对子女购置房屋出资，应定为对范强夫妻双方的赠与，属于范强夫妻的共同财产。

法院判决，原告王玲分得东西间距19.53米北屋、东西间距1.22米南屋。范伟分得东西间距3.57米北屋、东西间距3.57米南屋。范杰分得东西间距3.57米北屋、东西间距3.57米南屋。1间街门道由范伟、范杰平均分得。

宣判后，范伟、范杰不服，提起上诉。市中院审理后，作出驳回上诉，维持原判的终审判决。

检察官说法

这起纠纷中，物权请求权、转继承、合同效力待定等多个法律问题交汇在一起，又关联当下很多父母为婚后子女购置房产的现象，其判决具有一定参考意义。

现如今，父母出资为子女购房的情形比较常见。有能力的父母全资为儿女购房，有的部分出资，有的将自己所购房产过户到子女名下，有的没有过户等，诸多情形对应的法律规定也有所不同。司法实践中，父母为子女购买房产，有约定归属的依照约定执行，没有约定或约定不明时，法官、检察官会依据当事人提供的证据和具体案件中父母出资过程的相关情况加以分析，区别对待，综合判断房产的归属。本案中，范书钊夫妇购买房产后交由范强夫妇居住，并将所购房产的宅基证登记在范强名下，因该房产不涉及子女离婚问题，所以法官依据"夫妻关系存续期间，所得共同所有"原则，视为父母对范强夫妻的赠与，认定争议的老宅为范强夫妻共同财产。

《民法典》第1127条第1款第1项规定，配偶、子女、父母为第一顺序继承人。本案范强去世时，其父母在世，也就是说范书钊夫妇享有继承权。分割范强遗产时范书钊夫妇去世了，按照继承法规定，范强遗产中属于范书钊夫妇的部分应转继承给他们的子女。

本案启示

1.独生子女难以全额继承父母遗产的问题需要关注。现实生活中，在独生子女的父母一方或双方过世后，爷爷、奶奶（姥姥、姥爷）仍在世，按法律规定，这些老人有权继承儿子或女儿的遗产，就会导致叔叔、姑姑或是姨妈、舅舅等转继承问题。这样一来，独生子女难以全额继承父母的遗产。此外，我国几千年遗留下来的重男轻女思想也很严重，特别是在农村，独生女继承父母的遗产与世俗观念格格不入，亲人间的矛盾、冲突时有发生……作为父母对此应有所警惕和防备。

2.如何通过法律途径避免此类遗产纠纷？检察官提醒广

大读者：遗嘱继承的效力优于法定继承，公民可通过订立遗嘱，指定自己财产的合法继承人，这样就能避免不必要的遗产纠纷。《民法典》实施后，公证遗嘱效力不再具有优先效力，以最后一份合法有效的遗嘱为准。

5. 离婚后房产和债务是否均摊

十几年来，胡磊一直怀疑妻子黄瑞萍有外遇，二儿子非自己亲生，时常对妻子动粗。黄瑞萍不堪家暴起诉离婚，胡磊提出反诉，要求黄瑞萍支付15万元的精神损失费，这合理吗？既然夫妻关系存续期间的财产平分，那么债务也该共同承担吗？法院终审后，胡磊依然奔波在申诉的路上，案件背后究竟有着怎样的难言之隐？

共患难后，遭遇情感危机留下阴影

在县奶粉厂工作的黄瑞萍经人介绍与大4岁的胡磊喜结良缘。二人婚后生育一子，取名胡晓旭。胡磊在县修理厂工作，双职工的小夫妻好不令人羡慕。

然而，18年后，黄瑞萍下岗了，她一时难以接受。短暂的心理调整后，黄瑞萍参加政府再就业培训，走上了月嫂岗位。月嫂工作十分辛苦，每日要消耗很多精力和体力。善解人意的胡磊每天做好饭菜迎接晚归的妻子，黄瑞萍累并幸福着。谁知黄瑞萍的工作稍稍稳定，胡磊却因单位效益不好被单位裁员了。夫妻俩坦然接受现实，依旧相互鼓励。胡磊凭借多年的修车技术，在县城开办了一家汽车修理厂，很快走出了困境。

月嫂工作收入虽高，可面对的客户各式各样。有次更换客户后，黄瑞萍告诉丈夫：这家产妇要求我在她家里吃住两个月，全程陪护，今天就要上班。胡磊心里不乐意，可是妻子的工作性质如此又不好说什么。没想到这件事让夫妻之间产生了嫌隙。

黄瑞萍离开家时留给丈夫2000多元，说是客户预交的部分工资。两周后，他们的儿子胡晓旭突发高烧加之修理厂活又多，胡磊实在顶不住，只好给妻子打电话，却无人接听，他不得不按妻子留下的地址去找她。可敲开门时，却发现黄瑞萍和一个陌生男人独处一室，根本没有看到产妇和婴儿的踪影。这一幕让胡磊瞬间火大，他不由分说上前便对黄瑞萍一顿拳打脚踢。对此，黄瑞萍一再跟丈夫解释说事情并非如他看到的那样，可胡磊只相信自己的眼睛。此后夫妻俩争吵、冷战不断，儿子学习成绩严重下滑。胡磊想到儿子面临中考需要一个幸福和谐的家庭氛围，便忍了下来。

几个月后，胡磊举家搬到市区，开启了新生活。没多久，黄瑞萍怀孕了。9个月后，她诞下一个7斤多重的男婴。在胡磊眼中，次子胡晓宁从小聪慧过人，活泼好动，与大儿子性格完全不同。每每夜深人静，他经常独自端详晓宁的模样，总感觉他的五官、皮肤甚至性格都跟自己差异很大。他不由得联想到妻子跟那个男人独处一室的场景……痛苦和愤怒时常涌上心头。

再后来，胡磊在市区繁华地段购得一套二手房。此时，大儿子胡晓旭已结婚。望子成龙的黄瑞萍把胡晓宁送到市区最好的一家私立学校读书，平日家里只剩下了老两口。

没有了孩子们的欢声笑语，胡磊常喝闷酒，黄瑞萍经常被醉酒的他施以拳打脚踢，家里的彩电、冰箱等贵重家具也被他砸坏了。黄瑞萍不堪忍受，向法院起诉离婚。一审法院的法官考虑到二人已婚30年，且有两个儿子，夫妻感情尚未达到破裂的程度，没有判决离婚。

再提离婚，丈夫反诉精神损失费

胡磊坚持认为妻子给他戴了"绿帽子"，他无法释怀，这种事又难以与外人启齿，对妻子实施暴力是他认为发泄的唯一出口。为了躲避丈夫，黄瑞萍不停地去外地工作，又不停地被"抓"回。

一年后，黄瑞萍再次到法院提起离婚诉讼。接到法院送达的应诉通知书，胡磊在答辩状上提出反诉："我曾目睹黄瑞萍与其他男人鬼混……胡晓宁肯定是黄瑞萍偷情所生，她要赔偿我精神损失费5万元，还要赔偿这些年我抚养胡晓宁的费用15万元。另外，这些年我们欠下一些债务，黄瑞萍也要偿还。她长期不做家务，位于市区的房产是我购买的，我年老多病且无工作，房子应归我。"

面对丈夫的反诉，黄瑞萍气愤至极："我们夫妇收入除用于家庭生活开支外，其余都积攒起来购买了市区的房子，所以这套房产应有我的一半。"法庭上，黄瑞萍否认自己与他人存在不正当关系，坚称儿子胡晓宁是她与胡磊所生。根据"谁主张，谁举证"原则，胡磊需向法庭提交相应证据。他的心情复杂，毕竟与次子生活多年也算父子情深，他害怕鉴定结果会让他失去这个孩子。

胡磊没在法官指定期间提交亲子鉴定申请材料，也未提交证明妻子出轨的有效证据。一审法院判决：准许黄瑞萍与胡磊离婚；婚内次子胡晓宁由黄瑞萍抚养，胡磊每月支付抚养费500元；位于市区的房产二人各自享有二分之一。

宣判后，胡磊不服提起上诉。二审期间，法官组织二人调解，可是黄瑞萍放弃房产的条件是：这套房产必须过户在次子胡晓宁的名下，为孩子留作婚房使用。尽管法官煞费苦心地做胡磊工作，但他不肯让步，调解无果而终。

庭审前，胡磊提交了亲子鉴定申请，法院委托医院予以鉴定。最终，该鉴定报告显示，胡磊与胡晓宁存在生物学亲子关系。胡磊要求黄瑞萍支付胡晓宁15万元抚养费的反诉，自然成了无稽之谈。"这么多年，胡磊生活在自己的假想中，他认定我有外遇，怀疑孩子是别人的，经常用语言和肢体侮辱我，他对我连夫妻之间最起码的信任都没有……"此刻的黄瑞萍谈及这些，神色平淡，眼泪和情分早已被前夫打没。

二审法院合议庭成员讨论后认为，原审法院认定事实清楚，适用法律正确。遂作出终审判决：驳回上诉，维持原判。

再起波澜，婚姻存续期间债务一人承担

法院驳回胡磊上诉没几天，章先生一纸诉状将黄瑞萍、胡磊二人告上法庭，请求判令按夫妻共同债务偿还5万元借款。章先生在法庭上称："几年前，胡磊夫妇开办嫂子家园培训学校，因资金周转不开，胡磊向我借了5万元。当时，胡磊还给我打了一张借条，借条上写有胡磊和黄瑞萍的名字。这几年，我多次催他还钱，可他总以各种借口拒绝还款。"章先生还向法院提交了胡磊开办嫂子家园培训学校的营业执照复印件等相关证据。法庭上，胡磊认可这笔借款，黄瑞萍却予以否认："我俩经济独立、各花各的，我常年在外地从事月嫂工作，没有办过学校，更没有借过章先生的钱，借条上的名字不是我签的，手印也不是我按的。"

那么，借条上的"黄瑞萍"三个字到底是谁所签？在法官再三询问下，胡磊表示"借条上的签名是我代替黄瑞萍所签，可这笔借款全部用在开办学校了"。当法官要求胡磊提供5万元具体使用的转账记录时，他却称"票据丢失了"。经过3个多小时庭审，主审法官认为黄瑞萍不承担还款责任。法院判决：由胡磊偿还章先生借款5万元，并支付6%的利息。

宣判后，双方均没有上诉。可胡磊又陷入了新的困惑："黄瑞萍此次庭审中称从没有花过我的钱，我们夫妻财产没有混同，这与前几场离婚诉讼中所称'夫妻收入共用'相互矛盾，法院却将我的一半房产判给她所有，显然错误。"

随后，胡磊以"夫妻财产没有混同"为新证据，申请市检察院抗诉。3个月后，市检察院作出不予支持胡磊的民事监督决定书。检察官在与胡磊、黄瑞萍二人交流中了解到，胡磊心里始终绕不过前妻出轨这道坎，他觉得前妻没有资格拥有他的房产；而遭受家暴的黄瑞萍早已身心俱创，需要常年吃药调养，对她而言，往事不堪回首。

检察官说法

《民法典》第1065条第1款规定，男女双方可以约定婚姻关系存续期间所得的财产归各自所有，但约定应当采取书面形式。本案中，胡磊、黄瑞萍二人所谓的"各花各的"仅仅是口头约定，并没有采用书面形式，而这类口头约定的方式因为内容不明确而不被法官认可，通常在司法实践中对双方的财产纠纷，按照夫妻共同财产进行分割。

从《民法典》第1064条规定可看出，对于夫妻共同经营的债务，需要债权人向法庭承担"该债务用于夫妻共同生产经营"的举证责任。本案中，章先生也就是债权人，曾借给胡磊5万元用于胡磊夫妻开办嫂子家园培训学校。章先生借款时，没有让黄瑞萍在借条上亲笔签名，黄瑞萍在法庭上不予认可这笔债务，他又无法提供相关证据支持自己的主张，法院判决黄瑞萍没有还款责任也就顺理成章了。

国家禁止任何形式的家庭暴力。《反家庭暴力法》第23条第1款规定："当事人因遭受家庭暴力或者面临家庭暴力的现实危险，向人民法院申请人身安全保护令的，人民法院应当受理。"《最高人民法院关于办理人身安全保护令案件适用法律若干问题的规定》，进一步对人身安全保护令与离婚诉讼的关系等问题进行了详细规定。受到暴力的家庭成员随时可以到法院申请人身安全保护令，并不是在离婚阶段才可以申请。本案中，黄瑞萍在第一次受到丈夫家庭暴力时，可以到法院申请人身保护令，这样不仅可避免再次受到家庭暴力侵害，而且日后涉及离婚问题时，人身安全保护令也可作为丈夫存在过错的证据使用。

本案启示

1.家庭暴力是婚姻走向尽头的"导火索"。夫妻间唯有彼此沟通、包容、理解、信任，才会在幸福的道路上一路前行。本案中，胡磊对妻子一味怀疑甚至暴力相待，如此只能激化矛盾，最终让婚姻彻底土崩瓦解。

2.借款是否属于夫妻"共同债务"，债权人负有举证责任。通俗地说，债权人主张债务属于夫妻共同债务，必须提供充分的证据并予以证明，如果不能提供证据或者证据欠缺的，则推定为夫妻一方的个人债务。

3.敢于向家庭暴力说"不"。出现家庭暴力时,受害人要敢于运用法律武器维护自身权益。比如,寻求法律人士介入或及时申请人身安全保护令等,防止家庭暴力造成更大的心理和身体伤害。

6. "入赘"离婚,男方诉求缘何被驳回?

周晓旭在丁家做上门女婿整整十年。他和妻子丁冉翻建二层小院、购置两室两厅单元房,先后生育女儿和一对"龙凤胎"。如此幸福的家庭怎会突然破碎?"入赘"家庭离婚时,产权不明且有争议的房产该如何分割?如今丁冉居住的二层小院被列入拆迁范畴,将有一笔不菲的补偿金,周晓旭要执行原判,可他的诉求遭到了法院驳回。

拥有龙凤胎的入赘家庭

某日下午2点多,周晓旭和丈母娘焦急地在产房门口来回踱步。1个多小时后,医生传来喜讯:丁冉平安诞下一对"龙凤胎"。听到两个婴儿的啼哭声,周晓旭紧张的情绪舒展开来。

周晓旭出生在一个偏僻村庄。7岁那年父母离异,他和妹妹、哥哥与父亲相依为命。初中毕业后,周晓旭便在市区刮泥子、刷墙漆、铺地砖,从事装修行业。

"能在繁华的城市安家"这一想法支撑着周晓旭顽强打拼。丁冉比周晓旭小1岁,在市郊长大。她有个妹妹,父母是普通的农民,家境一般。高中毕业后,丁冉在一家商厦出售家具。"从小我爸妈最疼爱我。长大后,二老担心我嫁到外地受气……我想招上门女婿一直陪护在二老身边。"

周晓旭经人介绍和丁冉见面,想到自己只不过是个车、房、存款皆无的穷小子,他同意了丁冉的"入赘"要求。半年后,两人领取了结婚证。

一年后,小两口花费10余万元,把百平方米的小院翻建成两层小楼。不久,大女儿的出生更是给这个家庭带来不少欢乐。丁冉做通父母的工作,让大女儿跟随周晓旭姓,取名周霞。

"龙凤胎"出生后,小两口惊喜万分。可是三年后,一件事在周晓旭心中埋下阴影。丁冉的妹妹大学毕业在某中学任教,到了谈婚论嫁的时候。为了让小女儿顺利找到如意郎君,丁母常在媒人前许诺:"将来,我们老两口也会给小女儿一部分财产,我们不会亏待二女婿……"

丈母娘的这番话很快传进周晓旭的耳朵里,他的心情五味杂陈:"我爸在世时,每逢春节我都想回老家陪父亲过年,可丁冉仅跟我回去过一次,第二天一早便带孩子匆匆回了市区。这些年她不让我回老家过年,我忍了;我父亲去世时,丁冉作为儿媳没回老家参加葬礼,我也忍了。本来上门时说好把遗产留给大女儿和我……如今又改口,这分明是没有真正把我当丁家人对待,是可忍孰不可忍!"

周晓旭无法遏制心中怒火。一天晚上,他跟丁冉爆吵后摔门而去。两个月后,周晓旭将一份离婚诉状送到了法院。

这下可急坏了丁冉的父母。他们四处托人找周晓旭说和,最终承诺全部家产由丁冉夫妇继承,这场离婚风波才得以平息。

此后,小两口搬进了某小区生活。本以为没有岳父母的干扰,生活会归于平静,可哪知冲突再次爆发。那天晚上,丁冉因月销售业绩突出,老板请客吃饭,她忘了提前告诉周晓旭,晚回家一小时。周晓旭不停地抱怨。这让丁冉忍无可忍:"和你过了这么多年,为你生了三个孩子,你竟还怀疑我……"丁冉大哭大闹,周晓旭丝毫不退让,随手摔了些茶具后,愤然离去。

无证的两套房产如何分

丁冉一连好几个月不见丈夫踪影,如此冷暴力令她气愤不已。丁冉向法院递交了离婚起诉书。法官经过多次调解,可是丁冉离意已决,法官只得开庭审理此案。周晓旭坐在被告席上,控制着激动情绪:"我和丁冉是因家庭琐事而争吵,我们的感情并未破裂,我不同意离婚。如果法院判决离婚,那么应当分割我们婚后的两套房产,三个孩子的抚养权也应归我!"

法官了解到:小两口婚后有两套房产,一套位于某小区,另一套是在村里自建的二层小楼,这两套房产均没有取得房产证。

"某小区单元房是用我父母的42万元土地补偿款购买的，另一套二层小楼也是我父母出资所建。"丁冉辩解的同时，向法庭提交了银行转账记录和包工头林某出具的证明材料。周晓旭拿不出这两套房产系婚后财产的证据，可他坚称："这十年我将全部工资都交给丁冉，这两套房产都是用我的工资置办的。"

休庭后，合议庭成员结合庭审情况，分析认为：丁冉提供的42万元转账记录和包工头的书证不能证明涉案的两套房产完全与周晓旭的收入无关。那么，该如何分割涉案的房产呢？周晓旭提出这两套房产可写在子女名下，归三个子女所有，丁冉对此表示同意。可二人准备在协议上签字时，周晓旭坚持补充一条："这两套房产如出现拆迁、出售等重大事项必须经由我同意后，方可办理。"这下丁冉不干了："这是霸王条款，我无论如何也不接受！"

调解失败后，法官作出判决：准予丁冉和周晓旭离婚；长女周霞由周晓旭抚养，丁冉每月支付600元抚养费。次女丁玲和长子丁帅由丁冉抚养，周晓旭每月支付1200元抚养费；位于某小区的单元房产归丁冉使用，自建的二层小楼归周晓旭使用。

丁冉本来就想要某小区的房产，对判决内容很满意。可周晓旭觉得自身利益受损，提出上诉称："我已离婚，判决仍让我居住在丁冉的娘家附近难免尴尬，一审法官没考虑我的难处……"

市中院开庭审理后，认为原审法院保护了妇女儿童的合法权益，原判决正确，应予维持。

可是，周晓旭不顾终审生效判决抢先住进某小区的单元房。丁冉曾要求他搬出，他怎么也不肯搬走。丁冉考虑到小区距离周霞学校很近，为了大女儿她退让了一步，默许了周晓旭的做法。

要求执行原判遭到拒绝

日子在指缝间流走。丁冉的父母时常来自建二层小院帮忙照顾"龙凤胎"，解决了丁冉因工作无暇接送孩子入托的难题；周晓旭和周霞生活在小区单元房，过得也很惬意。然而，平静的生活又一次被打破。周晓旭将丁冉告上法庭："终审判决生效后，丁冉却无视判决拒不搬出二层小楼，侵害了我的利益，我请求法院判令丁冉立即搬出，并支付每月2000元的补偿费。"

周晓旭的无理取闹让丁冉怒火中烧："周晓旭抢先搬进小区我不和他计较，如今他不说搬出小区却让我搬离二层小楼，岂有此理！另外，法院判决周晓旭享有二层小楼的居住权，这不代表他对某小区单元房具有所有权。"

该案经过一审、二审法院审理并判决后，周晓旭再次败诉。

周晓旭又向市检察院申请抗诉。"我和女儿的户口因居住的房屋与实际判决所居住的房屋不符而不能落户，城镇医保及各类保险等无法缴纳。无奈我才诉至法院请求丁冉搬出二层小楼。"周晓旭说的是事实吗？检察官调查了解到：目前周晓旭的户口仍和丁冉在同一户口簿内。

丁冉告诉检察官:"这三年来,周霞、周晓旭的医疗保险我一直交着。我住的二层小楼据说被列入了政府拆迁范畴,所以他想执行原判,搬回居住……周晓旭迁走户口,我不阻拦,可他迁走我闺女周霞的户口,我必须阻止。我担心他把女儿的户口迁到乡下,我闺女得不到好的教育而毁掉一生。我见不到周霞,这等于要我的命。"她不停地抹着眼泪。

了解到真实原因,检察官结合本案实际认为:"原审判决生效后,丁冉和周晓旭一直保持现有的生活状态至今,周晓旭主张排除妨碍,无事实和法律依据,法院未支持周晓旭的主张,并无不妥。"

市检察院作出不予支持周晓旭民事监督申请。

这起"入赘"离婚争议始终不能平息的原因是,周晓旭因自己上门女婿的身份内心自卑,而丁冉的强势不但无法解开周晓旭的症结,反而使他内心积怨更深……检察官衷心希望周晓旭能摒弃传统观念,不要介意他人的看法,活出自己的精彩。同时,期待周晓旭和丁冉能够换位思考、彼此多些沟通与包容,及早化干戈为玉帛,还给三个孩子一个幸福的成长环境!

检察官说法

《民法典》第1087条第1款规定,离婚时协议不成的,由人民法院根据财产的具体情况,按照照顾子女、女方和无过错方权益的原则判决。值得点赞的是,审理本案的法官自始至终从维护妇女、儿童的利益出发，所作出的判决符合立法精神。

不得不说，离婚财产诉讼更多尊重男女双方意思自治，法院判决小区单元房归丁冉居住后，丁冉顾及前夫及孩子感情，从而默许周晓旭在小区的单元房内生活。实际上，依据《民法典》第5条规定的自愿原则，丁冉的默认行为也是有法律效力的。

本案启示

1. "入赘"离婚案件涉及的财产分割问题，同其他婚姻一样有约定按照约定，无约定则视为夫妻共同财产进行分割。

2. 每个公民均应自觉遵守法院判决。本案中，周晓旭抢先居住在小区单元房的行为与原判决内容相左，损害了司法权威和公信力，属于违法行为。丁冉念在过去的夫妻情分没有追究前夫责任，依据民事案件不告不理原则，司法机关不会介入其中。而今，面对拆迁补偿款的巨大利益，周晓旭想改变既定的财产分割事实，法院自然也不会支持他的主张。

7. 祖母去世，孙子该搬出老宅吗？

马辉因家庭变故从小与祖母相依为命，然而祖母离世后，叔侄间一场排除妨碍纠纷打破了马辉原本和谐的生活。房产证登记在六叔马晓陆的名下，房子就一定是六叔的吗？一纸分家说明缘何被法院判为空文？共有的房屋，会因一方当事人没有提起确认之诉而超过诉讼时效吗？

家庭变故，从小与祖母相依为命

94岁老人刘梅花虚弱地躺在床上，脸色苍白，神情萎靡。三年前，她右腿摔伤瘫痪卧床，又患上脑萎缩。这些天，她的病情恶化，医生已下达病危通知。下午3点左右，刘梅花永远合上了双眼。见疼爱自己的奶奶离开了这个世界，马辉哭成了泪人。

在马辉四个月大时，父亲马晓伍因被法院判处死缓，母亲改嫁他乡。一年后，爷爷因病撒手而去，从此，他和奶奶孤苦相伴。

刘梅花夫妇含辛茹苦养育了六个儿子。四个大伯成家后先后搬离老宅,马辉与奶奶还有六叔一家三口挤在四间老宅中。

六叔马晓陆的儿子马楠比马辉小1岁,马辉初中毕业后,辍学跟随拉煤大车司机走南闯北。家庭的变故使他比同龄孩子更早成熟、懂事。

"你娶不上媳妇,我死不瞑目。"这是奶奶常在马辉的耳边念叨的话。马辉理解奶奶的期盼,不停地学技术提升能力。他熟练掌握驾驶技能考取A3驾驶证后,又学习鉴别地板砖的技巧,收入逐年升高。一次和同学吃饭时,马辉结识了大自己1岁的女设计师柳瑞。柳瑞中专毕业,貌美开朗,马辉对她一见倾心,很快展开猛烈攻势。

马辉自强、隐忍的品性打动了柳瑞。一年后,她和马辉领取了结婚证。新婚不久,马辉用自己的积蓄将四间老宅翻盖一新,还加盖了一间西屋。

刘梅花每天看着孙儿和孙媳恩恩爱爱,乐得合不拢嘴。一天晚上,刘梅花把老宅房产证交给了马辉。马辉把房产证交由妻子保管。可是,细心的柳瑞发现:房产证上是六叔马晓陆的名字。自己住的房子登记的是别人的名字,柳瑞心里总觉得不踏实。马辉安抚妻子:"别多想,老宅早就是咱们的……这是大伯和奶奶早已定好的事情。"

只有长辈口头约定,没有任何书面文字的分家约定具有法律效力吗?柳瑞思来想去总觉得不妥,便多次提醒丈夫:"能不能找四个大伯和六叔签一份分家说明？这样就能把老宅过户到我们名下，以免夜长梦多。"

马辉觉得妻子说得有道理。一日，大伯马晓坤、二婶、三伯和四婶分别在马辉起草好内容为"老宅归马辉所有"的《分家说明》上签下名字，还按了手印。

突发变故，老宅因登记人不同起争议

"你六叔是个明白人……我已给他打电话说好了。他同意把老宅给你，你明天找他签名吧。"听大伯这么说，马辉似乎吃了定心丸。

可事情却横生变故。第二天清晨，一阵急促的手机铃声把马辉夫妻从睡梦中惊醒。"你六叔昏迷不醒，不省人事……辉辉，你赶紧来看看吧！"

马晓陆突发脑出血被送进抢救室，经过医生10个小时的抢救，终于捡回一条命。那天下午，六叔头部缠满白色纱布，鼻孔插着氧气管静静地躺在重症监护室，旁边的六婶不停地抹泪。此情此景，马辉不禁潸然泪下。

为何不在马晓陆病愈后让他在分家说明上签字呢？面对检察官的疑惑，马辉是这样解释的："我六叔出院后，落下后遗症，智商像4岁大的小孩，话说不清，生活不能自理……没多久，我的堂弟马楠因抢劫入狱服刑。六叔一家如此境况，再提这事我于心不忍……"

马楠刑满释放后,柳瑞担心的事情还是发生了。马楠以马晓陆的名义到法院起诉马辉,请求法院判令马辉限期腾房,并要求自起诉之日起以每月1000元标准支付房屋占用费直至搬离。

三个月后,法院开庭审理了这起纠纷。马辉无法相信,与自己一同长大的堂弟马楠在法庭上会这样说:"当初,马辉没有房子住,我爸妈出于善意让他住进老宅,他住着别人的房子却私建西屋……我们要求马辉归还老宅。"

马辉向法庭出示了《分家说明》,又讲述起当年分家时奶奶和大伯内定好的事:"老宅系我爷爷奶奶所建。当年房价不算太高,四个大伯和六叔打算凑钱为我购买一套新房,备我日后结婚用。可大伯征求六婶的意见时,六婶说'我们在这个旧房子住了这么多年,也想住一回新房'。于是,大伯和奶奶再三考虑,决定用村里补偿我爸的1.7万元青苗费给六叔一家购买新房,六叔一家把老宅给我……我有权在老宅内居住。"

马辉的大伯马晓坤、二婶、三伯、四婶相继出庭,他们对马辉提交的《分家说明》内容及签名均表示认可。然而,六婶却说:"这不是事实。这份《分家说明》没有我和老伴的签名,他们是在私分我家的财产。老宅早就分给了我老伴,并且过户在他名下。如今他们五家串通起来欺负我们……我家所住楼房的购房款来源与本案无关。"整个庭审持续了4个多小时。鉴于案件的特殊性,主审法官决定择日宣判。

终审改判，房产证登记人不等同房屋所有权人

休庭后，主审法官反复分析当事人双方提交的证据后认为，马辉提交的《分家说明》中没有马晓陆的签名，马晓陆夫妇对此也不认可，因此马辉所提供的《分家说明》不能对抗不动产登记的效力；原告要求被告支付房屋占用费，但未提供相应的证据证明其标准，不予支持。

一审法院判决，被告马辉在判决生效之日起30日内将老宅退给马晓陆。

一审败诉是马辉始料未及的，他在上诉书写道："我父亲的1.7万元用于六叔一家购房，这说明分家的事实是存在的。另外，我六叔办理老宅登记时并未分家。按照法律规定，我爷爷去世后，这套老宅一半归我奶奶所有，另一半归家庭成员共有。所以退一步说，即便分家说明无效，这套老宅也不应是我六叔一个人的财产，他没权利让我搬出老宅。"

"老宅登记在马晓陆名下就是马晓陆的房产"这一观点，马辉的四个伯父也不认同。市中院开庭审理了此案，合议庭的法官讨论后认为：马晓陆向房屋登记部门提出登记申请时，并未提交老宅归其所有的有效证明文件，因此老宅权属登记与其真实权利状态不相符。

那么这套老宅该归谁呢？二审法官解释说：目前，马晓陆夫妇无法提供老宅分给他们的证据，现在也没有遗嘱等其他证

据证实该老宅属于其所有。因此,老宅属于刘梅花夫妇的夫妻共同财产。刘梅花的丈夫去世后,按照法律规定,该房产属于刘梅花与其他家庭成员的共有财产。

刘梅花夫妇去世后,马辉该搬出老宅吗?法官给出答案:马晓伍作为法定继承人享有老宅继承权。因此,马晓陆主张马晓伍之子马辉搬出老宅的理由不能成立。

申请抗诉,这起继承纠纷超过时效了吗

二审法院的判决结果,违背了马楠的意愿。"我们请求法院排除妨碍,就是要马辉限期搬出老宅。现在二审法院却认定老宅是刘梅花与其他家庭成员共同财产,这超出了审理范围。"马楠以父亲马晓陆的名义申请省高院再审。

省高院对该案审理后认为:二审法官围绕当事人提供的证据依法查清涉案房产的真正权利人,但并未确定马辉对该老宅是否享有继承权,因此不属于超范围审理。

收到省高院驳回的再审申请通知书,马楠又以"当时办老宅登记证的时间,距今已28年,早已超过最长20年的诉讼时效"为由,申请市检察院进行民事监督。

检察官了解到:马晓陆一家居住的楼房列入城中村改建范畴,前些年购买的那套110平方米的房子可换两套新宅。按说,马晓陆一家人不缺住房,为何不能容忍马辉有个落脚之地呢?

马楠向检察官解释说:"前几年我去监狱服刑前,曾托付

堂兄马辉照顾好我父母，可是马辉经常带着几个小混混到我妈的小吃摊上找事，欺负我妈……我憋着一肚子气。"

可是，马辉这边却告诉检察官："马楠从监狱服刑回来变得与我们很陌生，这几年婚姻受挫……刚听说他们为了老宅将我告上法庭时，我曾找过马楠协商解决这件事，可他连谈话的机会都不给我。"

马辉懊悔地说："奶奶生前最疼我。她认为把房产证给我，老宅就是我的了……我们当时确实也疏忽了，哪怕是留下她生前一段相关的遗嘱录像，这场官司也就避免了。"

原告和被告都站在各自立场诉说着内心委屈，似乎都是对方的错。

检察官告诉马辉："刘梅花即便是将老宅通过遗嘱给你，你也只能继承她的部分财产，而不是整个老宅。"对此，马辉表示认同。

对于马楠认识上的误区，检察官是这样解释的：刘梅花去世后，马晓陆和其他五个兄弟因法定继承而成为老宅的共有人，该老宅不属于马晓陆的个人财产。事实上，老宅所有权一直处于共有状态，而请求法院确认老宅所有权，也就是物权请求权，不适用于诉讼时效。

三个月后，市检察院作出不予支持马楠的民事监督决定书。

检察官说法

排除妨碍是针对妨碍物权行使的行为或事实状态而采取的

一种保护措施。司法实践中，所发生的排除妨碍纠纷往往既涉及物权确认纠纷，也涉及返还原物等纠纷。本案马晓陆要求侄子马辉返还所占用的老宅，马晓陆必须是老宅所有权人，才可以行使该权利。事实上，马辉父亲及四个伯父也享有老宅的一部分所有权，故法院依法查明事实驳回马晓陆的请求是符合法律规定的。

✎ 本案启示

  1.购买房屋的付款收据、房产的赠与协议、遗嘱等都是合法取得不动产所有权的有效书证，而不能仅凭房产证上的名字确认房子的归属。

  2.分家协议涉及每个家庭成员利益，因此分家协议必须有全体家庭成员的签名。

  3.物权、排除妨碍等请求权不适用诉讼时效。

  4.遗嘱继承中，遗嘱人只能处分自己的财产，处分涉及家庭成员的共有财产是无效的。

8. 尘封的家庭"分单"再起波澜

子女结婚后与父母分家是家庭生活的常态。13年前,何家的一纸"分单"将全部房产和平地分给了两个儿子,现如今83岁高龄的何忠铭与两个儿子何刚、何亮的纷争不断升级。家庭"分单"等同于赠与合同吗?家庭"分单"可撤销吗?何忠铭为了撤销"分单",将两个儿子告上法庭。这起官司从县法院打到省高院,可是争议并没有停止……

临近拆迁,八旬老人心中打起小算盘

何忠铭16岁时痛失父亲,和母亲相依为命。22岁那年,他与在市床单厂工作的贾晓霞喜结姻缘。十几年间,三个女儿、两个儿子相继出生。大儿子何刚自幼肺病缠身,需长期吃药治疗,为此夫妻俩节衣缩食、省吃俭用。在宾馆做了多年临时工的何忠铭终于转为正式工,夫妻俩喜不自胜。可好景不长,因单位效益不好,何忠铭又成为市区第一波下岗职工。

幸而儿女们孝顺懂事，这让何忠铭心里得到很大安慰。长子何刚和小儿子何亮相继结婚后，一直和老两口挤在老宅中，那些年婆媳相处融洽，何忠铭夫妇含饴弄孙，幸福满满。过完七十大寿的老何和老伴宣布正式"退休"。"跟孩子们说好了，我和老伴把老宅留给两个儿子，我们老两口想在谁家住就在谁家住，两个儿子必须为我们二老腾出一间房……"

老宅的南屋及北屋归何刚，东屋及门前空地和临街西屋归何亮，何家人在"分单"上签名并按手印后。两兄弟先后投资几万元，重新翻建了老宅。

贾晓霞没享几年天伦之乐便因病去世，垂暮之年的何忠铭倍感孤苦伶仃。"起初何刚、何亮每月给我50元养老费，可是不到一年他们谁也不给我了。那天早上，俩儿媳为换锁的事情找我大吵大闹，何刚的媳妇还用拐杖把锅给砸了……"想起这些事，何忠铭便怨气满腹。

这年春节刚过，老宅所在区域被列入市政府城中村改造计划的消息在居民中传得沸沸扬扬。听说这次拆迁除一笔补偿费外，还按照1:1.3的比例换房，何忠铭有了新想法："如果两个儿子能各自让出20平方米老宅，我就能换一套小单元房……我名下有了房子即便日后子女不孝顺、不赡养我，我也能以房养老。"

何忠铭琢磨了好几天，才对儿子说出这个想法。可哪知刚开口就遭到何刚、何亮的反对："爸，您要房子干什么？换新房还没影儿呢，再说您都80多岁了，身边需要有人照顾……您跟着我们生活不挺好吗？"

何刚二兄弟不能满足老何的想法，其实有难处：何家老宅虽有四间房，可总面积不到130平方米，所以拆迁后最多换两套80余平方米的新房。这些年，何刚身体不好早已在家静心养病，而何亮前些年下岗后一直打零工维持生计，哥俩的经济条件都不是很好。

对簿法庭，分给儿子的老宅能要回吗

何忠铭年事虽高，可思维清晰。他一直在密切关注拆迁的动向。那天，在街上晒太阳的何忠铭，听说何刚、何亮拿着十几年前的"分单"到拆迁办办理了换置手续后很气愤："当年是我将这套老宅赠与两个儿子，现在这套老宅的房产证上登记的还是我的名字，我不想给两个儿子了，有权要回来。"

何忠铭找到拆迁办，可工作人员对他的要求不予理会。何忠铭一纸诉状将两个儿子告上法庭。何刚接到应诉通知书，答辩称："我和弟弟结婚后一直跟着父母生活……我们把青春和收入全部奉献给了这个大家庭。爸妈委托我舅舅栗海军主持分家，在三个姐妹的见证下，分家方案协商成功。这份家庭'分单'已十二年之久，不能说撤销就撤销。"

鉴于案情不复杂，法院采用简易程序审理该案。为慎重起见，法官还亲自实地查看何忠铭的居所，面对面倾听老人的苦衷。

何忠铭铁了心要把老宅要回来,法官尽管苦口婆心、数次劝说但最终无果。开庭这天,三女儿何丽作为代理人陪父亲坐在原告席上。

法庭调查时,何忠铭称:"两个儿子婚后一直跟着我们老两口生活,没交生活费。我前些时间因腰椎间盘突出住院手术,两个儿子不来看我也不支付医疗费。我病好后,轮到去二儿子家生活,可是给二儿媳打电话,她不接也不问……"

"我爸说的不是事实。我爸的医药费都是我们兄弟俩支付的。"何家兄弟拿出为父亲支付的医疗费凭证并辩称:"我们和父母一起生活的这些年,相处融洽。母亲病逝后,父亲在我们兄弟两家轮流居住,也从没有起过争执。这次因为拆迁没有答应他的要求,我们父子关系才恶化的。"

何亮的舅舅和大姐、二姐作为证人出庭还原了当年分家的场景,他们还通过事例证明何刚、何亮一直很孝顺。对于何家的"分单"内容,三个女儿均表示认可。

于是,该不该撤销家庭"分单"成为法庭争论的焦点,而双方均站在自己的角度,据理力争,互不相让。

休庭后,一审法院结合庭审查明的事实,讨论认为:何家"分单"是何忠铭夫妇将自己的老宅赠与何刚、何亮而达成的无偿赠与协议。该"分单"不违反法律规定和公共利益,合法有效。这老宅至今没办理房屋所有权变更登记,因此该房产未实际转移。依据法律规定,赠与人在财产所有权转移之前可以撤销赠与。原告何忠铭现无房屋可居住,其要求撤销赠与应予支持。因何忠铭妻子现已去世，何忠铭仅占50%涉案老宅所有权份额，故对何忠铭赠与的50%部分予以撤销。

法院依法宣判：撤销何忠铭赠与何刚、何亮老宅的四套房产的50%份额。

终审改判，何家"分单"不属于赠与协议

收到一审判决书，何忠铭露出满意的笑容。然而，何忠铭的好心情还没持续一周，他便从法院得知何刚、何亮上诉至市中院的消息。

何刚、何亮在长达四页的上诉书中，除不认同一审法院认定"分单"为赠与协议可撤销外，对原审法官来现场勘查时没有通知何刚二人到场也表示不满："原审认定我爸没有房子住不是事实。我爸和我们生活在60多平方米的房子里，他自己房间有十几平方米而且我们还给他建了独立厕所……"

对于何家的"分单"是否属于赠与合同，能不能撤销等问题，审理此案的合议庭成员在开庭查明事实后，也观点各异。为此，主审法官决定报请审判委员会讨论。

十几天后，主审法官结合审判委员会的讨论意见，指出何家"分单"不能认定为赠与合同的原因："何家'分单'的形式是，甲方为何刚、乙方为何亮，内容为何刚、何亮双方对何忠铭名下的房产分割情况协商一致；从证人出庭作证的情况看，何忠铭夫妇是按照风俗习惯找栗海军主持分家，'分单'

是通过协议的方式对家庭财产的分割。因此，何家的'分单'实质是家产的代际传承，不是一般民法关系中当事人之间财产所有权转移。"

何家签订十多年的"分单"能撤销吗？法官进一步解释道：家庭"分单"具有诺诚性、稳定性。内容包含财产分割、老人赡养等，该"分单"生效后对当事人产生约束力，具有不能反悔、不能任意撤销等特性。何忠铭在没有证据证明签订"分单"存在违法之处或损害公共利益时，应当遵照执行。另外，现在老宅已被何刚、何亮翻建，撤销"分单"显然不妥。

对于何忠铭提出的"无房可住"问题，法官指出，原告和被告可通过协商或法律途径解决赡养问题。市中院改判：撤销原判，驳回何忠铭的诉讼请求。

厘清是非，父子情深还能恢复吗

何忠铭不服，申请省高院再审。省高院审查后，认为：何忠铭申请再审理据不足。

然而，何家父子的交锋仍在持续。一个月后，何忠铭带着申诉材料，来到市检察院："我被'净身出户'住进养老院，这判决公平吗？两个儿子不管我，也不孝顺我……"何忠铭申请检察机关抗诉。

检察官调查了解到：何家老宅拆除后，何刚、何亮两家人先后搬进廉租房。何家兄弟都愿意与何忠铭共同生活，并多次前往养老院接何忠铭回家。何亮说:"起初,谁也劝不动我爸,后来干脆找不到他了。我爸一年更换了三家养老院,就是躲着我们哥俩……不管最后判决结果怎样,我和我哥都会为我爸养老送终。"

何忠铭为什么执意要房呢?在与检察官的交谈中,何忠铭透露出对两个儿子孝行的担忧,用他的话说"有套房子,我心里才踏实。将来看表现,哪个孩子最孝顺我就把这套房留给谁……"

归根到底,何忠铭还是打心底盼着子女们孝顺,或许他认为只有自己名下有套房产才能将晚年幸福的筹码握在自己手中。试问,老人拥有房产就一定能换来子女的真心孝顺吗?没有房产的老人,子女就一定不孝顺吗?何忠铭若能转变观念,对子女多些信任和宽容,不计较对错,也许矛盾就会迎刃而解;何刚、何亮若能站在老父亲的角度换位思考,体验老父亲的真实感受,双方心平气和地坐下来,敞开心扉好好谈一谈,也许就能达成解决家庭"分单"争议的共识。真心期待何忠铭走出法律误区,何家父子能够早日解开心结,重拾往日的父子情深。

市检察院审查后,作出不予支持民事监督决定书。

检察官说法

生活中,分家析产常常"剪不清,理还乱"。分家时要弄清家产的属性,属性的不同家产,法律效力也不一样。一般而言，家庭财产主要有两类：一类是家产均是父母自己的财产，父母将自己财物分给子女，这类分家涉及的财产具有"赠与"属性，可按照赠与合同相关法律解决争议。另一类是对家庭成员共有的家产进行分割，属于法律意义上的"分家析产"。这类财产主要有家庭成员共同出资购置的财物、长期共同使用的祖辈遗产等。需要注意的是，"分家析产"只能分割家庭成员共有的那部分财产，不能对属于家庭成员个人的财产进行分割。父母分家时如果没预留家产中本该属于自己的那部分，一般视为父母自愿放弃了财产归属。法律不会因为父母先前自愿放弃的行为，而日后再支持其主张索要财产的权利。

本案启示

1.家庭"分单"的传统民俗，是家庭成员在财产归属等方面的真实意思表示，对当事人产生约束力，具有法律效力，每个家庭成员都应当自觉遵守。

2.我们的社会群体和子女要加强对孤寡老人的关爱。政府应完善措施，营造孝顺、关爱老年人的氛围，让孤寡老人感受到社会的温暖。生活节奏快、工作压力大、奔波忙于生计等常常是一些子女无暇关爱父母的理由。事实上，父母和子女共处的时光很有限，子女多花一点时间陪伴他们，日后留下的遗憾和内疚就会少一点。

9. 父亲赠与女儿的房产该撤销吗？

自从女儿董丹把老伴接到身边定居后，陪伴董全永的便只剩下孤独寂寞了。这几年因种种误会，董丹孝顺的形象在父亲董全永的心中逐渐崩塌，他一心想要收回赠与女儿的房产。可是，签好的赠与合同反悔了就能撤销吗？签订赠与合同的当天，董丹就已将父亲赠与房产的土地证等材料交付给拆迁办，赠与老宅的产权发生转移了吗？董丹怀孕期间未照顾摔伤的父亲，算不算未尽赡养义务？面对世间最亲密的父女关系，法院该如何裁判呢？

老宅拆迁，老父亲把房产赠与女儿

独生女董丹天资聪颖，勤奋好学，高考时顺利地考上了一所重点大学，董全永夫妇为她骄傲不已。毕业后，董丹和大学同学万晓辉结束了恋爱长跑，婚期提上了日程。丹丹的婆家在外地，一想到女儿即将追随爱人到那边生活，老两口眼泪便无法控制。董丹出嫁那天，二老哭得一塌糊涂。

懂事的董丹婚后经常回娘家看望父母，这让老两口心里多了些慰藉。董全永从单位正式退休后，不愿赋闲在家，又在环保局找到一份运输垃圾的工作，每月工资3000多元。但董丹的母亲栗红因患脑梗死、高血压3级等多种慢性病，导致半身不遂，生活无法自理。董丹守候在病床前，细心照料母亲。母亲出院后，董丹又将她接到身边照料，这份孝行让街坊邻居赞不绝口。

几年后，董家的老宅被列入旧城改造区域。据董丹回忆："我爸说把这套老宅赠与我。我找来了见证人王霞，将一份写好的赠与合同递到我爸面前。他反复看了几遍后，签下了名字，还按下手印。"

当时，拆迁办工作赶进度，催要这些手续。董丹带着赠与合同和父亲交给自己的房产证、土地证等材料，来到了拆迁办。工作人员核实材料的真伪后，与董丹签下《补偿安置协议》。8天后，在铲车、拱土机的轰鸣声中董家的老宅化为一片废墟。董丹拿着10万余元拆迁补偿款和380多平方米的置换房协议感慨颇深，她发誓要好好孝敬、赡养自己的父母。

据董全永称，女儿回家后对领取补偿款一事只字不提，这让他寒心不已。3个月后，董丹要求父亲和她一起去公证处办理赠与老宅的公证手续。可是，不管她怎么做工作，董全永始终不同意。

董丹失望地回到了自己的家，自此父女间的情感出现了裂痕，误会也在逐渐加深。董全永说："有年春节正月初四，董丹的小姨邀请我和董丹去吃便饭，我因上班没有去。那天晚上，她小姨带着三个男人冲进我家，对我一顿漫骂和拳打脚踢……这肯定是董丹和她小姨说了我不少坏话才这样的。没过几个月，董丹和她爱人到我单位抢走了我的手机，还骂我……我忍无可忍就报了警。"

一日上午，董全永在垃圾站吊装垃圾箱时摔伤了左腿。董丹接到父亲的电话，赶紧坐高铁赶回去。她来到医院，得知父亲左腿股颈骨折术后长时间不能行走，便到环保局为父亲申请了 2.8 万元医疗费和 2000 元护工费。第 4 天，董丹把父亲这边的住院治疗费、护工费等问题解决好，考虑到要回家照料母亲和孩子，加上自己怀孕好几个月了，就买了张火车票，急匆匆地赶回了家。

"我床边一个亲人都没有，每顿饭吃的都是外卖……我把价值百万的老宅送给女儿了，难道她不该在我生病时伺候我吗？"女儿刚回来三天又走了，董全永的怨气更大了。在他看来，自己的晚年生活太悲催了，心灵的创伤还未抚平，身体的伤痛又来加把盐。

对簿法庭，赠与老宅的产权转移了吗

出院后，董全永一纸诉状将自己的女儿告上了法庭，他在诉状中写道："当时董丹告诉我，拆迁办需要一份委托书，她递过来一张纸让我签字,我看都没看便签下名字。几个月后,我才知道内容是将老宅赠与董丹所有,这份赠与合同不是我的真实意思。另外,我住院期间,董丹不尽赡养义务,对我不管不问,我要求依法撤销赠与合同。"

董丹做梦也没想到父亲会把自己告上法庭。接到法院送达的应诉通知书,董丹委屈得直抹眼泪:"当时签赠与合同时,老邻居王霞来作证明人的。我父亲是看清楚赠与合同内容,才签名的。父亲摔伤住院期间,我正好处在怀孕期,我妈和10岁的儿子也需要照顾……"

董丹向法院递交了赠与合同、次子出生证明、母亲住院病历等6份证据,证明自己所言属实。起初,法官接到这起案件后,鉴于父女间的特殊亲情,想把双方拉回协商的轨道上化解矛盾,但是董全永情绪激动,言语过激,没两句话就把协商的大门关上了。

法官最不想看到的父女法庭对峙的场面还是发生了。庭审当天上午,原告席坐着董全永,而对面被告席上正是他的女儿董丹。董全永罗列出女儿二宗罪状:一是董丹抢走其手机,还与丈夫一起谩骂和殴打他;二是在自己生病住院期间,董丹不管不问,也不来医院照顾他。

在法庭上,对于董全永指责董丹抢手机的主张,法官要求他出示相关证据,董全永却拿不出证据。董丹出示的次子出生证明,解释了当时无法照料父亲的缘由。可这并未消除董全永对女儿不在床前照顾自己的怨气。

本案赠与合同签订的时间距离一审开庭已有三年时间,董全永赠与女儿房产后,董丹到拆迁办办理了手续,老宅的所有权发生转移了吗?对此,董丹表示:"我当天将赠与合同、老宅的房产证、土地证等书证交付拆迁办,并以我自己的名字与拆迁办工作人员签订了《补偿安置协议》,置换到380平方米的房屋和补偿款。所以,原告赠与我的房产已经转移到我名下,否则我不能在《补偿安置协议》上签名,办理相关手续。"

董全永听后不停摇头反驳称:"老宅是我父亲董学德赠与我个人的财产,目前仍登记在他名下。老宅置换的380平方米回迁房尚未建成,谈不上赠与房产的权利转移,我依然享有撤销权。"

双方辩论异常激烈,庭审持续了3个多小时。在法庭审理最后陈述时,董全永仍要求撤销赠与合同。

法院终审,不符合撤销赠与条件

原告和被告签订的这份赠与合同是否成立、能否撤销?一审法官解释称:董全永与女儿董丹签订赠与合同,并将老宅房产证、土地证等交给董丹,该赠与合同成立。董丹将赠与合同、老宅房产证等材料交与拆迁办,并以自己的名义签下补偿安置协议。老宅随即被拆除,物权也随之消灭;拆迁办已补偿董丹损失费并与其签订《补偿安置协议》,这说明赠与的房产已经交付,房产已转移,且超过一年,故董全永的诉求不能成立。

法院判决，驳回董全永的诉讼请求。

董全永提起上诉。市中院依法组成合议庭后，公开审理了此案。主审法官结合查明的证据和事实，指出："董全永住院治疗期间，董丹已怀孕五六个月，她本人也需要他人照顾，更何况董丹还要照顾患病的母亲以及10岁大的儿子，所以董丹没有到医院陪护董全永是事出有因的，董丹当时的处境并非不可原谅，故原告的撤销理由不能成立。"

终审再次败诉后，董全永申请再审。省高院审查后认为：原审认定董全永已将涉案老宅财产权转移给董丹并无不当。收到驳回再审申请书的董全永，仍然执拗地认为原审认定错误，董丹应返还受赠的房产。他向市检察院递交申请抗诉材料。三个月后，市检察院作出不予支持董全永民事监督决定书。

检察官说法

撤销赠与合同分为任意撤销权和法定撤销权。行使任意撤销权的依据是《民法典》第658条，条件是赠与财产的所有权未发生转移。需要指出的是，任意撤销权不适用社会公益和道德义务性质的赠与和经过公证的赠与。本案中，董全永将老宅赠与女儿后，老宅被拆除，董丹与拆迁办签署《补偿安置协议》，领取了补偿款，事实上老宅的所有权已经发生转移，法院由此认定董全永丧失任意撤销权是符合法律规定的。法定撤销权是基于法定事由，由赠与人行使的撤销赠与的权利。《民法典》第663条对法定撤销权作了规定：受赠人有下列情形之一的，赠与人可以撤销赠与：（1）严重侵害赠与人或者赠与人近亲属的合法权益；（2）对赠与人有扶养义务而不履行；（3）不履行赠与合同约定的义务。赠与人的撤销权，自知道或者应当知道撤销事由之日起一年内行使。因此，只要具备上述事由，不论赠与合同是否经过公证证明，赠与的财产是否已交付，享有撤销权的人可以撤销赠与。本案中，董全永摔伤住院期间，恰巧女儿董丹怀孕在身，属于特殊情况，董全永却执意认为女儿故意不到医院伺候，以"不尽赡养义务"为由撤销赠与女儿的房产，与事实不相符，也有悖法律规定的初衷，其诉求也就无法得到法院支持。

希望董全永的女儿能够理解法官、检察官的良苦用心，设身处地站在父亲的角度多思考问题，多给父亲一些关爱，为父亲提供一个幸福的晚年生活。

本案启示

1.司法实践中，赠与往往发生在具有亲密关系或者血缘关系的人之间，办案检察官、法官作出裁决时，一般不会轻易撤销赠与合同。这是因为一旦撤销赠与合同，势必会在亲情上产生更大、更深的沟壑，造成的伤害是难以弥补的。

2.赠与他人贵重财物时，一定要三思而行、慎之又慎。双方在赠与合同上签字后，就会产生法律效力。而后若再反悔撤销合同，不但财物可能要不回来，双方的感情也会受损。

10. 拆迁补偿：被拆的亲情还能补上吗？

旧城改造改变了许多普通百姓的住房条件，旧房拆迁也拆富了很多人。吴家在市区拆迁中得到一笔不菲的补偿，本是可喜可贺的事情，可父子却因此对簿公堂。自建部分的房屋补偿款该谁享有？利益与亲情孰重孰轻？

儿子在福利房里居住30余年

吴凯共有五个儿女，均已大学毕业，有的成了公务员，有的当了技术骨干，有的经商做了老板，这是他人生最大的成功。

三儿子吴峰在市区一所中学任教。婚后，无房的他和爱人搬来搬去，居无定所。父亲吴凯看在眼里，急在心上。

吴凯在水利部门工作已30年，他多次向单位申请住房终于在这年夏季获批。吴凯将单位的福利房让给吴峰居住，平时自己仍吃住在单位，休假时返回百里外的老家与妻子团聚。每次看到老父亲长途奔波疲惫的身影，吴峰内心都隐隐作痛。

后来，吴凯办理了退休手续告老还乡，与老伴过着田园生活。吴峰一家三口一直住在父亲单位的福利房中，生活安稳。几年后，水利局按照当时的房改政策将福利房出售给职工。

"这间平房位于市中心经济繁华地段，最重要的是北边100米就是市重点高中，位置如此优越机会难得……"吴峰和父亲商量后决定买下来。

吴凯将毕生的精力全部奉献给水利事业，单位自然不会亏待他。吴峰用父亲的名字，花了几千元便将该房买下。

这间福利房的房产证显示仅有33平方米，可麻雀虽小价值极大：该房距离吴峰儿子就读学校近，节省了上学时间；与吴峰夫妇二人各自单位也不远，减轻了奔波劳苦。又过了几年，吴峰离职做生意，因缺少资金，便向银行贷款，但因缺少抵押物受到阻力。吴凯看儿子着急用钱，二话不说拿起笔在纸上写下《证明》："我名下的这套房子是我儿子吴峰所购买，本房由他继承。我同意将此房用作抵押，贷款3万元。"吴峰拿着有父亲签名和手印的《证明》，很快贷款成功，解了燃眉之急。

据水利局办公室主任王某回忆："当时，水利局家属院都是一排排平房，没有院墙。吴峰花了2000元购置新砖，又找来施工队在他住的平房院落盖了三大间房屋。"房屋由此扩大到110平方米，吴峰时常将父母接过来照料。父慈子孝，多么温馨的生活画面。然而，一场旧城改造的拆迁风波却让父子嫌隙墙高筑。

水利局家属院被市政府划入拆迁改建区域,拆迁办公布了钱款和置换两种拆迁补偿方式。吴峰和爱人粗略一算,发现不仅可置换一套122平方米的单元房,还可获得10万元的补偿费。

吴峰马上动身,回到老家与父母商量拆迁事宜。在吴峰劝说下,吴凯又写下了委托书:"我全权委托我三儿子吴峰处理水利局家属院登记在我名下的房产,授权范围包括:拆迁诉讼、房屋变更协调谈判等事宜。"吴峰凭借这份委托书,顺利地与开发商签订了房屋拆迁补偿协议。

父子法庭辩论,拆迁房该归谁

"30多平方米的小房子竟能换得120多平方米的新房还有10万元补偿款,天上竟掉下了馅饼!"当初吴峰只和吴凯夫妇说拆迁,但并未提及如此超值的补偿。吴凯和老伴商量后决定:"这些补偿款不能让三儿子一人独吞!"

吴凯夫妇多次做吴峰的思想工作,要求他分给其他兄弟姐妹一部分拆迁补偿款,吴峰夫妇坚决反对。

"你早就写了《证明》让我继承房产的,我跟开发商已经签订了协议,这些补偿理应都是我的,怎么能变卦呢?"

见吴峰如此贪心,吴凯气得当即翻了脸:"我让你代我处理拆迁事宜,可我没有将该房产赠送给你。那年,我给你写《证明》只是便于你办理贷款事宜,并不是真想把房子给你……即便《证明》上写明由你继承,可我仍健在,目前房产仍归我所有。我是水利局的离休干部享受福利房的优惠政策，单位是以成本价把房子卖给了我。所以，拆迁房置换的补偿金和新房都是我和你妈的，我们说给谁就给谁！"

见吴峰毫不妥协，吴凯夫妇不得已向法院递交了起诉状，请求判令吴峰依法变更补偿协议，并返还10万元补偿款。

接到法院送达的应诉通知书，吴峰答辩称："房产证虽是我父亲的名字，但实际是由我出资所购，我是拆迁房的实际所有人。我父亲不存在智力和视力障碍，具有民事行为能力，他在委托书上按手印、签名，说明其全部内容是他的真实意思表示。"

鉴于原告、被告之间特殊的父子关系，起初法官将双方拉到协商轨道上，予以调解。可是经过三轮"谈判"，吴凯的最低要求是吴峰拿出10万元补偿费，与吴峰最多只提供5万元相去甚远，调解以失败告终。

拆迁房到底该判给谁？庭审中吴凯称，自己的工资一直由三儿子吴峰代领，但从未交给自己。对此，吴峰予以否认，他声称每次代领后都如数给了父亲，可他无法向法庭提供任何证据，也没有提供出资购房的凭证。法官由此认为，水利局家属院的拆迁房应归吴凯和妻子共同所有。

一审宣判后，吴峰不服提起上诉。二审法院开庭审理后，认为吴峰没有提供主张的任何证据，遂作出维持原判的终审判决。

"这里原来都是一排排平房，我在水利局家属院住了30年。

出于安全考虑，经过水利局领导同意，我盖了南屋、东屋和院墙，院落的空地几乎全盖严了……除去父亲名下房产证上的30平方米，其余均是我自圈自建的房屋，占总拆迁补偿的73%，至少这些收益该归我所有。二审判决书也明确说'针对这部分自建面积可另行主张'。"终审判决生效后，吴峰始终无法释怀。

再次起诉归还自建房收益

此时吴凯已88岁高龄，身体状况欠佳。可是吴峰又向法院讨"说法"，请求判令将拆迁房中自建房面积的补偿款归自己所有。

吴峰把"刘然协助自建房屋的证明""水利局办公室原主任王某证言"等五份相关证据提交到法庭。

自建房屋的补偿费该给吴峰吗？法院庭审这天，吴凯和证人王某因身体原因没有出席。吴凯代理人亮明观点：一是水利局将住房出售给本单位职工，并办理了房产证，这间房屋前后的土地使用权一并出售，即空地归购房人吴凯所有；二是根据房随地走原则，即便院落的房屋是吴峰自建的，但是院落土地使用权归房产证上登记的是吴凯，所以院落自建房屋补偿费应归吴凯所有；三是吴凯名下的拆迁房二审法院已判决归属。根据"一事不再理"原则，应当驳回原告诉求。

吴峰反驳称："自建房屋补偿款不属于'一事不再理'。

二审判决书明确指出，对我增加自建建设的部分可另行主张。因为当时旧城改造，水利局家属院房屋的土地使用权证在单位，不存在房随地走的规定。我自建的部分是经水利局和被告吴凯同意的……被告应归还给我自建房屋73%的拆迁补偿收益。"

原告的诉由、被告代理人的辩解似乎都有道理，孰是孰非一时难辨。庭审结束后，合议庭成员为此展开热烈讨论。一审法院认为：吴峰诉请法院确认其在水利局家属院单元房拆迁房综合补偿73%权益的主张应予以支持。

吴凯不服，提起上诉。二审法院审理期间，吴凯因病去世，他的妻子刘红没有放弃诉讼。市中院开庭审理后，合议庭成员讨论认为：一审判决适用法律错误，应予纠正；前案判决水利局家属单元房归吴凯夫妇所有，该房拆迁产生的收益也归吴凯夫妇享有。吴峰起诉确认拆迁面积73%的权益归其所有，该诉求从实质上否定了前案生效判决结果，构成重复起诉，应予驳回。

吴峰输了官司，仍心有不甘。他向市检察院递交了申请民事抗诉书。三个月后，市检察院作出不予支持吴峰民事监督决定书。

检察官说法

自建房通俗地说是在国有或集体所有的土地上（一般是在原始房屋周围），原住房人自己或雇用他人扩建施工而建造的房屋。自建房是农村居民建造房屋居住的补充方式，有的城镇居民也在购买房产后，通过自建房，满足自己的生活居住需求。拆迁中，自建房屋能否获得补偿需要根据土地性质、原始房屋使用权证、自建房建造时间、是否有建房手续等因素进行评判，并不是所有的自建房都应给予拆迁补偿。本案中，吴家购买福利房后又自建房屋，该自建部分经过原单位领导同意，拆迁政策给予一定比例的经济补偿，无疑保护了所有权人的自身权益，但吴氏父子为此闹上法庭确属不该。

古人云：人之行，莫大于孝，孝莫大于严父。《民法典》将弘扬社会主义核心价值观作为立法宗旨，引导我们普通公民积极向善、向上。检察官希望吴峰静下心来想想：没有父亲多年的支持，自己一家能在福利房住上30余年吗？鸟有反哺之情，羊有跪乳之恩，何况人乎？处理与父母之间的纠葛，不妨抱着感恩之情，再难的问题也会迎刃而解。

本案启示

1.涉及血缘亲情的民事纠纷，尤其是家庭成员之间发生的矛盾，尽量不要闹到法院去理论是非。很多时候，为了争个高下，父子、兄弟等亲人之间在法庭上唇枪舌剑，无论胜负，亲情的裂痕都将无法愈合，希望广大读者吸取本案教训。

2.拆迁时，自建房能否赔偿要根据当时的政策和自建房属性情况认定。违法建造的自建房在拆迁时是不能获得补偿的。

11. 婚前"赠送"的百万购房款缘何被撤销？

为拴牢婚姻，贾莹在男友王泓求婚时提出：购买了一套新房且登记在她名下。王泓为能和心上人牵手，将200多万元购房款以"借款"方式转入贾莹弟弟贾涛的账户，贾莹使用该"借款"与开发商签下《商品房买卖合同》。然而，二人举行完婚礼仪式，一起生活半年多，感情却触上礁石。如今分手了，还能要回200多万元的购房款吗？王泓申请撤销贾涛无偿给姐姐使用的购房款，法院该支持他的诉求吗？

恋爱甜蜜期，索要百万房产给婚姻上保险

一年9月，时年36岁的贾莹经人介绍和王泓相识。王泓是一家侨贸服务公司的老板，曾有短暂婚史。他身材高大、气质出众、谈吐非凡，一见面就捕获了贾莹的芳心。贾莹在一家医院做护士，她娇美的容颜也深深吸引着王泓。此后王泓对她展开疯狂攻势，二人很快坠入爱河。

10个月的时光转瞬而逝。一天晚上,王泓手持鲜花,在一家影院门口单膝跪地,含情脉脉地向贾莹求婚。此时的贾莹脸颊羞红,内心狂跳。这可是她期盼已久的幸福时刻呀!这些日子,王泓爱她、宠她,足以托付终身。可她内心还是隐隐有些担忧:王泓各方面都很优秀,但听说是"花心萝卜"。这几个月对我虽情有独钟,几年后他喜新厌旧怎么办?贾莹含笑拒绝了。

贾莹回到家,跟家人说起此事。父母也怕王泓欺骗女儿感情,本想再考验一段时期,但看到女儿真的很爱王泓,况且女儿是要"奔四"的人了,不能再拖了。于是,一家人商议好,向王泓要套房产作为保障。十几天后,面对王泓的再次求婚,贾莹提出"须在市区购买一套130平方米以上楼房且装修好、登记在我的名下"的要求。

王泓家里资产千万,还有两套房产且面积均是100多平方米,但是贾莹不想住旧房。他思索再三,觉得自己实力雄厚,买套新房给自己心仪的人一起生活也是人生最大的幸福,值得。第二天,这对情侣来到市区繁华地段的一家售楼部选房。在诸多户型和楼层中,贾莹和王泓极为满意那套138平方米、总价226万元的电梯房。

三天后,王泓凑足购房款,心里萌生在房产证上加上自己名字的想法。于是,他用商量的口吻征求女友意见。结果贾莹秒速回绝:"当然不行!"王泓转念一想,这套新房反正是婚后一起住,就默许了。第二天上午,王泓来到售楼部交付5万元的购房定金后,贾莹没让王泓继续支付剩余的221万元。其实,她心里有自己的"小算盘":"如果房款收据上是王泓的名字,日后王泓反悔了,这个收据就是他的购房凭证,送我的新房还可能归他……必须保证房产证上是我的名字,购房款也是我本人出资,这样新房就是我的个人婚前财产。"

贾莹和王泓商量,让王泓将221万元购房款转入她弟弟贾涛的银行账户,而后由她去交这笔购房款。王泓听后不悦,但又拗不过贾莹,便要求说:"那让贾涛给我打个借条吧!"

在贾莹看来,借条只是形式,何况借条上的钱是赠与的购房款不用还,"这笔购房款是我交的,收据上是我的名字就行"。于是,王泓将221万元打进弟弟贾涛的银行账户。贾涛刚收到这笔钱,便接到姐姐的电话"这钱是他给我的购房款,你跟王泓写张借条……不用你还这笔钱"。

贾涛按姐姐"指示"将写有"今借王泓人民币221万元"的借条交给了王泓。贾莹拿着弟弟的银行卡来到售楼部,缴纳了剩余房款,并与开发商签下《商品房买卖合同》。贾莹得偿所愿,愉快地跟王泓商量起结婚事宜。

无财产可执行,还能要回购房款吗

隆重的婚礼仪式后,贾莹多次要去民政部门领证,每次都被王泓推托搪塞。日子久了,生活中的鸡零狗碎总成为二人爆吵的导火索。半年后,二人的感情在一次次冷战和拳打脚踢中消磨殆尽。王泓提出了分手。

没有孩子，其他财物也好分，二人对这套200多万元的新房归属吵得不可开交。贾莹宣称，购房合同及房产证上都是她自己的名字，新房理所应当归她。对此，王泓真的拿不出证据证明新房是他的。王泓以"贾莹和贾涛向其借款221万元不偿还"为由向法院递交了起诉状。

"涉案房产是王泓为了和我结婚、达到同居目的，赠与我的。王泓打到我弟弟账户中的钱实际是给我购房用的，这不是借款不应由我和贾涛归还。"庭审时，贾莹的辩解在王泓出示的借条下显得苍白无力。法院经审理后认为，王泓与贾涛之间的借款关系成立，遂判决贾涛归还王泓借款221万元及利息。

然而判决生效后，贾涛却没有归还借款的行动。王泓申请强制执行后，法院以"暂未发现贾涛有其他可供执行的财产"，终结了此次执行程序。

"如果贾涛的名下一辈子没有可供执行的财产，我的221万元不就打了水漂吗？"王泓愤愤不平。而后，他在《民法典》中找到解决问题的思路："贾涛没偿付能力，却把我借给他的钱给贾莹购买房产，牺牲我的利益，符合债权人行使撤销权规定。"

接着，王泓再次向法院递交了一份新诉状，请求法院判令撤销贾涛把221万元借款赠与贾莹购房使用。

贾莹闻讯男友诉求后，在答辩状中写道："结婚仪式前十天，王泓和我一起选房，他知晓打进贾涛账户的钱被我用作支付剩余的房款……这221万元是王泓赠与我房产的购房款……

我弟弟根本没有赠与我221万元的意思表示。认定我弟弟贾涛向王泓借款221万元购买新房给我，明显不符合习俗常理！事实是王泓厌倦和我一起生活，找各种理由拒绝办理结婚登记……现在他反悔，才虚构事实提起诉讼。"

庭审时，贾莹向法庭递交了微信证据，证明王泓曾要求在房产证上增加他的名字被拒绝的内容。一审法院经审理后认为：王泓与贾莹之间存在婚约。王泓已通过诉讼方式向贾涛主张债权，一审法院曾作出生效判决，确认王泓对贾涛享有债权。王泓现在又以贾涛无偿转给贾莹购房款，损害其债权为由提起债权人撤销之诉，显然与王泓曾向一审法院主张的贾莹向王泓借款购房后"按要求将221万元打入贾涛账户"的陈述自相矛盾。因此，王泓的主张违背诚实信用原则，其主张不予支持。

终审改判，弟弟无偿处分百万房款被撤销

法院宣判后，王泓不服提起上诉。二审法院审理期间，在法官的耐心劝说下，王泓与贾莹同意和解。然而，王泓提出的损失费数额贾莹不满意，和解以失败告终。开庭这天，贾涛没有在法庭上现身。法官将本案的争议焦点归纳为：贾涛是否存在向贾莹无偿处分财产221万元的事实；该行为是否应予撤销。

审判庭内，曾经如胶似漆的情侣，如今却怒目而视。贾莹

说到激动处，多次声泪俱下。因无新证据向法庭提供，其辩解221万元购房款系王泓赠与，再次未被法院采信。主审法官结合事实和现有的证据认为：221万元通过出具借条确认系贾涛向王泓的借款，该款项实际用于贾莹购房，贾涛和贾莹并未提供证据证明，贾莹从贾涛处取得该款项时支付了对价，所以贾涛的该行为实质上属于无偿处分财产的行为，损害了王泓的债权实现，王泓有权行使债权人撤销权，贾涛无偿处分财产的行为应予撤销。撤销后，贾莹应将221万元返还给贾涛。

王泓在向法院申请强制执行贾涛的财产而未得到清偿后，再以贾涛无偿处分财产损害其债权提起撤销权之诉，两种救济权利相互冲突吗？二审法院认为，本案王泓出借款项时，知晓贾涛的借款用途系为贾莹购房，但无证据证明王泓彼时即知晓贾涛的该行为会损害其债权的实现，故不能据此认定王泓放弃了行使债权人撤销权的权利。因而一审法院判决驳回王泓的诉讼请求，缺乏法律依据，应予纠正。

二审法院作出终审判决：撤销贾涛向贾莹无偿转让221万元的行为。如今，终审判决已生效，这预示着王泓将拿回221万元购房款，而贾莹想用男友百万房产弥补自己的青春损失终以惨败收场。

检察官说法

"婚约财产"通常是指男女双方为缔结婚姻关系，基于结婚目的而给予或交换的财物。本案中，王泓订婚前同意赠送贾莹一套新房,并将221万元购房款打入贾莹弟弟的账户。贾莹误以为这笔赠与购房款等同于"不用还"的借款,结果为日后埋下纠纷隐患。贾莹败诉的主要原因有两个方面:一是没有签订书面的赠与合同,赠送贵重财物双方当事人应当签订书面赠与合同。二是没有登记结婚。以结婚为条件赠与的财物,若最终未登记结婚,一方可要求返还。本案中,贾莹和王泓并未领取结婚证,何况王泓手中持有贾涛的借条,这笔购房款是贾涛转给贾莹使用,购房款已失去赠与的特性,贾莹自然要归还221万元购房款。

《民法典》第538条规定:"债务人以放弃其债权、放弃债权担保、无偿转让财产等方式无偿处分财产权益,或者恶意延长其到期债权的履行期限,影响债权人的债权实现的,债权人可以请求人民法院撤销债务人的行为。"撤销债权转让的目的是恢复债务人的财产状况,从而更好地维护债权人的合法权益。本案中,债务人贾涛无偿将债权人王泓的221万元借款转让给姐姐贾莹使用,影响了王泓的权益。王泓通过行使撤销权,使221万元购房款回归到债务人贾涛的财产范畴,从而保障自己的利益不受损害。

本案启示

1.男女双方在一起生活,但没有到民政部门办理结婚登记手续,即便按照习俗举办了婚礼,也属于非法同居,而不是法律规定的夫妻关系,不受法律保护。

2.王泓运用《民法典》第538条规定维护自身权益,其做法值得借鉴:当债务人名下无财产可执行时,作为债权人要善于发现债务人是否存在无偿转让财产或者到期债权的情形,从而大胆使用债权人撤销权,保护好自身的权益。

二、权益维护

风险往往源于微小的疏忽。
无论经营者、投资人还是普通群众,
都需要极力提升自身风险预判能力。

1. 存款被冒领，银行缘何担全责？

谷宏生家中失窃，盗贼偷走了谷宏生的身份证、户口簿、存折等物品。随后，盗贼使用假身份证谎称与谷宏生是亲戚关系将8万元存款从银行悉数取走。那么，存折、银行卡被盗后，储户若未能及时发觉而到银行挂失，由此造成的损失该由谁"买单"？法院判决银行赔偿谷宏生的全部损失，银行"冤枉"吗？

家中被盗：活期存折不翼而飞

一日上午，谷宏生从外地出差回到家。他站在门前，掏出钥匙开门时，感到不对劲儿。每次出门前他都是反锁两圈防盗门，可是这天转动钥匙半圈便打开了门。映入眼前的一幕更让他吃惊不已：地板上洒落着碎纸、包装袋，客厅茶几上的香烟也不见了……他赶忙到卧室查看衣柜抽屉里的贵重证件。此刻，带锁的抽屉已被人撬开，存折、银行卡、身份证、户口簿不翼而飞，衣柜里整齐的衣物也被人翻得乱七八糟……

是谁偷走了我的存折？谷宏生的脑海中闪现出前女友蒋娜的模样。前些日子，蒋娜为彩礼的事将自己告上了法院，二人关系已降到冰点。他越想越怀疑是蒋娜所为，可没有证据，谁能信他的主观臆断？犹豫片刻，他决定先到银行查看存款是否被人取走。

闻讯储户的存折被盗，银行的大堂经理也很着急。她马上安排工作人员为谷宏生办理挂失手续，可还是晚了一步。工作人员查询到：两天前，一个自称王强的男子取走了他的8万元存款。"我从未让人替我取钱……你们怎么让他取走我的存款的？"谷宏生怒火中烧，顾不上和银行理论，便急匆匆赶到公安局报了案。

入室盗窃属于辖区大案！公安机关高度重视，立即成立了专案组。一组侦查员赶到谷宏生家中勘验现场。拍照、寻找作案指纹……可喜的是侦查员在卧室的地板上发现了犯罪嫌疑人留下的脚印。另一组侦查员来到银行走访，询问目击证人并调取了事发时的监控录像。经过一番图像、指纹对比后，专案组很快将犯罪嫌疑人蒋娜、许某、曹某抓获归案。

盗贼是如何从银行取走谷宏生存款的？据许某在公安机关供述："曹某让我隐瞒身份，拿着偷来的谷宏生身份证到银行柜台支取这笔存款。第一次在银行取这笔钱时，因工作人员索要我本人的身份证，我不敢提供而取款失败……"而后，许某拿着一张假身份证换了家银行取款。这家银行工作人员接过名为"王强"的身份证,盯着许某看了几秒,心虚的许某看着工作人员疑虑的表情做好了再次取款失败的准备,可片刻后银行工作人员放下身证,许某耳边传来"请输入您的密码"的语音提示。许某故作镇定地伸出食指,轻轻在键盘上按下六位数字,顺利取走了谷宏生的8万元存款。

公安机关调查显示:蒋娜与谷宏生发生彩礼纠纷后,便指使许某、曹某到谷宏生家里实施盗窃。许某等人窃得存折、香烟等财物,合计8.0126万元(包括谷宏生的存款8万元和七盒香烟126元)。许某将赃款分给蒋娜、曹某各2.3万元。曹某使用分来的6000元赃款,购得一辆电动三轮车。案发后,公安机关将扣押许某的1万元赃款及曹某购得的电动三轮车,退还给被害人谷宏生。

法庭交锋:存款被冒领谁之错

这起入室盗窃案经过检察院公诉、法院公开开庭审理后,谷宏生收到了一份刑事判决书。蒋娜、曹某、许某分别获刑,判决书责令蒋娜等三人退赔谷宏生6.4万元。坏人得到了应有的惩罚,可谷宏生仍闷闷不乐:"这三名案犯已把我的存款挥霍一空,如今他们无任何可执行的财产……这份生效判决书等同一纸不知何时兑现的债券。"

谷宏生冷静后,对此事进行了深入分析:"我把8万元存进银行,如今没有赚到利息还损失6万多元本金,是银行没尽到审查职责。因为他们工作上的纰漏,才致使我损失存款的。"想及此,他撰写出两页起诉状,把银行告上法院,要求判令银行赔偿自己的损失。

随后,谷宏生又聘请律师开启了诉讼之路。一审庭审中,围绕法官归纳的争议焦点,谷宏生的律师指出:谷宏生的财产损失是银行侵权行为造成的,这是一起财产损害赔偿纠纷。《商业银行法》第6条规定,商业银行应当保障存款人的合法权益不受任何单位和个人的侵犯。谷宏生在这家银行存款后,被告作为商业银行有义务保障谷宏生的存折内存款的安全。现在储户的存款被人冒领,按规定银行应赔偿储户的损失。

银行的代理人反驳称:谷宏生的存折、身份证被盗说明他对自己的贵重物品未尽妥善保管义务;冒领人能准确输入存折密码,说明谷宏生将密码泄露给他人;存款被取走的时间与存折挂失时间间隔两天,是谷宏生为冒领人提供了便利条件……原告谷宏生存在过错,应承担相应的责任。

对此,谷宏生的律师辩称:"谷宏生将存折放在自家抽屉中锁好,尽到了保管义务。没有证据证明是谷宏生泄露了存折密码……这笔存款被冒领系银行员工未尽审查义务造成的。银行侵害了储户权益就需要承担全部赔偿责任。"

质证环节,银行代理人当庭出示了谷宏生挂失存折的证据,证明其存款被他人冒领,两天后才挂失,认为谷宏生存在挂失不及时的过错。

庭审最后,谷宏生坚持要求银行赔偿自己的全部损失。而银行提出："就是赔偿他的损失也应待到蒋娜等三名案犯完全退赔后，再确定银行的赔偿数额。"双方为此争执不休，互不退让，最终也未形成解决方案。

厘清是非：银行赔偿储户损失

庭审结束后，一审法院合议庭成员经过讨论，统一了观点：谷宏生要求银行赔偿存款损失的诉求符合法律规定，应予支持。谷宏生在银行存款后，被告作为商业银行有义务保障原告谷宏生的存款安全。经审查，谷宏生存折内的存款是被许某以虚假的姓名在银行柜台处支取。许某获取存折密码的方式有多种可能，现无证据证明原告谷宏生将自己的存折密码泄露给他人；谷宏生发现存折被盗后第一时间到银行挂失，不存在挂失延迟行为；被告银行在取款人与存储人姓名不一致的情况下未尽到安全审核义务，致使存储人存款损失，应承担全部赔偿责任；被告银行在赔偿谷宏生全部损失后，可向蒋娜等三名案犯追偿。

让银行先行赔偿储户的存款损失合理吗？主审法官是这样解释的：本案属于民事财产损害纠纷，与刑事案件分属两种不同的法律关系。刑事判决退赔被害人损失，不妨碍民事判决对赔偿损失范围的认定。如果本案等待刑事案件的案犯退赔后再行审理，将由无过错的储户承担在此期间的风险和损失，有失公允。

一审法院作出判决：被告银行赔偿原告谷宏生直接损失6.4万元（扣除退赔1万元和6000元购买的电动三轮车）；被告银行赔偿原告谷宏生间接损失，即自存款被冒领之日起至第一项判决履行之日止的利息（利息以本金8万元，年利率1.1%计算）；被告银行在第一项判决履行后，享有对许某、曹某、蒋娜总额为6.4万元的追偿权。

接到这份判决书，谷宏生得偿所愿，而被告银行却不服裁判结果，递交了上诉状。二审期间，银行未提交新的证据。二审法院开庭审理后认为：未严格审查取款人的身份证，存在明显过错，故一审判决并无不当。

二审法院作出终审判决：驳回上诉，维持原判。

检察官说法

近几年来，因银行卡和密码等交易资料保管不善，导致存款被他人冒领的案件屡屡发生。受害人在向公安机关报案的同时一般会选择起诉银行要求赔偿。在储户和银行之间形成的此类诉讼中，当事人往往相互指责对方的过失，忽略自身的过错。要界定银行与储户之间的过错，首先应当区分银行与储户在储蓄存款合同中的权利和义务。在储蓄存款合同中，储户负有妥善保管自己银行卡、身份证、密码等义务，银行则负有保护储户的存款安全的义务。

事实上，银行作为专业的金融机构，相对而言更能控制和避免交易过程中的风险。不论储户自身有无过错，银行仍有最后的风险防范机会,即银行可以通过规范操作来防止包括储户自行泄密在内的损害危险发生,这也是银行为保障储户存款安全而应尽到的合同附随义务。

本案中,冒领存款造成储户的损失由银行先行赔偿,这份判决书可谓正能量满满。可圈可点的亮点有两个方面:一是责任划分清晰。在储户不知晓的情况下,存折被盗,银行未核实冒领人提供的身份证真实信息,造成储户存款损失,银行负有直接责任。二是赔偿对象明确。储户存款损失是盗贼从银行冒领存款的行为所致,也与银行失职失责紧密相关。在盗贼无法全部退赔储户损失的情况下,法院判决存在过错的银行先承担赔偿责任,避免了银行与三名案犯之间相互推诿,保障了储户的合法利益,节约了司法成本,值得点赞。

本案启示

1.银行对客户存款负有安全保障义务,该义务既是其合同义务,也是法定义务。

2.要避免类似的案件发生,银行内部需要加强客户的取款业务审查力度。支取存款时,若取款人不是储户本人,一定要认真核实取款人提供的身份证信息,谨慎对待。难以确定取款人真假时,不妨给储户打个电话核实一下取款是不是储户的真实授意。很多时候,一个看似不起眼的细节,往往能排除诸多隐患。

2. 天花板遭漏水之殃该由谁赔？

20世纪90年代前建成的一些小区，在经历了30余年的风雨洗礼后，排水管道早已老化生锈，有的甚至出现漏水现象。魏大妈家卫生间门槛以外的区域，因无防水层而渗水，造成楼下邻居家的天花板多处损坏，这部分损失该由谁赔偿？魏大妈始终认为，这是卫生间内公共雨水管（注：也称铸铁管）漏水所致，应由物业公司承担赔偿责任。然而，一场场官司打下来，魏大妈却始终败诉。

楼上渗水，楼下遭殃

现年79周岁的魏大妈居住的某小区是20世纪90年代单位建造的集资房。当时她还未退休，考虑到家里的经济状况，仅选购了一套均价最低、位于顶层位置的601室。魏大妈在这套两室一厅仅50平方米的单元房内，生活了近30年。现在，房屋四面墙壁已渐渐发黑，老式的家具已破损。魏大妈岁数大了，由于行动不便,便时常在女儿家居住。

2年前,楼下501室的王大姐因漏水找到魏大妈:"我家客厅东侧的天花板被你家渗下的水浸泡,现已导致多处墙皮脱落,露出水泥色……滴水多的地方,我怕损坏家具,在家具表面铺了层塑料薄膜。"魏大妈听后予以否认:"我家出了名的节俭,平时很少用水。况且这几年我很少在这里居住,一定是你家房子的问题。"

起初,王大姐对魏大妈的话将信将疑。她找来维修工对自家的排水管道、暖气片等所有可能漏水的隐患逐一排查,均没有发现问题。王大姐很是苦恼。她用手机拍下天花板受损的照片,发在微信朋友圈吐槽一番:我家成了"水帘洞",却找不到漏水原因。

诸多好友看过王大姐的照片后,纷纷回复:"这是楼上邻居家漏水造成的,应找楼上赔偿。"王大姐心想自家排查没问题,笃定是楼上漏水所致。她又多次找魏大妈沟通此事,可每次都不欢而散,两家的关系反而变得剑拔弩张。

一年春节过后,王大姐将魏大妈告上法庭,请求判令其赔偿漏水造成的各类损失1.5万元。一审法院立案后,依法组成了合议庭。因为不能确定漏水的位置,也不知道天花板维修费用的具体数额,所以王大姐在律师的建议下,委托法院提供多家有资质的鉴定机构,通过摇号随机选取一家鉴定机构,查明漏水原因、评估损失。

一周后,两名鉴定人员带着仪器来到漏水现场。鉴定人员看到601室卫生间不足5平方米，空间狭小，地面还凹凸不平，确认"存在流水不畅现象"；使用设备对卫生间的雨水管道检测后，鉴定人员发现管外壁有渗水现象。为了查明601室卫生间是否存在漏水问题，检测人员专门进行了蓄水试验。结果表明，卫生间设有防水层，没有出现漏水现象。他们进一步勘查发现"卫生间一侧的走道墙体踢脚线部位存在受水泛碱现象"。

鉴定人员又来到501室卫生间进行检测，没有发现异常。随后，鉴定人员对受损的天花板多处部位进行拍照、录像并提取相关碎片，又对楼顶排水设施进行检测。

漏水责任认定惹争议

两周后，鉴定机构出具了鉴定报告：漏水原因为601室卫生间地面排水不畅并有存水现象。501室渗漏受损部位主要对应于601室卫生间门槛部位，且601室卫生间一侧的走道墙体踢脚线部位存在受水泛碱现象，说明601室出现偶然性卫生间内水漫过门槛现象（卫生间内水来源无法确定），而水透过外侧走道无防水层地面通过楼板渗透导致501室出现漏水现象。对于501室损坏天花板恢复原状的维修费用，经评估市场价为5180元。

一审法院开庭审理了此案。在法庭辩论环节，针对原告王大姐要求赔偿损失的诉求，被告魏大妈辩称："漏水原因并非我家使用房屋所致。我家房屋长期空置。卫生间的积水是因为楼顶排水管常年未清洗，致使排水管堵塞，水流淤积所致……物业公司在安全防范和雨水管道养护方面未尽责，存在管理疏漏等问题。物业公司是侵权主体，对漏水造成的损失应承担责任。"

魏大妈没有对自己的辩解提供相关证据佐证，遭到原告王大姐反驳："鉴定人员曾对我们楼顶处排水设施进行检测，没有发现异常。如果排水管道堵塞，现场应有相应的迹象，鉴定人员也能够通过设备检测出来。鉴定报告结论显示，是601室卫生间内的水漫过门槛，流到无防水层的地面从而渗透到楼下我家，造成天花板损坏的。"

庭审中，双方争论异常激烈。魏大妈要求追加小区的物业公司为被告，但没有得到合议庭准许。休庭后，一审合议庭结合庭审情况讨论认为：鉴定机构出具的报告结论可以确定501室漏水的原因系魏大妈名下的601室所致。魏大妈作为601室业主，理应尽到房屋安全检查义务，现因其自身管理不善，导致漏水，应当对漏水所造成的损失承担赔偿责任。

一审法院作出判决：魏大妈赔偿原告房屋漏水造成的财产损失5180元。宣判后，魏大妈不服，提出上诉。她在上诉状中写道："一审法院仅因我家出现过受水泛碱现象，就认定楼下501室漏水系601室所致，这属于认定事实错误。公共雨水管道渗漏水才是501室受损的根本原因。渗水的雨水管属于公共管道，物业公司对其负有管理义务，一审中我已申请追加物业公司为被告，一审法院未予以追加，系遗漏必要诉讼当事人，请二审法院发回重审或改判。"

辨析责任定纷争

二审期间,双方当事人均未提交新的证据。王大姐向二审法院递交了答辩意见书,亮明自己的观点:"601室卫生间雨水管沿管壁渗水,流出的水实际非常少,而且卫生间有防水层很难渗到我家。肯定是楼上居家用水所致,因此原审判决正确。"

魏大妈为证明601房屋至今无人居住,申请法官调取601室出租、用水、用电等证据。主审法官拒绝了她的请求并解释不予支持调取证据的原因:其申请调取的证据系自身房屋相关记录,不属于法律规定"因客观原因不能自行收集的证据";此外,601室房屋是否有人居住,不能阻却魏大妈对其房屋的管理维护义务,也不能证明漏水系由雨水管渗漏水造成的,其申请调取的证据并非审理案件所需要的证据。

魏大妈主张追加物业公司为诉讼当事人的上诉理由也被市中院驳回。主审法官解释说:"601室的雨水管虽系公共管道,鉴定机构和魏大妈均无法证明501室的漏水系由该雨水管渗漏所造成,因而不能排除其他水源造成漏水的可能。因为现有证据不足以证明物业公司系该案侵权责任人,故物业公司非本案必要诉讼当事人,魏大妈与物业公司的纠纷可另行处理。"

究竟谁是导致501室天花板被水浸泡的始作俑者?二审合议庭围绕魏大妈的上诉理由及现有证据进一步讨论,统一了认识:通过鉴定报告可知601室卫生间本身存在排水不畅的问题,加之该卫生间曾出现水漫过卫生间门槛的情况，水透过卫生间外侧走道无防水层地面渗透而导致501室出现漏水现象。鉴定机构考虑到601室卫生间内的雨水管存在渗漏水的情况下，仍不能确定漫过卫生间门槛水的来源，即不能断定漏水系雨水管渗漏水造成的，故本院无法确定601室漏水系雨水管道渗漏所致。魏大妈作为601室房屋的管理人，在该卫生间地面排水不畅的情况下，明知雨水管存在渗漏，仍未尽到房屋管理维护义务，导致501室房屋受损。因此，魏大妈应对漏水造成的损失承担赔偿责任。

市中院依法作出终审判决："驳回上诉，维持原判。"

检察官说法

《民法典》第1167条规定："侵权行为危及他人人身、财产安全的，被侵权人有权请求侵权人承担停止侵害、排除妨碍、消除危险等侵权责任。"本案中，被侵权的501室王大姐可据此规定要求601室停止侵权行为，赔偿损失。

《民法典》第942条第1款规定："物业服务人应当按照约定和物业的使用性质，妥善维修、养护、清洁、绿化和经营管理物业服务区域内的业主共有部分，维护物业服务区域内的基本秩序，采取合理措施保护业主的人身、财产安全。"由此可见，物业公司在对公共管道维修、疏通、养护等方面存在失职、失责行为而造成业主损失时，才承担相应的赔偿责任。虽然本案中存在公共雨水管道沿管壁渗水现象，但鉴定报告不能确定是雨水管道渗水造成楼下501室天花板受损，毕竟601室存在多种漏水可能性，如暴雨没有关窗户、接水忘关水龙头、洗衣服不注意等。因而，法官依据过错责任原则，作出由魏大妈赔偿损失的判决也就在法理、情理之中了。

《民法典》规定因过错造成公民身体、财产损害的，应承担相应的赔偿责任。因此，不管是物业还是居民，谁的行为造成了其他住户的财产、人身损害，就需要承担赔偿责任。本案中，虽然公共的雨水管道沿管壁渗水现象不是造成501室天花板受损的原因，但是如果物业公司视而不见，不及时修复，任其继续发展，日后也是要承担相应赔偿责任的。

本案启示

1.日常生活中，邻里之间经常会因住所的漏水问题引发矛盾，若双方处理不好，很容易激化矛盾。本案中，原告通过法律渠道，申请法院委托有资质的司法机构进行鉴定的方式寻找漏水原因，从而解决了赔偿问题，具有一定的借鉴意义。

2.楼上住户做好防漏水工作是减少、避免此类纠纷的关键。比如，（1）有条件的住户在装修时，做好客厅等地面防水层，增加防水性能，尽量从源头上避免漏水问题；（2）定期检查水龙头、各种管道、马桶等用水设施，发现问题及时修复或更换；（3）准备长期出门时，注意关好门窗，关闭用水设施的总阀门，避免意外发生。

3. 误购查封房能获得所有权吗？

误购法院查封的房子适用善意取得吗？4年前，卢利骅将400万元积蓄借给神牛公司。债务到期后神牛公司使用两套商铺兑换卢利骅的400万元及剩余利息。谁知，签订购房合同、缴纳房款后，卢利骅发现换购的两套商铺系法院查封的房屋。于是烦恼不请自来。经历了一场又一场官司，已到手的商铺能成为卢利骅名下的合法财产吗？

债务到期：两套商铺兑换400万元借款

时年55岁的卢利骅早年毕业于中国地质大学，妻子是医生。在煤矿工作30余年的卢利骅，升为中层领导，月收入2万余元。闲暇之余，卢利骅还炒短股，赚了不少钱。

积蓄直线上升，可银行利率却一降再降。卢利骅准备把400万元积蓄从银行取出放到一家房地产公司神牛公司"钱生钱"。为此，卢利骅多次到神牛公司正在建设的小区实地考察：

两栋16层高楼已竣工，正在建设的两栋住宅楼已拔地而起。建筑工人热火朝天的施工场面给卢利骅吃了颗"定心丸"。"今甲方神牛公司借乙方（卢利骅）400万元现金，月息2分，期限1年，每季度由甲方支付乙方一次利息。为保证借款合同顺利履行，甲方使用太行路5套60平方米经济适用房作抵押。"落款处盖有神牛公司的印章和卢利骅的红手印。

双方很快签下《借款合同》，约定前两个季度神牛公司都如期将利息打入卢利骅的账户。可到了9月底，卢利骅却迟迟不见第三季度的利息。"这是咋了？难道情况有变化吗？"卢利骅惴惴不安地到神牛公司询问原因。接待他的会计解释说："现在资金有些紧张，年底前我一定会把利息补打给你！"

12月下旬，一个电话让卢利骅急匆匆走进神牛公司黄总的办公室。黄总用商量的口吻询问："现在我们公司还准备投资新项目，资金实在周转不开……要不这样，我们公司用刚建好的3号楼4#、5#共计400平方米的两个商铺兑换您的400万元本金及没支付的利息，您看行吗？给子孙留钱财，不如留两套商铺。"

黄总的这番话让卢利骅很动心。卢利骅还有几年就要退休了，家里如果有两套商铺，不管是做点生意还是出租都很合适。临别时，黄总满脸堆笑紧握着卢利骅的手强调："这是现房，我们保证明年1月交房、交钥匙。"

回家商量一番，卢利骅的妻子和儿子都觉得这买卖很划算。为了省去日后的过户费，12月31日卢利骅在与神牛公司签订的《商品房买卖合同》上全部写成儿子卢韬的名字,而神牛公司也为卢利骅开具了两张各200万元的收款收据。

烦恼上门:善意取得VS查封两套商铺

新年1月20日,神牛公司按约定将两套商铺的钥匙送到了卢利骅手中。儿子卢韬找来装修队,花了20万元进行装修,两套毛坯商铺焕然一新:崭新的地板、洁白的墙面、精致的灯具……很快,一家培训公司找到卢韬,以5000元/月的价格将商铺承租下来。

就在父子俩到房产部门准备办理过户手续时,却意外发现这两套商铺是查封房。原来,神牛公司曾先后两次向A县的薛女士借款500万元,双方还签下《借款合同》,并约定日后若发生争议协商不成由原告所在地法院处理。借款到期后,神牛公司不能如期偿还薛女士借款,薛女士便将神牛公司告上法庭。最终,薛女士胜诉。由于神牛公司没有履行判决,薛女士向A县法院查封神牛公司价值550万元财产。A县法院依法作出民事裁定,查封了神牛公司某小区3号楼4#、5#两套商铺。这正是卢家换购并正在出租的两套商铺。

卢韬大学时学的是法学专业,他知道查封房不能办理过户手续,且查封房大多是抵押房,存在产权纠纷,随时可能被债务人用于抵债。担心"钱房两失"的卢韬不能眼睁睁看着自家的商铺被别人夺走。于是,卢韬写了一份执行异议申请书:"签订购房合同时,神牛公司没告诉我们这两套商铺已经被法院查封,另外,A县法院也没有张贴公告,我们是善意第三人,按照法律规定有权取得商铺的所有权。"并连同购房合同、物业费、装修费等收据复印件递交到A县法院。A县法院审查后认为:法院查封神牛公司的两套商铺在前,卢韬签订购买商品房协议在后,神牛公司出售商铺属于无权处分,因此卢韬的执行异议不成立。

"是神牛公司故意隐瞒了法院查封商铺的事实,你们才换购商铺的,过错在神牛公司,他们应当赔偿由此造成的损失。"一些好友建议卢韬起诉神牛公司承担违约责任。

"如今房价飞涨,这两套商铺的价值翻了近一番……"卢韬担心,如果起诉神牛公司赢了官司,就要把已到手的两套商铺归还神牛公司。权衡利弊后,他决定继续和薛女士打官司。

此时,事情突然有了转机:薛女士与神牛私下达成《执行和解协议》,神牛公司用小区的25个车位换取薛女士的本金500万元及剩余利息,薛女士与神牛公司再无任何经济纠纷。

"这就是说,A县法院马上可以解封这两套商铺了,我们办理过户手续有望了!"卢利骅父子激动地相拥在一起。

法院判决,不符合善意取得构成要件

然而,卢家父子还未等到A县法院解封商铺的消息,便从县房管局得知,B区法院依据新债权人徐女士的判决查封了神牛公司价值550万元的财产，卢家换购的这两套商铺又在查封名单中，查封期为3年。

卢韬作为案外人提出执行异议被B区法院驳回后，卢利骅父子找到徐女士，希望她能与神牛公司私下达成执行和解协议解除查封，但遭到徐女士拒绝。万般无奈下，卢韬一纸诉状将徐女士和神牛公司告上法庭，请求法院确认小区3号楼4#、5#两套商铺的所有权归卢韬所有。

B区法院依法组成合议庭，开庭审理了该案。法庭上，卢利骅把投资神牛公司400万元的前后事由娓娓道来："因为神牛公司无力偿还本息，与我们签下购房合同及协议。我们已合法占有这两套商铺。后来我们才得知两个商铺已被A县法院查封的事。薛女士与神牛公司私下和解，A县法院在查封期满后不再续封。我们签订购房合同在B区法院查封之前，按照法律规定，我们享有这两套商铺的所有权。"

听闻卢利骅的诉称，徐女士立刻反驳道："原告与神牛公司签订《商品房买卖合同》系无效合同，原告对执行标的（两套商铺）不享有所有权。虽然原告购买涉案房屋是在B区法院查封之前，但是在A县法院对涉案房屋查封并作出查封公告之后，原告不存在善意第三人之说。我向B区法院申请强制执行，B区法院受理后责令被告神牛公司履行生效法律文书所确定的义务，但因神牛公司不履行还款责任，B区法院对神牛公司涉案房屋查封系依法查封，不应解除。"

B区法院合议庭成员结合本案庭审情况认为：原告与神牛

公司之间的《商品房买卖合同》系该案涉案房屋被A县法院查封之后签订的。依据《最高人民法院关于人民法院民事执行中查封、扣押、冻结财产的规定》第24条第1款的规定，被执行人就已经查封、扣押、冻结的财产所作的移转、设定权利负担或者其他有碍执行的行为，不得对抗申请执行人。本案中，被告神牛公司在明知该房屋被查封之后仍与原告签订《商品房买卖合同》，该合同不具备将房屋出卖的基础，合同目的无法实现。原告在庭审中主张系善意取得，但原告应对房屋的基本情况进行了解，购买该涉案房产时应到有关部门核实房屋登记情况。在A县法院查封涉案房屋，并在涉案房屋小区张贴公告的情况下，原告知晓或者应当知晓被告神牛公司对该房屋系无权处分，故原告不符合善意取得构成要件，主张商铺所有权归原告所有，没有法律依据，不予支持。

B区法院作出判决，驳回原告卢韬的诉讼请求。卢涛不服，提起上诉，二审法院作出维持原判的终审判决。卢韬不服，申请再审。省高院审查后认为："B区法院系轮候查封，其效力自A县法院解除查封措施后即自动生效，因此原审驳回卢韬的诉讼请求并无不当。"卢韬收到省高院的驳回再审通知书，眼睁睁看着已到手的两套商铺却不能成为自己名下的合法财产，心酸、懊悔一起涌上心头……

检察官说法

从理论上说，购买了查封房一般有两个救济途径：一是法院对土地使用权、房屋的查封期限不得超过2年。查封期限届满可以续封一次,续封时应当重新制作查封裁定书和协助执行通知书,续封的期限不得超过1年。因此,在房屋买卖合同有效的前提下,购房人可以等待解除查封后要求出卖人履行办理房屋过户的合同义务。二是买房人可以"出卖人存在违约、合同目的不能实现"为由行使合同解除权,要求卖房人返还购房款,并要求卖房人按合同约定或法律规定承担违约责任。

但司法实践中,很多查封房涉及多个债权人,致使房产持续处于查封状态;买卖人也会因房产位置好、升值等原因,不愿起诉出卖人违约而放弃查封房。本案中的查封房陆续出现了多个债权人,查封房进入"轮候查封",卢家父子想得到查封房的所有权也是遥遥无期。

《最高人民法院关于人民法院民事执行中查封、扣押、冻结财产的规定》第15条规定:"被执行人将其所有的需要办理过户登记的财产出卖给第三人,第三人已经支付部分或者全部价款并实际占有该财产,但尚未办理产权过户登记手续的,人民法院可以查封、扣押、冻结;第三人已经支付全部价款并实际占有,但未办理过户登记手续的,如果第三人对此没有过错,人民法院不得查封、扣押、冻结。"从该规定可以看出,法院对无过错的第三人不能采取查封等强制措施的条件非常苛刻:一是第三人必须是在法院查封、扣押之前就已经签订购房合同、支付了购房款;二是第三人在法院查封、扣押之前就已实际占有该房产;三是第三人对未办理过户手续无过错。

本案中，卢家父子恰恰是在法院查封之后换购的两套商铺，违反了该规定第一项内容。另外，卢家父子不了解神牛公司债务情况，本以为换购的两套商铺有望解封，但没想到商铺又被后面其他债权人申请法院查封，从而陷入轮番查封境地，这使卢家得到两套商铺的所有权更加渺茫。

本案启示

1.误购查封房不适用善于取得，购买查封房后存在诸多纠纷隐患。

2.在签订购房协议前，切记要到不动产登记中心等部门查询房屋状态等情况。对于房价过于便宜、一时不能过户的房屋更要格外谨慎。换句话说，千万不要购买查封房、抵押房，只有把潜在的购房风险降到最低，才能更好保护自己的合法权益不受侵害。

4. 转让款引发合伙财产分割之诉

在奔涌向前的经济大潮下,有人预言:"未来不是单打独斗的职场,而是进入合伙人职场的共赢时代。"可是,不少人对合伙创业的法律风险评估不足,以致在纠纷中无法维护自身权益,实在令人痛惜。在一起由转让款引发的合伙财产分割纠纷中,刘立清作为局外人好心出借银行卡,结果背上几十万元债务……

38万元打进借来的账户

梁宝金与某村村委签订《铁矿转让协议》,约定该村村委同意将九号矿采矿权转让给梁宝金,转让费为30万元。一年后,由于管理不善加上矿石含铁量低赔了钱,梁宝金便将九号矿转让给胡佳林经营。

接过亏损的九号矿,胡佳林意识到单凭一己之力无法摆脱困局。他再三考虑后,把远房亲戚王东、李岩、杨浩、石海吸纳入股。胡佳林主抓生产经营、账目管理等工作，王东负责矿石营销等业务，李岩、杨浩、石海三人凭借股资坐等分红。然而一段时间后，胡佳林等人仍未从九号矿挖掘出含铁量达标的矿石，甚至到了连工人工资都发不起的地步。

见九号矿濒临破产，泄气的王东、李岩等四人纷纷离去。但半年后，几十名工人不分昼夜地在九号矿中劳作，终于挖掘出优质的矿石。胡佳林看着如同雪片飞来的订单，激动得流下热泪。王东见九号矿出现新转机，又回来一同经营。胡佳林很是高兴，还为家庭困难的王东补发了一年多的工资。

此时，胡佳林想加大投入，可又担心优质矿石的储备不足难以收回成本。冷静考虑后，他请来地质专家对九号矿的储蓄量"把脉"。勘测结束后，几位专家给出的建议是"这儿的好矿石即将采尽了，赶紧把现有的矿石卖掉吧"。胡佳林庆幸自己没有贸然加大投资。

不久，王东和胡佳林等人商议后，决定将九号铁矿经营权转让给他人经营。很快，王东通过朋友介绍以44万元将九号矿经营权转让给姜兵、杜锐。双方约定留下1万元办理过户手续。姜兵、杜锐二人交付王东5万元现金后，又在一周时间内先后两次将38万元打入王东所提供的账户（刘立清名下的银行卡号）。

王东是刘立清岳父弟弟的长子，而胡佳林是刘立清的外甥女婿。刘立清平日和二人来往频繁，关系也很好。没过几天，王东跑到刘立清家要支走这笔钱。刘立清态度坚决："这是胡佳林让我办的银行卡，我必须听他的，不能把这笔钱给你！"

刘立清说:"当时王东和胡佳林为如何分配这38万元闹掰了。一个要两人平分,一个要五个合伙人分。因为这张银行卡是胡佳林托付我在农行开户的,所以这笔钱应该让胡佳林取走。"

为转让款连打7年官司

最终,刘立清让胡佳林取走了38万元。可他没想到,此后一场又一场诉讼接踵而至。王东以不当得利将刘立清和胡佳林告上法庭,请求判令二人偿还38万元转让款及利息。

王东在起诉状中写道:"那天谈好九号矿经营权转让事宜后,因为我没带身份证,不能存款,又担心出现假币,就与姜兵、杜锐约定好,让他们二人将38万元打入刘立清的账户。可是刘立清收到这笔钱后和胡佳林串通起来,不把钱还给我。"他当庭出示了姜兵、杜锐出具的《证明》。

庭审笔录显示:胡佳林承认支走了刘立清农行账户上的38万元。他向法院递交了合伙人投资证明等14份证据,辩称:"九号矿是我和王东等人合伙经营,这笔转让费属于合伙共有财产,我有权利支取这笔钱。"

对此,王东却是另一番说辞:"我以前与胡佳林等人合伙开矿,后来胡佳林等人撤股退伙了,九号矿由我个人经营和所有。我要求刘立清归还属于我的转让款。"

当法官要求提供合伙协议、退伙证明等证据时,原告和被告均拿不出相应证据。

这38万元该不该让刘立清返还王东？休庭后，合议庭讨论认为：原告提交的《铁矿转让协议》是梁宝金与铁矿所在地村委所签订，因此38万元转让九号矿经营权所得收入属于王东个人财产证据不足。

一审法院判决，驳回王东的诉讼请求。

王东不服，上诉至市中院。二审法官多次开庭，并反复审查庭审中双方递交的证据发现：王东提交姜兵、杜锐的《证明》显示"买王东铁矿，有矿长证，44万元整。王东让我把38万元汇入刘立清的农行账户"，而胡佳林在举证期届满后提交一份书证也显示"王东以44万元的价格将九号矿转让给姜兵、杜锐。转让方王东，接收方姜兵……"

二审法官结合庭审情况，深入讨论认为：出售九号矿经营权的38万元不能认定是按胡佳林的指令汇入刘立清的农行账户的；现有的证据也不能确定王东转让九号矿时与胡佳林是否存在合伙关系。原告、被告之间是否为合伙关系应另案处理。

二审法院改判刘立清在判决生效10日内给付王东38万元及利息，胡佳林承担连带责任。

另行起诉确认合伙关系

刘立清申请再审，省高院审查后指令市中院再审。市中院再审认为：王东以自己的名义转让九号矿经营权所得44万元，姜兵、杜锐按王东的指令将38万元转入刘立清的账户。刘立清未经王东授权，私自让胡佳林支走该款，侵犯了王东的财产权，刘立清应返还王东38万元并支付利息。

再审判决生效后，刘立清没有偿还王东这笔转让款。案件进入强制执行程序后，银行每月从刘立清的工资中扣除2000元偿还债务。

按说刘立清可起诉胡佳林追偿损失，可他为何不起诉胡佳林呢？在检察官的追问下，刘立清解释称："事后，胡佳林补偿了我一部分经济损失，有十几万元。我们是亲戚，他经常帮我家忙，我不想起诉他。"

又是7年时间一晃而过。胡佳林、李岩、杨浩、石海向县法院起诉，请求确认与王东的合伙关系成立，并依法分割合伙财产。

当年有争议的这笔九号矿经营权转让款再次列入法官审查的范围。在公开审理后，一审法院认为：虽然原告、被告没有签订书面合伙协议，但被告王东认可与胡佳林等人曾是合伙关系，且王东没有提交散伙的证据，故原、被告合伙关系成立。

王东辩称："市中院再审已作出刘立清偿还我38万元及利息的判决。现距今7年之久，胡佳林才要求确认合伙关系，分割合伙财产，该诉求已超过诉讼时效，应驳回。"

该不该支持分割合伙财产的诉求呢？主审法官解释称：市中院再审判决已载明"胡佳林如有充分证据证明与王东就九号矿是合伙关系可另行起诉"。然而，胡佳林直到7年后才向法院起诉确认合伙关系,已超过诉讼时效。胡佳林也没有提交诉讼中止、中断的证据,所以其请求分割合伙财产超过诉讼时效,不予支持。

一审法院作出判决:原被告合伙关系成立;驳回原告的其他诉讼请求。胡佳林不服,提起上诉。二审法院开庭审理后,作出维持原判的终审判决。

刘立清在终审判决书中看到"合伙关系成立"的结果,感到自己很冤枉:"既然胡佳林是合伙人,那么他就有权动用38万元,法院不能判我承担还债责任!"

刘立清以发现新证据为由申请检察院抗诉。市检察院作出不予支持刘立清民事监督申请书。

检察官说法

《合伙企业法》第31条第3项和第4项规定:除合伙协议另有约定外,处分合伙企业的不动产以及转让或者处分合伙企业的知识产权和其他财产权利应当经全体合伙人一致同意。从该规定可以看出,没有全体合伙人同意或共同授权,任何人都无权处分合伙企业的财产。所以这起案件中胡佳林即便是合伙人也无权单方动用38万元合伙财产。

综观全案,刘立清和胡佳林最终败诉的原因有两个方面。一方面,是错误地认为只要是合伙人便可以随意处分合伙企业的财产,从而在诉讼中处于被动状态。其实,合伙期间的所得财产以及所承担的债务都是合伙人共同财产或债务。没经过全体合伙人认可或委托，任何一方合伙人都不能随意占有、处分合伙财产。另一方面，法律不保护"躺在床上睡觉"的人。《民法典》第188条规定，向人民法院请求保护民事权利的诉讼时效期间为3年。诉讼时效期间自权利人知道或应当知道权利受到损害以及义务人之日起计算。本案中，胡佳林如果在法院告知其可以另行起诉确认合伙关系后，立即起诉确认合伙关系，分割合伙财产，其结局可能就是另一番天地。

本案启示

1.不要随便使用自己的银行卡接受他人的钱款或转账，更不能将自己的银行卡出借或租给他人使用。很多时候，我们对于钱款来源、用途等根本不知情。使用自己的银行卡接收他人不明的钱款不仅容易引起纠纷，甚至还会构成《刑法》中洗钱罪、帮助信息网络犯罪活动等罪名，从而被追究刑事责任。

2.合伙人要按照《合伙企业法》的相关规定以书面形式签订合伙协议，退伙时也要订立书面协议，这样出现纠纷后也有凭证；对合伙财产分割无法达成一致意见时，应立即诉至法院请求保全合伙财产并依法分割合伙财产。总之，要用法律途径解决合伙纠纷，就必须遵循并准确理解相关法律规定才能在官司中最大限度上保护自己的合法利益。

5. 刷pos机借钱引发夫妻财产纠纷

在pos机上刷卡借钱，也就是常说的刷pos机套现。一般而言，是客户与店商事先达成口头协议，客户并无实际消费行为，店商却以虚假销售帮助客户欺骗银行，向银行借款。胡肖丽因手头缺钱，便在吴同飞夫妇经营门市的pos机上套现。而后，银行将5.8万元打入吴同飞夫妇的门市账户。在胡肖丽看来，这笔钱属于夫妻共有财产，即便是吴同飞个人花费掉，也应由夫妻共同偿还，况且一审、二审法院判决均支持她的诉求。然而，王美红收集到前夫吴同飞将借款用于赌博的新证据后向市中院申诉，市中院再审作出逆转的判决结果让胡肖丽猝不及防。刷pos机借钱都有哪些纠纷隐患？什么情况下，夫妻一方的借款不属于夫妻共同债务？

手头紧张，刷pos机借钱惹来纠纷

时年32岁的胡肖丽购买了一辆新车。平日，做化妆品生意

的她也很注重为爱车做保养。汽修门市的老板吴同飞谈吐幽默、技术高超,胡肖丽每次来修车都能享受优惠。一来二去,两人熟若朋友。

胡肖丽因生意整日忙碌,突然感到胃部不适,便到医院检查,发现胃部冒出一个枣大的肿瘤。"还好,医生说是良性的。当时我住院做手术花了十几万元,又给3岁的女儿交保育费,手头紧张,便向朋友借了3万多元。出院后,我想再借一笔钱扩大经营,剩下的还朋友的借款,没想到会发生后面的事。"胡肖丽每每回忆起此事,都是悔不当初。

这天下午,胡肖丽打电话给吴同飞,想从汽修门市的pos机上刷银行卡借5.8万元救急。吴同飞听后爽快答应。第二天上午9时,胡肖丽驾车准时来到门市,她取出包里一张余额仅十几元的银行卡,递到吴同飞手中。

吴同飞心领神会,熟练地在电脑上敲打着"机油滤芯3个,节油器1个,活塞2个,飞轮齿圈……"大约一分钟后,十几行消费项目跃然出现在电脑屏幕上。他将银行卡在pos机上一刷,胡肖丽输进密码后,一张小票便打印出来……

"交易"就这样愉快地完成了。吴同飞笑盈盈地承诺:"5.8万元一到账,我就第一时间将现金交给你。"胡肖丽听后,满意地离开了汽修门市。可是第二天,当她来收钱时,却被吴同飞告知这笔款还没有打过来。

"不可能不到账呀?"胡肖丽满腹狐疑地来到银行了解情况,这才得知银行已把5.8万元打进了汽修门市的pos机账号上。

吴同飞在撒谎，这让胡肖丽气愤不已，她来到刑警大队报了案。

警察根据吴同飞的供述和胡肖丽的陈述，调查了银行记录单发现：5.8万元确实是通过汽修门市的pos机转了到吴同飞的个人账户上，到账后，吴同飞很快挪用了这笔钱。

胡肖丽本来就没有在汽修门市消费，却刷pos机借钱，她本就心虚。吴同飞不停地向她赔礼，表示会尽快偿还钱，胡肖丽无奈地接受了吴同飞打下的一张5.8万元欠条。

争议焦点：5.8万元借款是否属于夫妻共同债务

在借款事件发生半年后，汽修门市因经营不善倒闭了，吴同飞与妻子王美红感情不和已久，也经过法院判决离了婚。事情的发展令胡肖丽始料不及，而她的讨债之路也变得漫长和曲折。

有一次，胡肖丽和吴同飞两人在争执下差点动起手，民警极力协调，吴同飞的姐夫和舅舅也先后出面做工作，但胡肖丽最终也没能取回吴同飞的借款。

"汽修门市倒闭了，吴同飞名下的财产全都转移了，现在房子、车子都在王美红的名下……"吴同飞已无力还债，胡肖丽只好找王美红催要，王美红满脸冰冷，一句话摆明了态度："我没向你借钱，凭什么还你钱？别找我！"

胡肖丽在吴同飞、王美红之间来回索债无果，便将吴同飞、王美红二人同时告上法庭，请求判令二被告共同偿还5.8万元借款。同时，她还向法院递交了吴同飞亲笔写下的5.8万元欠条。

收到法院寄来的起诉书，王美红在答辩状中写道："胡肖丽借给吴同飞5.8万元，我根本不知情，吴同飞在法院此前审理我与吴同飞离婚的案件时，已认可我与吴同飞之间没有共同债务，所以这笔债务不该由我承担……"

在庭审过程中，双方当事人争论颇大。打进汽修门市pos机账户的5.8万元究竟是夫妻共同债务，还是一方的个人债务？经过讨论，合议庭统一了认识：刷卡时，胡肖丽并无出借给吴同飞5.8万元的意思表示，因此吴同飞挪用进入夫妻共同经营门市pos机账户内的5.8万元，属于二被告夫妻共同债务。由于这笔借款时间发生在吴同飞、王美红婚姻存续期间，他们二人在离婚时没有清偿这笔债务，所以胡肖丽要求王美红对借款偿还的诉求，应予支持。

法院判决吴同飞、王美红偿还胡肖丽5.8万元借款，并支付6%年利率至履行完毕。

提起上诉，中院再审改判

一审判决的结果对王美红来说很不利。她接到判决书后，立即上诉至市中院。二审法院鉴于此案事实清晰，案情不复杂，组成合议庭后采取调卷审查、询问当事人等方式，不开庭审理后，作出终审判决：驳回上诉，维持原判。输了官司的王美红憋着一肚子委屈。随后，她在律师的帮助下，收集到吴同飞在刑警大队所作的笔录等相关证据，这让她内心激动不已："吴同飞在刑警大队的笔录显示，他将借款用于赌博。这份证据是公安机关取得的，合法有效。法律规定，用于赌博的借款属于个人债务，我不用帮他还债！"王美红向市中院递交了相关证据，并申请再审此案。

两个月后，二审法院另行组成合议庭，开庭审理此案后认为，刑警大队记录显示吴同飞自称刷胡肖丽信用卡里的钱用于赌博，能够证明吴同飞没有将5.8万元借款用于夫妻共同生活，王美红不应对该债务承担偿还责任。

随后，市中院作出再审判决：撤销原判；吴同飞在判决生效后10日内偿还胡肖丽借款5.8万元，并按6%年利率支付利息。

胡肖丽不服，申请检察机关抗诉后，市检察院检察官经过审查，作出不予支持胡肖丽抗诉监督申请决定。

检察官说法

用pos机刷卡借钱，是不诚信的违法行为，存在诸多隐患：一是容易引发民事纠纷。刷pos机借钱的消费凭证是商家的虚假记录，店商若不讲诚信与客户发生摩擦，客户往往难以收集到没有消费的真实证据从而有败诉的风险。另外，店商若擅自挪用借款，赖账不还，出现类似本案的事情岂不让人焦头烂额。二是为牢狱之苦埋下伏笔。根据《最高人民法院关于办理妨害信用卡管理刑事案件具体应用法律若干问题的解释》的相关规定不难发现，恶意透支向银行借款5万元以上的客户，没有如期归还的，并且经过银行两次催收，超过3个月后，还是不能归还的，便涉嫌构成《刑法》第196条规定的信用卡诈骗罪，店商作为在pos机上刷卡的共犯，也会被追究刑事责任。

《最高人民法院关于适用〈中华人民共和国民法典〉婚姻家庭编的解释（一）》第34条第2款规定，夫妻一方在从事赌博、吸毒等违法犯罪活动中所负债务，第三人主张该债务为夫妻共同债务的，人民法院不予支持。也就是说，借款人（夫妻一方以个人名义）举债后只要用于个人赌博、吸毒等违法活动，无论出借人知情与否，这笔借款都会作为个人债务对待，而不能按照夫妻共同债务认定。这也是法院再审后改判的法律依据所在。

✎ 本案启示

生活中，每个人都难免有囊中羞涩需要借钱之时，但是要通过正规、合法的途径进行，这样才能在最大限度上保证借款人和出借人双方的利益受到法律保护。需要提醒的是，现实中有很多网贷、校园贷和未经批准的非法借贷平台，我们要提高防范意识，避免上当受骗，遭受不必要的财物损失。

6. 借新还旧：抵押风险不容忽视

韦峰购得一笔具有保证人和抵押物双重保险的488万元债权，本想坐收30余万元盈利，可是抵押人和保证人均以不知借新贷还旧贷的内情抗辩。这场官司历时三年之久，历经三级法院审理。那么，858万元的抵押物为何"飞"了？潜伏于借新贷还旧贷合同里的抵押担保风险又该怎样防范？

收购债权：借新贷还旧贷的合同有抵押

大学毕业的韦峰，在一家金融公司从事不良资产收购服务。这几年，他一直跟四大银行的不良资产打交道，可谓风控行家，却不料在熟悉的工作中栽了跟头。

绿茵公司是一家生产面粉的家族企业。在市场经济大潮的冲击下，绿茵公司这几年的经营状况连续遭遇滑铁卢。缺乏引进新设备资金的绿茵公司与银行签下488万元的《小企业借款合同》，该公司股东司成夫妇作为担保人也签下名字。

一年后,贷款到期,绿茵公司的经营状况不容乐观。无法按时还款的绿茵公司找到银行,提出申请新贷款以偿还旧贷款的本息。经过集体研究,银行领导勉强同意了,但附加条件是"必须提供足额抵押物,银行才会续借这笔贷款"。

生死存亡之际,宝塔公司成为绿茵公司的救命稻草。"上次我们公司出现资金周转困难,绿茵公司以厂房抵押做担保,帮助我们渡过难关。这回他们企业遇到难题,我们宝塔公司岂能袖手旁观?"宝塔公司使用自己名下价值858万元的国有土地使用权证作为抵押物,与银行签下《抵押合同》。司成夫妇继续作为贷款担保人在《保证合同》上签下名字,三方合力完成了银行要求借贷延期的各种手续。

燃眉之急得到解决,但贷款终究是要还的。绿茵公司策马扬鞭,增加了市场需求较大的小麦粉、特精粉等产品的产量,想方设法转亏为盈,尽快还清贷款。可是半年过后,公司仍在低谷中徘徊。银行连续发了10次催款通知单,可绿茵公司依然没钱偿还贷款。

两年后,绿茵公司的贷款趴在银行账上成了一笔呆账。无奈之下,银行将这笔债权转让给长城公司。在长城公司举行的债权拍卖会上,韦峰以450万元的成交价将这笔不良贷款收入囊中。接下来,韦峰与长城公司办理债权转让等各种手续,忙得不亦乐乎。直到报纸公告栏上发布了长城公司这笔债权转让协议,韦峰才算吃了颗"定心丸"。

对簿公堂：担保方是否明知借新贷还旧贷

虽然绿茵公司这笔债务有保证人和抵押物，但韦峰丝毫不敢懈怠。担心超过诉讼时效，他直接到法院递交了诉状。法院受理此案后，恰逢绿茵公司连续多月盈利、经营状况在逐渐好转。在法官调解下，绿茵公司愿意分期收购韦峰手中的债权，双方还达成了《和解协议》，约定：绿茵公司分4期支付收购费用，每半年支付100万元，最后一期付清余款。可是，协议签订后绿茵公司又没有了下文，此次收购以失败告终。

韦峰重新作为债权人，将绿茵公司、担保人司成夫妇及宝塔公司告上法庭。他的诉求有三个：判令绿茵公司偿还原告488万元及利息48万元；判令被告司成夫妇对借款承担连带责任；判令宝塔公司的抵押财产优先受偿。

一审法院两次开庭审理了此案。第一次庭审时，旁听席上的群众寥寥无几，但原告和被告之间的辩论却激烈异常。宝塔公司的律师辩称："我公司提供土地使用权证作抵押时，这块土地上正在建高楼，不符合办理抵押登记条件……不知道原债权人是通过何种途径办理的抵押登记，我方不认可违法的《抵押合同》。我方对借款合同存在借新贷还旧贷的用途不知情，银行及绿茵公司也未向我方说明原因，我方不应承担抵押担保责任。"

司成夫妇坐在被告席上辩解："保证合同的时效为两年，

现在早已超过了时效，我方应免责；此外，我们也对绿茵公司以新贷还旧贷的事情毫不知情，让我方承担保证责任不符合法律规定。"

休庭后，宝塔公司将银行告上法院，请求判令《抵押合同》无效。此案经过一年多的审理，二审法院终审认为：宝塔公司的起诉属于拆分诉讼的滥诉行为，对其诉求不予审理。

宝塔公司没有达到目的，但韦峰心里清楚：绿茵公司和司成夫妇名下已无可供执行的财产，解决这起纠纷最好的途径是，拍卖抵押物偿还488万元贷款，自己必须孤注一掷不遗余力才能打赢这场官司。

韦峰在第二次庭审中出示了三份裁判文书等新证据，主张宝塔公司知道借新贷还旧贷的事实，但遭到宝塔公司的反驳。绿茵公司法定代表人张铭称，司成夫妇不知道绿茵公司与银行借新还旧的事情。

整个庭审持续了4个多小时，鉴于案情复杂、争议颇大，合议庭决定案件结果待评议后，择日宣判。

不服法院判决：省高院驳回再审诉求

卷宗证据显示：宝塔公司的股东会两次决议记录清晰地显示担保债权内容是"流动资金488万元"，银行收到这份股东会决议后，没有对"流动资金贷款"担保债权内容提出异议。

主审法官认为，以第三人财产设定抵押的情形下，抵押担保的法律关系在主体、内容、目的等方面与保证担保的特征相似，因此可以比照该规定评判此案。

宝塔公司858万元的抵押物该偿还韦峰的债权吗？合议庭成员讨论后，最终形成一致观点：涉案《抵押合同》虽载明"完全了解主合同项下债务的用途，为债务人提供抵押担保完全出于自愿"，但该《抵押合同》为格式合同，合同并未对该条款采用黑体标注，无法提示抵押人充分注意。宝塔公司向银行提交的股东会决议中载明"为流动资金贷款"提供担保。按照常人理解，流动资金贷款与借新还旧区别明显。因此，现有证据不能认定抵押方宝塔公司知道借款用途为借新贷还旧贷，宝塔公司不该承担抵押责任。

作为贷款保证人的司成夫妇为何不能免责呢？法官是这样解释的：韦峰起诉时经过一审法院诉前调解，该日期在保证期间，没有超过时效；绿茵公司先后两次与银行签订贷款合同，均由司成夫妇作为保证人。司成夫妇虽然不是公司的法定代表人，但当时二人持有绿茵公司100%的股权，因此综合全案证据，司成夫妇应承担保证责任。

一审法院作出判决：绿茵公司偿还原告韦峰借款本金488万元及利息8.7万元；被告司成夫妇承担连带责任。

"流动资金用途包含借新还旧，宝塔公司是明知借新贷还旧贷事实的……一审判决适用法律错误。"韦峰难以接受一审判决，递交了上诉状。二审法院经审理后认为，原判认定事实清楚，适用法律正确，应予维持。接到维持起诉的终审判决韦峰还是不服，申请再审。省高院审查此案后，作出驳回韦峰的再审申请民事裁定书。

检察官说法

银行与宝塔公司签订《抵押合同》时，未写明绿茵公司借新贷还旧贷的借款用途，为日后多场纠纷埋下了隐患。《最高人民法院关于适用〈中华人民共和国民法典〉有关担保制度的解释》第16条第1款规定："主合同当事人协议以新贷偿还旧贷，债权人请求旧贷的担保人承担担保责任的，人民法院不予支持；债权人请求新贷的担保人承担担保责任的，按照下列情形处理：（一）新贷与旧贷的担保人相同的，人民法院应予支持；（二）新贷与旧贷的担保人不同，或者旧贷无担保新贷有担保的，人民法院不予支持，但是债权人有证据证明新贷的担保人提供担保时对以新贷偿还旧贷的事实知道或者应当知道的除外。"

"借新还旧"通常是贷款人与借款人协商一致的结果，该行为若不通知担保人，贷款人与借款人串通，隐瞒担保人借款用途，损害担保人利益；事实上"借新还旧"要比其他贷款风险明显更大，担保人的风险增大了，债权人（有时为银行）作为受益者自然要承担告知和举证义务。但有一例外：旧贷和新贷的担保人是同一人的，该担保人不免责。

📝 本案启示

1. 银行对于"借新还旧"业务必须履行风险告知义务。当银行明知债务人无力偿还逾期贷款,需通过融资方式来清偿旧贷时,可以从形式上办理"借新还旧"业务,但要向新贷中新增加的担保人书面告知借款用途为"借新还旧"。

2. 办理贷款业务,为避免因"告知风险"引发的纠纷,银行在与债务人订立《抵押合同》时,要把债务人借款用途写到合同中;还可以采取录音、录像方式,再把借款用途重复告知担保人,如此可以强化证据的有效性,避免日后不必要的争议。

三、劳动争议

劳动者是社会财富的创造者。
精通劳动法既保护劳动者合法权益，
又促进企业合法运营，
更有利于社会和谐稳定。

1. 当车祸遭遇工伤该如何赔偿？

一场车祸不期而至，一对中年夫妇鲜活的生命被迫定格。死者的女儿将肇事司机起诉到法院，获赔38万元，又连打数场官司终于将母亲的死亡认定为工伤。然而，新的问题又悄然而至。交通事故和工伤，两者的同类项能够重复赔偿吗？服装厂坚持"填平原则"不可重复赔偿，而死者亲属主张"一个事实，两个不同法律关系"应获两份赔偿金……

灾难突来，一对中年夫妇丧命于车祸

洪玲出生在偏僻的一个村庄，家境清苦。她是家中的独女，初中毕业后一直和父亲务农。后来，时年45岁的刘晓彤在县城服装厂找了一份工作。三口人辛勤劳作，生活状况有了很大改善。夫妻俩筹划着给女儿找个好婆家，早抱外孙乐享天伦，可命运却如此绝情。

一日上午8点多，正在家吃早饭的洪玲接通了一个陌生号

码:"我是县交警大队的民警,你父母二十分钟前被一辆货车撞伤,现在已送往医院进行抢救,情况紧急,请迅速赶到县医院。"

洪玲闻讯后,顿觉五雷轰顶。她赶忙走出家门,坐上出租车以最快速度赶到县医院。看到母亲刘晓彤鼻孔插着氧气管,头部缠满绷带,躺在病床上。洪玲四肢瘫软,眼泪夺眶而出:"早上,我爸骑电瓶车送我妈时还好好的……到底发生了什么?"她从一位交警口中得知,她父亲所骑的电瓶车,与一辆重型货车相撞,由于大货车车速过快、撞击剧烈,她的父亲当场死亡。

两天后,刘晓彤因伤势过重,也离开了世界。洪玲一下痛失双亲,不知所措。

半个月后,县交警大队出具的《道路交通事故认定书》显示,刘晓彤夫妇在这次交通事故中无任何责任;肇事司机王某负主要责任。王某因涉嫌交通肇事罪被公安机关刑事拘留,洪玲向法院提起民事诉讼,要求王某赔偿各类损失50万元。

一审法院判决肇事司机王某承担丧葬费、死亡赔偿金、医疗费等共计38万元。宣判后,洪玲找到服装厂负责人沟通:"如果我妈那天早晨不去上班就不会出事……她是在上班途中遭遇车祸身亡的,按照《工伤保险条例》有关规定,这种情况属于工伤,你们也有赔偿责任。"

服装厂负责人表示:"你母亲自己会骑电瓶车,平时也都是她单独骑车上下班的……那天早上,你父亲骑电瓶车送你妈上班不符合常理，我们不知道两人是去干什么的，这不能算工伤！"

收集证据，确认工伤后提起工伤赔偿

那些日子，洪玲越想越难过："报刊、电视上的法律专家都说上班途中遭遇车祸属于工伤，怎么我妈上班遭遇车祸就不属于工伤呢？"她决定要掰扯清楚。这期间，她聘请律师调出案发时的监控录像，确定事发地点是刘晓彤由住所到鸿瑞服装厂的必经路线；律师又找到刘晓彤工友调查，确定案发当天上午刘晓彤在服装厂有白班。掌握了这些证据，洪玲向县人社局递交了确认工伤申请书。

一个多月后，洪玲拿到市人社局出具的工伤认定决定书，本以为可以顺利得到服装厂的赔偿金以告慰父母，没想到，服装厂不服，提起行政诉讼。在经历两级法院审理后，市中院作出终审判决：由市人社局重新进行工伤认定。市人社局再次把刘晓彤的死亡认定为工伤。

服装厂不服，向省人社厅申请行政复议，省人社厅认为，市人社局作出工伤认定决定书认定事实清楚，结论适当，予以维持。服装厂仍不服，再次提起行政诉讼。法院最终把刘晓彤的死亡认定为工伤。屈指算来，拿到这份工伤判决书已距刘晓彤逝去有三年半的光阴。

接下来，洪玲提出的工伤赔偿问题摆到服装厂面前。服装厂对洪玲表示："我单位为每个员工办理了意外伤害保险，我们可以出具理赔手续，你可以到人寿保险公司领取1万元保险金……"

这1万元意外人身保险能和工伤赔偿画等号吗？《工伤保险条例》第39条规定，职工因工死亡，其近亲属按照规定从工伤保险基金领取6个月的统筹地区上年度职工月平均工资的丧葬补助金和上一年度全国城镇居民人均可支配收入的20倍的一次性工亡补助金。洪玲在律师的指导下，按规定粗略一算，得出刘晓彤的丧葬补助金为1.9万元、一次性工亡补助金49万元的结论。

由于服装厂拒绝提供近50万元的工伤赔偿，洪玲放弃了协商途径，向县劳动仲裁委申请仲裁。一个月后，县劳动仲裁委作出裁决：服装厂向洪玲支付1.9万元丧葬补助金和49.1万元一次性工亡补助金。

服装厂负责人感到既无辜又委屈："其一，县法院已对交通事故作出民事判决，肇事司机已赔偿了刘晓彤的亲属丧葬费、死亡赔偿金等各类损失38万元，现在再让我们赔偿于法无据。其二，我单位已为每位员工办理了意外伤害保险，限额为1万元，洪玲至今没有领取，过错在她，劳动仲裁委没有将这笔费用扣除，本身有错误。"

双方互怼，车祸和工伤能否重复赔偿

服装厂作为原告将起诉状连同38万元民事判决书等5份证

据送到县法院,请求查明事实,依法裁判。随后,一审法院依法组成合议庭,公开审理了此案。

服装厂负责人在诉状中写道:"刘晓彤的死亡是司机违章驾驶所致,所以司机应全责赔偿。本案涉及的丧葬补助金、一次性工亡补助金与交通事故中的丧葬费、死亡赔偿金属于同一赔偿项目。民法损害赔偿中的'填平原则'以弥补权利人损失为目的,填平就是对受害者的损失全面填平互补,所以我们作为死者刘晓彤的单位,最多承担补偿责任,也就是说我们仅需对肇事司机赔偿不足的部分承担赔偿。"

洪玲看到服装厂的起诉状内容后,答辩称:"服装厂说来说去实际上只有一个意思,就是交通事故和工伤不能重复赔偿。我母亲死因是由于交通事故一个事实引起的两个法律关系。交通事故是侵权之债,工伤属于劳动者和用人单位的法律关系,两者赔偿的法律依据是完全不同的,法律规定劳动者可以同时获得工伤保险赔偿和第三人损害赔偿。因此,县劳动仲裁委认定的事实和作出的决定均是正确的,法院应该维持。"

洪玲为支持自己的观点,向法院递交了工伤认定书等3份证据。县法院调查了解到,服装厂是一家民营企业,没有为刘晓彤缴纳当年的工伤保险费。

合议庭成员经过讨论,统一了认识:因侵权第三人造成工伤,职工或其近亲属从第三人获得民事赔偿后,可以按照《工伤保险条例》的相关规定向工伤保险机构申请工伤保险待遇补偿。本案中,服装厂职工刘晓彤因工死亡后,洪玲获得第三者的民事赔偿后，仍可以按照《工伤保险条例》的相关规定，享受工伤保险待遇，即按照规定领取丧葬补助金和一次性工亡补助金共计50万元。

一审法院作出判决：服装厂支付被告洪玲一次性工亡补助金49.1万元和1.9万元丧葬补助金。宣判后，服装厂上诉至二审法院。

二审法院经审理后，合议庭认为，刘晓彤的丧葬费已经实际发生不应重复赔偿。另外，对于服装厂提出扣除1万元意外保险费的诉求，二审法院也给出明确解释：企业为员工办理的人身意外保险不能等同于工伤赔偿，两者不是同一法律关系，故不应从工伤赔偿中扣除1万元。二审法院改判为：服装厂向被告洪玲支付一次性工亡补助金49.1万元。

检察官说法

《最高人民法院关于审理人身损害赔偿案件适用法律若干问题的解释》第3条规定："依法应当参加工伤保险统筹的用人单位的劳动者，因工伤事故遭受人身损害，劳动者或者其近亲属向人民法院起诉请求用人单位承担民事赔偿责任的，告知其按《工伤保险条例》的规定处理。因用人单位以外的第三人侵权造成劳动者人身损害，赔偿权利人请求第三人承担民事赔偿责任的，人民法院应予支持。"可以看出，当交通事故的受害者被认定为工伤时，受害者或其近亲属既可向侵权第三人肇事司机索取赔偿，也可向法院起诉请求用工单位承担工伤赔偿。

需要指出的是，工伤保险中的"一次性工亡补助金"是员工因工死亡致使其近亲属丧失了重要生活来源导致生活水平下降，按照标准从工伤保险基金中对其亲属支付的一次性赔偿，强调的是"补助"；交通事故中的"死亡赔偿金"是非正常事故死亡的，由侵权人按照一定的标准给予死者家属一定数额的赔偿。另外，"一次性工亡补助金"和"死亡赔偿金"计算方式及标准均不同。所以，"一次性工亡补助金"和"死亡赔偿金"不属于同类项，服装厂应按法律规定赔付员工近亲属"一次性工亡补助金"。

《社会保险法》第41条规定："职工所在用人单位未依法缴纳工伤保险费，发生工伤事故的，由用人单位支付工伤保险待遇。用人单位不支付的，从工伤保险基金中先行支付。从工伤保险基金中先行支付的工伤保险待遇应当由用人单位偿还。用人单位不偿还的，社会保险经办机构可以依照本法第六十三条的规定追偿。"

本案中，鸿瑞服装厂没有按照《工伤保险条例》的规定为员工办理工伤保险，现在员工被认定为工伤，自然要承担支付49.1万元一次性工亡补助金的责任。

本案启示

1.员工在上下班途中遭遇车祸，出现伤亡事故属于工伤。这类劳动争议一旦申请仲裁或由法院裁决，用工单位一般会承担败诉的后果。打官司会影响用工单位的声誉并产生时间、金钱成本。处理此类纠纷最好的方式是，用工单位站在员工的立场，按照相关法律规定协商妥善解决，这样既可以节约诉讼成本也能让受害员工及近亲属感受到用工单位的人文关怀。

  2.现实生活中，有的企业出于缩减用工成本、员工流动性大、缴纳工伤保险程序烦琐等方面的考虑，不为员工缴纳工伤保险，这种违法做法得不偿失。不缴纳工伤保险的用工单位不仅会受到相应的行政处罚，最终还要按照有关规定补缴工伤保险费、滞纳金和不菲的罚金，这些无疑不利于企业健康、长远发展。

2. 退休再就业，法律风险不可不防

花甲之年的韩晨退休后再就业发挥余热，创造社会价值，相较于在家颐养天年，他更加快乐、幸福。可是，韩晨在一家新单位上班没几个月，便发生了不愉快，还打起了官司。劳务合同与劳动合同究竟有何区别？劳务合同还没有到期，公司擅自终止合同，该不该支付违约金？

签订补充合同，接受公司绩效考核

韩晨原是拖拉机厂一名高级工程师。30多年的工作阅历使他成功从技能型人才转变为管理型人才，充满着认真、细致、敬业的激情。韩晨办理了退休手续后，土木公司向他抛来"橄榄枝"。

韩晨戴着花镜，坐在书桌旁，研读起土木公司的简介材料："占地175000平方米，500余名员工，拥有国际一流设备……主要为食品、日化等多领域提供绿色环保软包装材料。"第二

天一大早，韩晨又到土木公司实地考察：高高耸立的办公楼，整齐有序的厂房和车间，满院的花草芬芳、绿树成荫……眼前所见与公司简介十分相符。韩晨慧眼断定土木公司还有潜力可挖，他决定出任土木公司设备部的副总经理一职。

土木公司为韩晨提供了丰厚的待遇："吃、住免费，每月100元话费，试用期每月工资6000元（税后），转正后每月7000元，每月4天公休……"

韩晨与公司正式签订了合同，带着饱满的热情投入紧张的工作中。他与公司中层管理干部逐个谈心，跑遍公司大小车间搞调研，制订新的行之有效的管理制度……一个月后，韩晨用自己的工作业绩顺利度过试用期，月工资也提高到7000元。

顺利转正的韩晨本应欣喜，可他内心却有些不平衡。原来公司其他两名副总月工资收入均1万多元，年底还有不菲的年终奖。韩晨进一步了解到：其他副总的工资之所以高，是因为参加了公司的绩效考核。

"合同上写着我接受公司的工作监督，但不参加绩效考核，这样不利于提高工作热情，也不利公司提高效能……公司老总对此予以认同。"韩晨一边继续热情工作，一边积极与公司老板黄总沟通工资问题。

2月初，公司与韩晨签订了补充合同：将合同第5条内容"转正后基本工资7000元"修改为"基本工资1万元（税后）2月执行"；将合同第7条内容修改为"韩晨作为乙方积极完成公司交办的工作任务，接受甲方的绩效考核"。

合同终止，要求公司支付违约金

补充合同签订后，韩晨信心满满地开展工作，可他的工作热情再次被打击。2月下旬，公司发放1月工资时，韩晨计算后发现少发了224元。韩晨通过微信询问会计后得知，计算1月工资时忽略了他的工资数额是税后，会计表示"差额补到2月工资中"。

一个月后，公司按时发放2月工资，让韩晨气愤的是不但没有给他补发1月的工资差额，也没有按补充合同执行新的工资标准。

韩晨再次询问原因，会计告诉他："黄总说，等有了绩效考核细则，自3月执行。"

3月，土木公司制定了《设备副总经理绩效考核细则》（以下简称《细则》），韩晨在"被考核人"一栏写下"对第4条第1款设备异常急需的备件（超过4小时），影响一次扣5分"内容持"保留意见"。

韩晨本以为公司会按照《细则》执行2月的工资标准，可他没想到公司又让他将补充合同中的"基本工资1万元"修改为"考核工资1万元"，"自2月执行"修改为"自3月执行"。

韩晨坚决不同意修改。自此，他与公司领导的矛盾全公司尽人皆知。韩晨不断地暗示自己，不管别人说什么都要继续以高度的责任心投入工作。

据韩晨回忆说："没过几天，我看到人力资源部主管的电脑上显示我 2 月的绩效考核成绩为 64 分、3 月为 78 分。我便询问人力资源部主管'我的工作在哪里扣分了？扣分的原因和理由是什么？'"

一周后，韩晨仍没有得到公司任何回复，却接到土木公司与他终止合同的正式通知。对此，韩晨心里倍感委屈："根据双方合同约定，必须提前一个月以书面形式通知解除合同。公司没有提前告知便与我解除合同属于违约，应当支付我一个月的工资作为违约金。另外，公司拖欠我 1.6 万元工资，至今没有发放……"

韩晨多次与土木公司交涉，但是双方都觉得自己有理，谁也不肯让步。两个月后，韩晨向县法院递交了起诉状。请求法院判令土木公司支付拖欠的 1.6 万元工资和解除合同违约金 1 万元。

土木公司答辩称："我们解除劳务关系是因为韩晨存在严重违反公司管理制度的行为。我公司与他签订的合同上没有违约的相关约定，因此我公司不应支付违约金。另外，我公司应支付原告劳动报酬为 3 月工资 1465 元，而不是 1.6 万元……"

驳回申诉申请，陷入违约金困惑

法院依法组成合议庭，开庭审理了此案。庭审中，韩晨和土木公司代理人对双方签订的内容均表示认同。法官审查时，发现：其中第9条规定"甲方和乙方可以提出终止合同，但是必须提前一个月以书面形式通知对方，并按规定办结工作交接手续"的确没有约定违约条款。庭审还查明：土木公司未结清韩晨3月和4月共13天的工资。

公司到底该不该支付违约金？合议庭成员展开讨论，最终认为：原告属于退休职工，已领取退休金，不具有法律意义上的劳动主体资格。因此，双方签订的合同不适用《劳动法》有关规定，原告要求按照劳动合同支付违约金1万元不予支持。参考韩晨已从被告处领取的工资和考勤天数，将土木公司应结清原告劳务报酬酌情定为9273元。

法院依法判决土木公司支付韩晨劳务报酬9273元。

宣判后，韩晨不服，他说："法官酌定给付我9273元劳务报酬，没有法律依据。一审法院认定的事实也是错误的……我提交的证据能够证明土木公司违约，土木公司应承担违约责任。"

上诉期内，韩晨将三页上诉状递交到二审法院。土木公司拖欠的3月和4月共13天的工资，该如何计算？没有提前告知解除合同该不该支付违约金？二审法院开庭时，双方再次展开激烈的辩论。

针对当事人双方所阐述的理由和证据，法官认为：韩晨和土木公司签订的补充合同属于附生效条件的合同。土木公司提交的《细则》能够证明双方就绩效考核未能达成一致意见。因为没有实施绩效考核，所以补充合同生效的条件不成立，该补充合同对双方没有约束力。韩晨主张按照月工资1万元计算没有依据,不予支持。双方就绩效考核细则没有达成一致意见也是解除劳务合同的原因。双方均无过错,土木公司没有违约,韩晨主张1万元违约金不予支持。

二审法院重新计算土木公司拖欠韩晨劳务报酬的数额为10484元,改判土木公司支付韩晨劳务报酬10484元。

"我在《细则》所签的'保留意见'只是对某个条款有不同认识,是建议今后逐步完善,并不是不认可《细则》实施。二审法院认定双方就绩效考核细则没有达成一致意见导致合同解除没有法律依据。土木公司突然以口头方式强行终止合同,属于违约,应向我支付违约金(一个月劳务报酬)……"韩晨不服市中院终审判决,申请省高院再审。

省高院审理后,驳回了韩晨的再审申请。

收到省高院的驳回再审通知书,韩晨依然困惑不解、满腹委屈:法院适用法律错误,违约就该承担违约责任……他向市检察院递交了申请民事监督材料。三个月后,市检察院民行部门作出不予支持监督决定书。其实,很多人退休返聘再就业挣钱多少并不重要,关键是保持好心态,开心、健康才是重中之重。希望,韩晨尽早走出败诉的阴影。

检察官说法

《最高人民法院关于审理劳动争议案件适用法律问题的解释(一)》第32条第1款规定,用人单位与其招用的已经依法享受养老保险待遇或者领取退休金的人员发生用工争议而提起诉讼的，人民法院应当按劳务关系处理。需要注意的是，劳务合同与劳动合同虽是一字之差，却有天壤之别。劳务合同主要受《民法典》"合同编"调整。劳动合同受《劳动合同法》《劳动法》调整，用工单位在劳动合同中违约，即便双方订立的劳动合同中没有约定违约责任，用工单位也要根据《劳动合同法》《劳动法》的相关规定承担违约责任，支付违约金。

《民法典》第585条第1款规定，当事人可以约定一方违约时应当根据违约情况向对方支付一定数额的违约金，也可以约定因违约产生的损失赔偿额的计算方法。由此可以看出，违约金应当进行约定，违约责任是一方违约后，适用的以支付违约金为内容的民事责任。司法实践中，法官、检察官会着重审查劳务合同中双方当事人制订的有关违约责任条款，具体分析终止合同一方是否存在过错，以及造成对方损失的大小，从而判断违约方是否承担违约责任，并支付违约金。本案中，土木公司与韩晨在合同和补充合同中没有明确约定违约责任，双方终止合同主要是因为在工资计算方式、考核细则等问题上存在争议和矛盾，导致补充合同无法正常实施，所以两者对合同终止均没有过错。另外，韩晨是退休职工，本身享有退休金和医疗保险等待遇，合同终止后对其生活也不会有明显损失，因此，法院没有支持韩晨违约金的诉求是符合法律规定的。

司法实践中，对于存在争议的合同条款，法官、检察官既会把合同内容与补充合同内容放在一起进行审查，也会把有争议的条款或词语与其上下内容联系起来综合分析，以明确争议条款或词语的真正含义。本案中，补充合同第5条"基本工资1万元自2月执行"也要同补充合同第7条"接受甲方绩效考核"相联系。综观全案不难发现，土木公司人力资源部没有公布"绩效考核"分数，实际上韩晨也不满意"绩效考核"分数，因此《细则》并没有正式实施，法官只能按原来合同的标准计算土木公司拖欠韩晨的工资数额。

本案启示

1.已享受养老保险待遇或领取退休金的人员与用人单位发生用工争议，依据司法解释规定应按劳务关系处理。自愿、平等是合同重要原则之一，双方在履行合同发生争议时，都有终止、解除合同的权利。

2.在协商签订劳务合同时，有必要写清楚违约条款及计算违约金的方式。这样既可以避免不必要的纠纷，也能为守约方赢得一份经济补偿。

3. 员工死于单位为啥不算工伤？

两年多来，刘新军和母亲胡骅辗转奔波于信访局、人社局和法院之间，要为死去的父亲刘峰评定工伤。可是，医院的死亡证明写着"死因不明"，刘新军与供电所人员在"出事那天晚上，刘峰是不是供电所值班人员"的问题上也各持己见。法院到底该支持哪方主张呢？

老职工夜间猝死于单位

一个周六的凌晨，急促的手机铃声把某供电所所长陈宏从睡梦中惊醒，他感到不妙，匆忙接听手机："我是王玥。早上马胜发现刘峰坐在配电室的椅子上一动不动，可能是不行了……"

"赶紧打120电话救人，通知刘峰的家属，我随后就到。"陈宏挂断电话，立即向主管领导报告此事。半小时后，陈宏和人事部主任火速赶到医院，听到的却是"抢救无效死亡"的噩耗。

时年58岁的刘峰和妻子胡骅结婚30余年,两个儿子现已成家立业。"前些年两个孩子小,我又没有工作,俺当家的一人养活一大家子没少受罪。现在生活条件好了,可他没享几天福……走的时候连一句遗嘱也没留下。"胡骅撕心裂肺的痛哭声,让在场的人无不动容。

面对刘峰的死亡,陈宏的心情久久无法平静:考虑到刘峰还有两年就要退休了且患有心脏病一直在吃药,所以领导从去年开始就一直没安排他值夜班,只是让他白天带着几名员工到各村更换智能电表,怎么也想不到他会出事呀!

供电所迅速成立了调查组,对刘峰的死因展开调查。调查报告显示:当天上午,刘峰与孙立、余佳两名员工在某村安装智能电表。三人工作到11点50分,才把村里各家各户的电表更换完毕。

孙立回忆说:"那天中午干完活,刘峰和余佳来我家吃饭,我和余佳不喝酒,喝的是茶水……刘峰喝了不到二两白酒。下午,我们三个回到供电所继续上班。"

调查组相继找到曾与刘峰接触过的员工核实,又了解到:当日下午6点下班后,刘峰请马胜、王玥等7位同事到饭店吃饭。席间,8人喝了1瓶白酒和12瓶啤酒。胡骅一直不让刘峰喝酒。酒宴散后,刘峰怕回家与胡骅吵架就以晚上值夜班为借口,打电话告诉她晚上不回家了。胡骅还叮嘱他按时吃药。

马胜回忆:"我们三人当晚在公司配电室休息,10点左右,见刘峰还在与家人通话,我和王玥就先到值班室休息了。早上醒来,我发现刘峰还在配电室的椅子上坐着,就上前询问,可怎么叫他也没反应……"

市人社局被推上"被告席"

就在刘峰突然去世的第三天上午,刘峰亲属带着30余人气势汹汹地闯入供电所。一个高个男子不由分说上前扇了人事部主任两耳光,一个妇女拿起会议桌上的水杯,泼向总经理……还有20余人围堵供电所的大门。现场乱作一团,陈宏报了警。

据陈宏回忆:"那天上午,看到供电所出事那晚上的值班表及值班记录没有刘峰的名字,刘峰亲属火冒三丈,非要我们重作一份有刘峰名字的值班表和值班记录。为了不激化矛盾,我们违心地满足了刘峰亲属的要求。"

接下来三天,刘峰的亲属与供电所领导在宾馆里协商解决方案。陈宏介绍:刘峰家属要求供电所将刘峰死亡上报为工伤。说实话,公司也愿成全死者家属,但县医院出具了"死因不明"的证明,刘峰的死亡不符合工伤认定标准,工伤的报告批不了。当时我们公司领导多次做刘峰家属的工作,建议对刘峰尸体进行法医鉴定。可是刘峰家属表示要"按照农村传统,留全尸",坚决不同意尸检。

经过多次协商,一周后,胡骅最终同意退让一步,不再要求工伤认定,同意按国家有关规定处理。供电所领导也兑现了"从生活照顾入手,补偿刘峰亲属6万元"的承诺。

刘峰的亲属拿到补偿款后，双方握手言和。本以为这件事到此画上了句号。谁知，几个月后，刘峰亲属不但将此事反映到信访部门，还向当地人社局提交了刘峰的工伤认定申请。人社局受理后，对刘峰死因展开调查、取证。两个月后，市人社局依据县人社局确认的事实，作出不予认定刘峰工伤的决定。

刘峰亲属将市人社局告上法庭，请求依法撤销市人社局作出的不予认定工伤决定书。这份起诉书称："事发当晚10时，刘峰在单位值班，他还和亲人通过电话。第二天早上，同事发现刘峰坐在值班室椅子上不省人事。刘峰是在工作时间、工作地点突发疾病死亡，市人社局不认定刘峰为工伤，明显是错误的……供电所每天值班均有'人脸考勤记录'，但市人社局查阅了'人脸考勤记录'却故意隐瞒证据。"同时，刘峰家属还提交了刘峰当晚与家人的通话视频、值班表等多份证据。

市人社局答辩称："刘峰不属于当晚供电所值班人员。当日下午6时，刘峰与同事到饭店饮酒，餐后滞留单位，次日早上6时被发现在配电室内突发疾病死亡。刘峰死亡不符合《工伤保险条例》第14条、第15条的规定。刘峰家属多次到单位围堵，供电所为了避免矛盾激化，才违心出具与事实不相符的值班证明材料。事发当晚，刘峰有饮酒行为。刘峰亲属不同意进行法医鉴定。若是饮酒导致刘峰死亡，依据《工伤保险条例》第16条第2项规定，不得认定为工伤……"除了答辩书，法院还收到市人社局提交的派出所出具的情况说明及供电所有关人员的调查笔录等相关材料。

三级法院审理结果相同

法院公开开庭审理这天,供电所作为本案第三人参加庭审。原告、被告的争议归纳为"事发当晚刘峰是不是值班人员"这一焦点问题。原告刘峰亲属坚持认为,案发当晚刘峰是单位的值班人员,其死亡属于工伤,但被告市人社局的观点则相反。为此,双方展开激烈辩论。在法庭调查和质证之后,原告、被告存在颇大争议。

休庭后,合议庭讨论认为:《工伤保险条例》第19条第2款规定,职工或者其近亲属认为是工伤,用人单位不认为是工伤的,由用人单位承担举证责任。本案中,供电所提供的值班表和证人证言与原告刘峰亲属提供的值班表等证据相反。从供电所的值班制度内容来看,供电所应持有值班记录、人脸考勤记录等关键客观证据,但是供电所未在工伤认定过程中提交,所以应当认定供电所没有尽到举证责任。

一审法院判决,撤销市人社局不予认定工伤决定书;责令市人社局在判决生效60日内重新作出处理。

一审宣判后,县人社局再次针对事发当晚"刘峰是否值班"等问题展开调查、核实并调取相关证据,并重新作出不予认定刘峰的死亡为工伤的决定。

刘峰亲属再次将市人社局推上"被告席"。原审法院另行组成合议庭,再次开庭审理该案。此次庭审与上次不同的是,供电所所长、人事部主任、案发当晚值班员等均作为证人出现在法庭上。

针对原告诉称"供电所提供的值班表及值班记录系虚假证据",市人社局工作人员解释说:供电所提供的证据如果为虚假证明材料,那么供电所的相关人员就要承担法律责任。刘峰的死亡若被认定为工伤则需要工伤保险基金支付几十万元的赔偿金,不需要用人单位支付任何费用,也就是刘峰系工伤的认定与否与用人单位没有任何利害关系。所以,供电所没有必要出具虚假证明材料。

庭审进行了4个多小时才结束,合议庭的法官结合当事人提交的证据,讨论后认为:"市人社局针对'刘峰在当晚不属于值班人员'这一事实,提供了调查笔录、值班记录、考勤等证据,结合诸多的证人证言,能够形成证据链条证明刘峰在死亡当晚并非供电所值班人员,所以市人社局作出'不予认定为工伤的决定'程序合法,依据充分。"

一审法院再次作出判决:驳回原告刘新军、胡骅的诉讼请求。刘新军不服判决上诉至市中院。市中院开庭审理后认为:一审判决认定事实清楚,适用法律及判决结果正确,应予维持。省高院在收到刘新军再审申请书,组成合议庭审查后,作出裁定:驳回刘新军、胡骅的再审申请。

"市人社局与供电所串通弄虚作假,导致法院认定事实错误。"刘新军和母亲又向市检察院递交了一份长达6页的监督申请书……3个月后,市检察院作出不予支持监督决定书。

维权篇

检察官说法

本案中,刘峰家属一直认为自己败诉缘于"供电所提供了虚假的值班表等证据"。其实,刘峰亲属败诉的原因在于误解了法律。

工伤认定虽然强调的是劳动者因工作原因受到伤害、死亡,但也有除外情形。根据《工伤保险条例》第16条的规定,职工故意犯罪的、醉酒或者吸毒的、自残或者自杀的,不得认定为工伤或者视同工伤。一言以蔽之,职工在工作时有醉酒等行为,就算是因工作原因受到伤害、死亡也不能认定为工伤。

综观全案,刘峰死于单位是事实。但供电所出具的值班表等证据及证人证言均可证明刘峰不属于案发当日的值班人员。多名证人证明刘峰在去单位过夜前有饮酒行为,刘峰的死亡是否与酗酒有关,需要法医通过尸检确定,而刘峰家属始终不同意尸检,又不能提供死者案发前没有饮酒的相关证据。在这种认定工伤证据缺失下,市人社局如若认定死者为工伤,显然会纵容一些不符合工伤认定的员工及其亲属骗取工伤保险金,造成社保资金流失。因此,法院的判决结果是公平、公正的,符合《工伤保险条例》的立法目的。

本案启示

1. 员工在非工作时间、非工作原因滞留于单位过夜且处于醉酒状态……这类现象无疑暴露出一些企业在管理制度方面存在的松懈、麻痹等问题，也为事故埋下了隐患。因此，企业加强内部制度管理，完善监督措施，有效填补管理上的诸多漏洞，才能从根源上杜绝此类纠纷。

2.工伤保险金是国家通过法定程序建立起来的专项资金，之所以实行专款专用，就是要确保每一笔工伤保险金用在刀刃上。对于当事人明知不符合工伤认定标准，仍采用虚构事实或隐瞒真相的方法骗取工伤保险金的，涉嫌构成保险诈骗罪，公安机关应立案侦查，追究其刑事责任。因此，在敬畏法律的时代，证据和事实是认定工伤的基石，用人单位和家属应以实事求是的态度，遵纪守法，才是解决此类工伤认定问题的最佳途径。

四、法律监督

《宪法》赋予检察机关法律监督职能。检察官作为国家利益和社会公共利益的代表,应成为防范和纠正冤假错案的"主力军"。

1. 百万债务，前妻和卡主该背锅吗？

与出借人素昧平生，借条上也无本人签名，更谈不上享受任何收益，朱瑞红却被法院判决替前夫还债。这笔借款经由马刚夫妇名下银行卡汇转，马刚夫妇也为此"买单"。天降巨债，"被负债"者该如何通过法律途径来解决这个难题？

陌路两年，惊闻替前夫背债

现年60岁的朱瑞红是一家轴承厂退休职工。她和余俊海结婚30多年，育有一儿一女。2年前，由于感情不和，朱瑞红和余俊海办理了离婚手续。

儿子余佳注册成立宏飞公司，主要经营建筑业和制造业项目。余俊海从银行办理内退手续后，作为幕后"董事长"为公司主持大局。

一日上午，朱瑞红到银行支取退休金时意外发现名下的存款被法院冻结了。就在当天，法院通知朱瑞红，其名下房产被查封。接连而来的变故让朱瑞红头脑发蒙，她赶紧到法院了解情况，这才得知自己卷入前夫余俊海的借款纠纷中，并在一审中败诉。

前夫无力偿还这笔巨额债务，朱瑞红作为被告之一，名下的财产被列入法院的执行范畴。

冯岩跟余俊海是多年的朋友，听说钱放到余俊海那里可拿到16%的月息，他心动不已：若把替妻子的妹夫赵敏保管的125万元借给余俊海，钱速生钱，岂不美哉。

冯岩征得赵敏同意后，代表赵敏跟余俊海签下一张不足百字的借条。回忆起当时签借条的情形，冯岩记忆犹新："那天赵敏有事，借条上出借人的名字是我代替签的，赵敏认可。余俊海在借款人处签了自己的名字，宏飞公司作为担保人。借条上还明确写着，若借款人到期不能偿还，担保人代为偿还，并承担无限连带保证责任。当时余俊海给了我一张写着银行卡号的纸条，告诉我直接把125万元借款打到伙计马刚的账户上……"

大功告成后，冯岩喜不自胜，以功臣自居的他在妻子娘家赚足了面子。可事情的突变让他的角色发生了逆转。1年后这笔借款到期，赵敏拿着借条讨要钱款，余俊海总以各种理由拖延不还。妻妹一家的埋怨和自责让冯岩悔不当初。

赵敏是县城的一名医生。多年行医之余，具有本科学历的他自学了一些法律课程。类似"婚姻关系存续期间夫妻一方所负债务的，按夫妻共同债务处理"的基本法律常识他是熟知的。为了最大限度收回借款，他直接到法院起诉了余俊海、朱瑞红、宏飞公司、马刚夫妇。

一审法院开庭审理后认为：余俊海、马刚向赵敏借款125万元，该借款转入融资合伙人马刚的账户，双方构成民间借贷关系。一审判决，余俊海、朱瑞红、马刚夫妇偿还赵敏125万元借款及利息，宏飞公司承担连带责任。

朱瑞红得知事情的前因后果后，愤愤不平："我早已离婚且一直在娘家住，有明确的住址……法院却采取公告方式送达，导致我没有收到开庭通知和判决书。一审法院程序违法。"

申请监督，检察院依法抗诉

"我们两口子比朱瑞红还冤。"马刚妻子马艳回忆，"我舅舅和余俊海是多年的好友。当初，马刚通过这层关系进入宏飞公司，负责前台工作。公司平时业务繁多，却没有账户，很不方便，余俊海就让马刚用我俩的身份证在银行办理了两张银行卡……"马刚夫妻没有多想，就将办好的两张银行卡交给了余俊海，供宏飞公司转账使用。前些日子，马艳在购物时，突然发现微信无法付款，一查才得知她的银行卡已被法院冻结。

朱瑞红已跟前夫一别两宽，30年的夫妻之情最后只剩下了伤心，她不想拿自己的房产、积蓄替前夫还债。马刚也是委屈满腹："我只不过是宏飞公司的前台小职员，百万借款我们夫妻俩分文未见，一审法院却判我们替余俊海还债，真是荒天下之大谬。"

但此时，已过了上诉期限，朱瑞红和马刚夫妇已失去上诉权。三人只得走再审程序。但再审法院审查后，驳回了他们的再审申请。三人仍不服，继续申请县检察院民事监督。5个月后，市、县两级检察院的主办检察官相继调取了全部卷宗，审查后均认为：原审判决存在错误，符合抗诉条件。

市检察院的检察官解释说："通过审查宏飞公司信用代码，发现法人代表仅有余佳的名字。借条上借款人写着余俊海，出借人写着赵敏，担保人一栏盖着宏飞公司的印章。看不出马刚夫妇在这笔借款中的身份。也没有其他证据证明马刚是余俊海的融资合伙人，因此一审法院判决认定马刚夫妇承担还款责任存在错误。"

为何支持朱瑞红的抗诉申请呢？检察官指出：由于赵敏在本案中没有提供相关证据证明该借款用于余俊海和朱瑞红夫妻关系存续期间的家庭生活开支，所以不应当认定为夫妻债务，朱瑞红自然不用承担还债责任。

朱瑞红、马刚夫妇接到市检察院送达的抗诉决定通知书，三人如释重负。

是非明朗，"被负债"者终脱帽

这起备受争议的借贷纠纷在市中院开庭再审。与以往审理民事案件不同的是，两名检察官也到庭履行法律监督职责。一大早，朱瑞红和代理人坐在申诉人席上，赵敏、余俊海、马刚夫妇等人均未出现在法庭上，参与庭审的是他们各自的律师。

庭审现场秩序井然，气氛庄严。检察官宣读抗诉书后，指出："朱瑞红、马刚夫妇均有住址，不属于下落不明等公告送达情形，原审法院采取公告送达方式，没有保障当事人的诉讼权利……"

在法庭调查阶段，当事人围绕"朱瑞红和马刚夫妇是否应承担125万元借款的还款责任"这一焦点展开辩论。赵敏的律师称："余俊海借款在前，与朱瑞红离婚在后，是余俊海发现不能偿还这笔借款时，才和朱瑞红离婚的，这明显是'假离婚'。朱瑞红的账户上每月都有大额资金进入，这明显超出正常工资水平。"

赵敏的律师又向法院提供了马刚经手的8笔业务账单并辩称："马刚和余俊海是共同经营宏飞公司的。一个负责吸收资金，一个放贷。马刚的妻子马艳使用自己的账户偿还赵敏等人利息，马刚作为丈夫是知情的……"

对于"假离婚"一说，朱瑞红情绪激动地说出离婚原因："余俊海大男子主义，凡事独断专行。我们感情20多年前就已经破裂，考虑到孩子小所以才勉强在一起过日子。在余俊海借款前我们就正式分居了。"

马刚的律师也发表了观点：没有证据证实马刚与余俊海是融资合伙人。赵敏的律师提交的8笔银行账单记录均是网上交易，这是其他人冒用马刚夫妇之名操作的，而非他们本人所为。另外，法律对使用他人账户接收借款没有禁止性规定。就本案而言，赵敏的借款虽然是马刚夫妇的银行账户接收的，但借款人是余俊海，承担还款责任的应是余俊海。

对此，赵敏的律师予以反驳："对于大笔汇款交易，必须由本人持身份证到银行操作，这八张账单上是马刚、马艳的亲笔签名……"

整个庭审持续了3个多小时才结束。

市中院裁定发回重审。一审法院重审期间，余俊海因涉嫌非法吸收公众存款罪被公安机关刑事拘留。余俊海通过协商的方式，与赵敏达成了和解协议。而后，一审法院作出裁定：准许原告赵敏撤回起诉。接到裁定书，朱瑞红和马刚夫妇的生活又恢复了往日的平静。

检察官说法

一直以来，婚姻关系存续期间夫妻一方的债务是否由夫妻共同承担存在较大争议。法律既要保护债权人的合法权益，又不能让夫妻一方承担不应该承担的债务，更不能让本应该承担债务的夫妻一方逃避偿债责任。《民法典》第1064条第2款规定："夫妻一方在婚姻关系存续期间以个人名义超出家庭日常生活需要所负的债务，不属于夫妻共同债务；但是，债权人能够证明该债务用于夫妻共同生活、共同生产经营或者基于夫妻双方共同意思表示的除外。"

司法实践中，对于夫妻一方不知情、不认可的债务，法官、检察官通常会结合证据及庭审情况从两个方面作出裁判：一是该借款的用途及去向；二是该债务是否属于法律规定的夫妻共同债务除外情形。比如，借款人和出借人明确该债务属于夫妻一方个人债务、出借人明知债务人存在夫妻财产各自所有的约定、出借人将借款用于赌博等。本案中，朱瑞红、马刚、马艳没有参加庭审，一审法院在既没有确切的证据证实该债务属于夫妻共有，也无法证实马刚与债务人余俊海是合伙关系的情况下，便直接将该债务认定由朱瑞红、马刚、马艳承担，显然有失法律的公平、公正。

本案启示

1.夫妻关系存续期间，一方债务不再等同于夫妻共同债务。出借人若想让债务人夫妻共同还债，也想让债务人的合伙方共同承担偿还借款，那么就需要让债务人夫妻双方和合伙人均在借条上签名，且在借条上写明借款的用途。这样做，即便日后出现债务人因感情不和离了婚或是合伙关系闹僵等情况，法院也可依据借条上的签名和内容支持出借人的主张。

2.借钱需谨慎，警惕非法集资陷阱。高额利息回报的背后，必然隐藏着高风险，切莫落入非法集资的圈套。

2. 连环碾轧案诉讼始末

"车技高超，从没有出过事，偶尔喝点小酒驾车，不会那么巧遇到交警……"醉驾已入刑很久，但仍有一些驾驶员抱着侥幸心理，饮酒后开车。熊兴华酒驾撞倒一辆摩托车后，驶离现场不到片刻，躺在机动车道上的两名被害人又惨遭后面两车碾轧，两条鲜活的生命从此失去……

回家路上，一对恋人命丧车祸

一日晚上9点多，王福军载着女友韩丽，与好友陶晓华各自骑着摩托车并排行驶在回家的路上。昏暗的路灯下，行人若隐若现，三个青年畅谈人生，描绘憧憬中的美好未来，给夜色增添了许多色彩。

突然，后方一辆黑色轿车飞速驶来，失控的车头狠狠撞在王福军的摩托车上。只听见一声巨响，王福军和女友连同摩托车一起被撞飞，黑色轿车的发动机舱盖也被撞瘪了一块，风窗玻璃全是密密麻麻的裂纹……

然而，这辆黑色轿车没有停车反而快速拐向另一条偏僻的公路。陶晓华从惊愕中清醒过来，立即加大油门，追向肇事车。几分钟后，陶晓华的摩托车和肇事车不足两米之遥。陶晓华凭借微弱的路灯，看清了这辆黑色轿车的牌照号码，并记了下来。

陶晓华掉转车头返回营救伤者。可是，当他驾车回到事发地时，又一幕令人毛骨悚然的情形映入眼帘：一辆白色面包车飞快地从韩丽、王福军的身上碾轧过去。不足半分钟，又一辆红色轿车再次从两人的身上碾轧过去……地上流淌着两摊鲜血。此情此景，惨不忍睹。

驾驶白色面包车的驾驶员郝东和红色轿车的苏岭先后将车停在路边，等候交警处理。大约十分钟后，救护车呼啸赶来，围观的群众把两位伤者抬上救护车。可是，经过医生全力抢救，韩丽由于伤势过重再也没有睁开眼睛，王福军也在医院抢救10天后永远离开了这个世界。

案发后第二天早晨，还在梦中的熊兴华被母亲突然叫醒。原来，警方根据陶晓华提供的车牌号码，锁定了熊兴华是犯罪嫌疑人。随后，熊兴华被带到交警大队调查。在讯问室里，熊兴华如实交代了当晚在同学聚会饮酒后驾车，撞上王福军摩托车的过程。撞到人后，他还把车开到了修理店。

痛失亲人，被害人亲属要求严惩肇事者

死者王福军是家中的独子，时年21岁的他，与同岁的女友韩丽本来准备过了春节就去民政局领证结婚，谁想却在一场突如其来的车祸中命丧黄泉。王福军和韩丽的父母闻此噩耗，哭得死去活来。

"撞人后你为何不报警却把车开到修理店？"面对警方讯问，熊兴华供述说："当时，我的头晕晕的，迷迷糊糊……撞车后发生的事情都记不得了。"

然而，酒后失忆的供述并没有成为熊兴华减轻刑罚的依据。当天，熊兴华被警方刑事拘留。警方依法扣押了肇事车，并调取到案发时的监控录像。

半个月后，县交警大队出具的《交通事故责任认定书》显示：熊兴华酒驾（血液酒精浓度为132mg/100ml）与王福军摩托车相撞后逃逸，王福军、韩丽又遭白色面包车和红色轿车碾轧，最终造成韩丽和王福军死亡。依据《道路交通安全法实施条例》第92条规定，熊兴华应负主要责任，郝东与苏岭应负次要责任。

该案由公安机关侦查终结后移送检察院起诉。"如果熊兴华撞人后能在第一时间营救我儿子，就不会被后面的两辆车再次碾轧，我儿子和他的女朋友也不会死。熊兴华把我儿子和他的女朋友弃置于机动车道的危险境地，这是放任被害人死亡结

果发生，是一种不作为的故意杀人行为，必须以故意杀人罪判处熊兴华死刑。"王福军的父亲王辉找到检察官情绪激动地说。

熊兴华的轿车与王福军的摩托车相撞后，韩丽是否还活着？韩丽和王福军的伤情是否属于重伤？他们二人到底是三个司机中谁撞死的？检察官审查卷宗证据材料后疑问重重。一个月后，公安机关经过补充侦查，得出的结论是现有的侦查技术无法确定三辆车对两名死者造成的伤害程度。

《最高人民法院关于审理交通肇事刑事案件具体应用法律若干问题的解释》第3条明确规定，交通肇事车致一人以上重伤，负事故全部或主要责任并具有酒后、吸食毒品后驾驶机动车辆等五种情形之一，为逃避法律追究而逃跑的行为，属于交通运输肇事后逃逸。

此时现有的证据不能认定熊兴华撞车时造成两名被害人的伤情程度，不仅辩护律师质疑熊兴华酒驾驶离现场是否属于"逃逸"，检察院公诉部门内部也出现不同意见。

一番深入的讨论后，主办检察官结合整个案情亮明了观点：熊兴华酒驾撞人后，没有救助处于危险境地的两名被害人，只顾驾车驶离现场，企图躲避法律制裁，并不具有积极追求两名被害人死亡结果的主观故意，因此不符合故意杀人罪的构成要件。当晚光线昏暗，后方车辆难以发现躺在公路上的两名被害人……两位被害人死亡与熊兴华的驾车驶离现场具有因果关系，被告人熊兴华驾车驶离属于交通肇事致人死亡情形。

庭审辩论，检察官替被害人伸张正义

一审法院公开开庭审理了这起交通肇事案。熊兴华驾车驶离现场的行为是该案如何定罪、量刑的关键，因而庭审中也成为控辩双方辩论的焦点。

熊兴华的律师认为："熊兴华驾车离开现场是事实，但该行为不属于逃逸。两名被害人的尸检报告证明王福军是因颅脑损伤死亡，这一定是后两辆车撞击导致的……韩丽是因遭到后两辆车的碾轧而死亡，现有证据不能证明是因为熊兴华的逃逸行为造成两位被害人重伤、死亡，后两名驾驶员应对这两名被害人死亡承担责任。"辩护人认为，熊兴华不属于交通肇事后逃逸，即便构成交通肇事罪，也应在3年以下量刑。

出庭公诉的检察官结合交通肇事罪的立法本意和具体案情反驳称：《刑法》第133条的规定，实际上分为三个档次：第一档规定了交通肇事罪的基本犯罪构成要件，量刑在3年以下；第二档规定"交通运输肇事后逃逸或者有其他特别恶劣情节"的加重犯，量刑在3年以上7年以下；第三档规定是"逃逸致人死亡"情况下的结果加重犯，量刑是7年以上。交通肇事逃逸致人死亡强调的是"被害人因得不到救助而死亡"。本案中，熊兴华酒驾撞人后驶离现场，导致摔伤在机动车道上的两名被害人遭受第二辆、第三辆车碾轧最终死亡，其后果与熊兴华不予及时救助行为有直接的因果关系，应认定为交通肇事逃逸致人死亡。另外，熊兴华将撞坏的轿车开到修理店，不能排除有毁灭证据的嫌疑；案发后熊兴华未取得被害人家属谅解，应予严惩。

庭审中，检察官还结合证人陶晓华证言、尸检报告、《交通事故责任认定书》等证据展开分析，还原了这起交通事故的整个过程。熊兴华在最后陈述阶段表示认罪、悔罪。最终，一审法院以交通肇事罪判处熊兴华有期徒刑12年2个月。

制发检察建议，办案促进社会和谐

熊兴华不服提起上诉。二审法院开庭审理后认为：熊兴华酒驾违反交通规则，撞人后驾车驶离，没有第一时间保护现场，进行施救，导致两名被害人陷入危险境地。当晚光线昏暗，后方车辆难以发现躺在公路上的被害人，直接导致两名被害人被其他车辆二次、三次碾轧，原判认定熊兴华交通肇事后逃逸致人死亡并无不妥。随后，二审法院作出维持原判终审裁定。

在监狱服刑的熊兴华委托父母到市检察院递交了刑事申诉书。承办检察官审查相关卷宗并相继调查、走访原办案法官和检察官后，发现案件出现了新转机。

原来，王辉和韩丽的父亲韩韬在案发不久，强行撬开熊兴华父母家的门锁，占据熊家的房屋，生活了半个多月。公安机关侦查终结后以王辉、韩韬涉嫌非法侵入住宅罪移送检察院起诉。在检察官和法官反复耐心劝说下，双方当事人回到了协商轨道上。熊兴华父母自愿谅解王辉等人的过激行为,王辉夫妇和韩丽父母也愿意接受熊兴华父母替儿子再垫付25万元赔偿款,双方签下了《谅解书》。

冤家宜解不宜结。承办检察官进一步解释:"交通肇事罪属于过失犯罪,熊兴华的犯罪主观认识和行为其实并不是那种罪大恶极、不可饶恕的;被害人家属不懂法,强行在被告人家中居住也属于违法行为。现在两家坐到一起共同协商解决矛盾,相互达成了谅解协议,有利于促进社会和谐……终审判决后,熊兴华的父母积极弥补被害人家属的经济损失,取得被害人家属谅解,按照法律规定,这也能作为减轻处罚的新证据。"

市检察院发出再审检察建议后,市中院另行组成合议庭再审此案。3个月后,市中院作出刑事裁定:撤销原判,发回重审。一审法院再次开庭审理后,改判熊兴华有期徒刑5年2个月。

检察官说法

《最高人民法院关于审理交通肇事刑事案件具体应用法律若干问题的解释》第5条第1款详细规定了"因逃逸致人死亡",即行为人在交通肇事后为逃避法律追究而逃跑,致使被害人因得不到救助而死亡的情形。熊兴华撞车后,驾车驶离现场的行为是导致后面车辆从摔伤在机动车道上的两名被害人身体上碾轧的主因,两名被害人的死亡与熊兴华驶离现场有着直接关系。结合本案其他证据和熊兴华将肇事车开到修理店等种种行为，判定熊兴华为逃避法律追究而逃逸是符合交通肇事罪立法本意的。

《刑法》第133条规定交通肇事后逃逸致人死亡的量刑在7年以上，属于结果加重犯，处罚实际上包含间接故意杀人的情形。本案中熊兴华在撞车后，将两名被害人置于机动车道上不顾，其行为在一定条件下符合间接故意杀人的构成要件，但相对于《刑法》第232条故意杀人罪而言，《刑法》第133条的"交通运输肇事后……逃逸致人死亡"是特别规定，应优先适用。

此外，是否该追究白色面包车和红色轿车驾驶员的刑事责任？本案中，后两名驾驶员有驾照、无饮酒，没有违反交通规则，并且在夜间谨慎驾驶，但由于夜晚光线等自然条件，无法及时发现而碾轧躺在机动车道上的两名被害人，属于意外事件。在这种情况下，后两名驾驶员仅需承担民事赔偿责任。

本案启示

1.近几年车祸死亡率持续攀升，这与许多驾驶员不规范行车、漠视他人生命有密切关系。每个人的生命仅有一次，检察官也借此案提醒广大驾驶员：严格按照交通规则驾驶车辆，最大限度降低车祸发生的概率。发生车祸后，一定要及时设立警示标志，拨打"120"急救电话，全力救助伤者，把车祸造成的损失降到最低。

2.酿成交通事故后，肇事者积极赔偿被害人损失，取得被害人谅解，可以得到宽大处理。交通肇事罪属于过失犯罪，肇事者若积极赔偿被害人的损失，在量刑时双方达成谅解协议，可对被告人减轻处罚，在判决生效后达成谅解协议，还可作为减刑的证据使用。

3. 程序正义，打通化解纠纷"最后一公里"

郝德顺不认可Y医院治疗儿子郝斌的方案，与医院矛盾持续升级。9天后，Y医院以转院为名将郝斌送回家中。孰料，患有精神病的郝斌当晚撒手人寰。对于郝斌之死，医院有过错吗？患者治疗期间出现精神疾病症状，无法进行医疗过错鉴定的案件，该如何保障当事人的合法权益？这起由检察院抗诉的医疗侵权案件给出了答案，也为办理同类案件提供了有益借鉴。

不满意治疗方案，医患矛盾由此产生

一日傍晚，时年68岁的郝德顺刚推开家门，便听见大闺女痛彻心扉的哭喊声："大弟，咱爸回来了，你快睁睁眼……你不能撇下我们啊！"郝德顺踉跄地走到儿子郝斌床前，用力摇晃着儿子的身体，可郝斌已无任何反应。他满眼噙泪悲愤地哭吼着："Y医院，你赔我儿子……"

就在9天前,郝德顺陪郝斌去Y医院看病。那天上午,穿白大褂的女医生经过一番询问后,在郝斌的病历本上记下:"患者有长期精神疾病史,神志恍惚;查体不合作,进食减少20余天,原因尚不明确。初步诊断,急性胃炎、肝功能损伤、精神病。"

郝德顺的视力和听力均有障碍,妻子患有精神疾病。多年来,老两口靠政府"低保"维持生活。他拿着借来的2000元缴纳了住院费,陪护在郝斌的床前。下午医生查房时,郝德顺表达了内心不满:"我看到主治医生猛压我儿子的腹部,郝斌当场昏厥过去……动作如此粗暴,我都不忍看,我们要转院。"

"出院可以,住院费不退。"郝德顺心里本就窝火,医生的回答更让他气愤,他立刻去联系其他医院。可半小时后,没有医院愿意接收郝斌。郝德顺无奈,只得留在Y医院继续为儿子治疗。傍晚时分,发热的郝斌体温降到35.7℃,精神状况也有所改善。

第二天下午,心电图、血脂、肝功等各项检测结果出来后,医生指着腹平片分析说:"患者腹部的肠管积气扩张,有多个高低不等的气液平面,这是肠梗阻症状。患者腹腔已感染……"

郝德顺虽听不懂这些医学术语,可他觉得医生的诊断有问题:"这不是肠梗阻。昨晚郝斌排了大便且出血很多……医生,你这样治疗会治死人的。"

《病程记录》显示:"患者父亲坚持拒绝肠胃减压治疗,反复劝说无效。患者出现黄疸，原因不明，已进行肝功及腹部B超检查。"

郝斌很快陷入昏迷状态，生命垂危。郝德顺回忆说："住院的第三天上午，我刚到家准备再取些医疗费，突然接到医生'郝斌病危速回'的电话。"

惊慌失措的郝德顺急匆匆赶回医院时，病床上的郝斌此时已昏迷、大小便失禁。郝德顺见状要求护士重新更换一套干净的被褥，没想到护士回绝："这已是换下的第六套被褥了。先前郝斌的被褥已拆洗还没有晒干，你们家属也不自备些尿不湿……"

郝德顺顿时怒火冲天，与护士吵成了一团。接下来几天，郝德顺称自己是在担惊受怕中煎熬度过的。而Y医院也是满腹委屈：郝斌已拖欠7000多元医药费，医院仍为其进行抗感染、抑酸等对症治疗。可是，郝斌的精神病复发，拒绝腹平片等检查，还不让护士输液。于是，主治医生建议把患者转入精神疾病医院治疗。

死因难鉴定，医院是否该承担责任

郝斌的死亡由转院引起，可是对于那天郝斌转院时的情形，郝德顺与Y医院各执一词，相互指责。郝德顺告诉检察官："Y医院以转院之名强行将我和儿子送上救护车，但并未送至其他医院。途中，车上人员对我辱骂，强行把我拽下车。后来，

Y医院将我和郝斌送到了我的小儿子家中,便匆匆离去。"

而Y医院提供转院《情况汇报》是这样描述的:"经过医护人员精心治疗,患者病情好转可出院。患者精神疾病复发已威胁到其他患者安全,由保卫科的工作人员协调医护人员一起乘坐救护车将患者送往精神疾病医院救治。途中,患者要求将其送回家。于是,我们将郝斌送到家,并托付其弟弟照顾后,才返回了医院。"

患者究竟是自愿要求回家,还是被医院强行送回家?谁该为死去的郝斌承担责任呢?郝德顺忍受着丧子之痛,来到公安局举报Y医院的诸多"恶行",他在举报材料中写道:"Y医院连起码的救死扶伤的医德也没有。哪有医院以转院为名把生命垂危的病人送回家呢?这是故意杀人行为!"

公安机关经过缜密调查,认为这是一起医患纠纷,达不到刑事立案标准。随后,郝德顺将Y医院告上法院,请求法院判令Y医院赔偿丧葬费等各类损失40万元。

接到法院送达的应诉通知书,Y医院答辩称:"郝斌是在家中死亡,与我院无关。我院医疗行为合理合规,没有过错,是郝斌精神疾病复发,亲属不配合治疗,要求转院回家的……"

郝德顺因拿不出确凿的证据,很快在首次庭审中败诉。郝德顺又委托法院对郝斌死因进行医疗过错司法鉴定。孰料,鉴定机构遇上了"瓶颈"。司法鉴定中心出具《终止鉴定报告书》显示:"因患者住院期间出现精神疾病症状,超出本机构技术条件及鉴定能力。"

这样一来，原本棘手的医疗纠纷处理起来更是难上加难。最终，合议庭结合庭审情况，讨论后认为：患者出院时病情并未平稳，Y医院应当预知其脱离治疗的后果，但Y医院却以"患者为精神病人无法约束，患者家属不配合治疗"为由，将患者交由医院保卫人员护送回家，医院未穷尽一切治疗措施，过早让患者脱离治疗，有不妥之处。

一审法院作出判决：Y医院补偿郝德顺5万元；驳回郝德顺的其他诉讼请求。宣判后，郝德顺和Y医院均不服，纷纷提起上诉。二审法院开庭审理后，作出驳回上诉、维持原判的终审判决。

检察院抗诉，医患双方握手言和

争议的脚步远远没有停止。郝德顺向市检察院递交了申诉材料。

这起医患纠纷难以解决的症结究竟在哪里？法院审理程序有瑕疵吗？办案检察官反复审阅卷宗、调查核实相关证据后，指出了此案的问题：鉴定机构出具《终止鉴定报告书》后，一审法院依据法律规定，应向郝斌的亲属解释原因，充分征询当事人是否重新选择有鉴定能力的鉴定机构进行鉴定，还要告知《终止鉴定报告书》引起举证不能的法律后果。而本案一审法院并未征询郝德顺是否重新鉴定的意见，直接判令郝德顺承担举证不能的责任，显然侵害了其合法权利，二审法院也未纠正这一错误，显然有悖法律的公平原则。

检察官认为：患者的生命重于一切，Y医院应穷尽一切措施救治患者，可本案证据显示，郝斌未痊愈便被Y医院送回家，医院存在过错。

检察院决定支持抗诉。

半年后，市中院启动再审程序。庭审中，郝德顺唯一的请求是：重新委托一家鉴定机构对郝斌死因进行鉴定。他的想法与检察官不谋而合。不过郝斌患有精神疾病，此类鉴定要求技术、设备颇高。尽管检察官、法官同郝德顺一起联系过多家有资质的鉴定机构，最终这些鉴定机构均表示"不能鉴定"。

市中院第三次开庭审理了此案。法庭上，面对郝斌死因无鉴定机构作鉴定的难题，法官征求了郝德顺的意见。此刻的郝德顺很信任检察官，他和家人商量后，提议以调解方式的解决难题。

这起案件已经一审、二审又进入再审程序，还能调解吗？面对质疑，出庭履行法律监督职责的检察官表示：只要有利于化解这起医患纠纷的方式，我们都支持！

没想到，休庭不久郝德顺提出的赔偿数额高达百万元，与Y医院提出的赔偿底线相去甚远。检察官和主审法官经过多次商量、讨论，又一趟趟驱车百里赶到郝德顺家里，动之以情，晓之以理，结合本案的事实，释法说理。其间，包村干部也做郝德顺一家人的思想工作……

只要心诚，石头也会开花。几周后，Y医院拿出2.6万元补偿郝斌亲属，郝德顺在《和解协议》上按下手印，表示对此事解决满意。至此，Y医院和患者家属化干戈为玉帛，一起长达6年之久的医患纠纷案终于尘埃落定。

检察官说法

我国《民法典》第1218条规定，患者在诊疗活动中受到损害，医疗机构或其医务人员有过错的，由医疗机构承担赔偿责任。司法实践中，通常把医疗过错司法鉴定作为认定医疗机构是否存在过错的证据使用。本案的做法对办理无法进行医疗过错司法鉴定的医患纠纷案件具有积极的借鉴作用。

医患关系是一个紧张而敏感的话题。本案中，郝斌患有精神疾病，郝德顺缺乏一定的医学知识，对于医生的治疗方案、用药等存在误解在所难免。医生对于这类患者及家属应多些包容和理解，护士也应给予这样的特殊患者更多照顾。而郝德顺也不能执拗地认为Y医院治疗不当而不配合治疗，他应与医生多沟通，给予医院更多的信任。本案双方沟通不畅为悲剧埋下了隐患。

《最高人民法院关于民事诉讼证据的若干规定》第40条规定了当事人可以申请重新鉴定的四种情形。本案中，在鉴定机构出具《终止鉴定报告书》后，一审法院没有征询郝德顺意见而终结本案对外委托鉴定，侵害了他的合法权利。检察官提起抗诉，无疑保护了当事人的合法权利，维护了程序正义。

本案启示

1.医患纠纷中,双方无赢家。希望广大医务工作者吸取本案中的教训,以患者的利益为出发点,更好地为患者服务。同时也希望患者及家属能给予医生足够的信任与理解,避免发生更多的类似悲剧。

2.化解疑难民事纠纷时,办案人员全力让当事人充分感受到善意司法理念,是消除误会、化解矛盾的一剂"良药"。

4. 百万假汇票骗局案中案

当下，一些骗子盯着汇票交易市场出现的监管漏洞，铤而走险、频繁作案。这些骗术算不上高超，为何能屡屡得手？一起检察机关成功抗诉的汇票诈骗案，沉重打击了那些在汇票流通中唯利是图的犯罪分子，也给票据从业者带来一服"清醒剂"。

承兑失手，数百万元付诸东流

冯烨做玻璃批发生意也兼做一点承兑汇票业务。收一张面值100万元的汇票，在玻璃厂进货时可作贷款抵押。遇到有问题的汇票，只要有实际交易凭证，一般都能换票。这几年，冯烨凭借积累下的承兑汇票经验和玻璃批发生意，赚了点钱。

苏华是苗瑞公司的实际控制人，麦鹏曾是一家银行信贷员，业务往来中与苏华相识。后来，麦鹏辞职后，常与苏华联系。就在几天前，在麦鹏的引荐下，苏华认识了郑福成，郑福成将两张尾号为23和25、面值均为296万元的假汇票交给苏华承兑。苏华拿到这两张汇票后,在银行的朋友那打听到冯烨兼做汇票业务,便来到冯烨家。

冯烨早就听熟人说,苏华做建材生意起家,能力超群,现在资本达亿元。闻名不如见面,冯烨见这个"80后"年轻人果然气宇不凡,不由得暗生敬意。寒暄过后,苏华从随身携带的黑皮包内取出尾号为23和25的两张汇票,语气自然而真诚地说:"快过年了,我公司资金周转不开,你看能不能兑付这两张汇票……我们急着用现金。"

冯烨接过汇票仔细查看,又用自家购买的检测仪器查验一番,未见异常。他担心汇票来路不明,再三询问来源。苏华告诉他:"外地一家公司欠我公司货款,用这两张汇票顶账的,如果有问题,随时可退还。"听苏华这么说,冯烨终于放下心来。半个小时后,冯烨跟朋友借了些钱,凑足了579万元转入苏华的账户。说实话,这次面值总额592万元的汇票交易,冯烨仅赚了3%左右的手续费。他想的是,倘若日后能和苏华长期合作,便可赚更多的钱。没想到,这次交易成了冯烨生意场上的噩梦。

春节假期后的第一天早上,冯烨带着两张汇票到银行查验信息。他在工作人员的指点下,发现了两张汇票上的变造痕迹。冯烨顿时惊出一身冷汗,他赶紧拨打苏华的电话号码。苏华接通电话后说:"钱可以退给你,可上家要我先把给你的汇票退给他才能退钱。"冯烨觉得苏华的话有些道理,不假思索,把两张汇票退了回去。然而,冯烨没想到这又成了苏华骗取另一家企业钱财的"新筹码"。

苏华找到麦鹏说:"冯烨已发现是假票了,追着我要退钱……我已将贴现的80万元转给了郑福成,剩下的钱都花光了,必须用汇票再贴现才能还上欠款。"于是,麦鹏便心领神会地按苏华的意思继续寻找贴现汇票的"下家"。他听说好友英娟因投资项目缺少启动资金,便答应英娟贴出汇票后,可将贴现的一部分钱借给英娟使用。英娟通过一家公司将尾号为23的汇票以290万元贴现给明慧公司,英娟将其中150万元打入苗瑞公司的账户,苏华很快取走了这笔钱。

真相大白,犯罪分子相继落网

俗话说:玩火者必自焚。明慧公司发现尾号为23的汇票系假票后,立即报了警。警方立案调查的消息令麦鹏如惊弓之鸟,他多次与苏华商议万全之计。麦鹏按苏华指示与警方周旋,可他很快露出马脚,被警方在网上追逃。而事实上,苏华在麦鹏面前只是故作镇静,他自己早已如坐针毡。之前骗取的500余万元已被他挥霍一空,冯烨每天追债,并以报警相威胁,他惶惶不可终日。

一天晚上,苏华辗转反侧、无法入眠,想让妻子艾玲从岳父那里借些钱还债,可又难以启齿。第二天凌晨,他终于给住娘家的妻子发了一条短信。几分钟后,艾玲收到并回复:"如果我爸妈手里有钱怎么都好说。你这是天文数字呀，谁能拿得起？你啥时能堵上这个窟窿还是未知数，你让我怎么办？"苏华不想被公安追逃，更不想坐牢。他继续给艾玲发去短信："我现在害怕的是这次弄不好是重刑……媳妇你帮帮我。""你明知不合法还要干，你把我们全家的幸福都赌进去了……"气愤中的艾玲除了以泪洗面又能如何呢？一周后，苏华陆续将筹集的26万元退给了冯烨，至此他再也拿不出一分钱。

冯烨最终还是报了警。接案后，公安机关成立了专案组，制订详细侦破计划，围绕尾号为23、25的两张汇票来源及去向展开深入侦查。4个月后，一个以宫天宇、刘守文为首的制造假汇票团伙浮出水面。

原来，鑫隆公司的老板刘守文通过网络找到了制作假汇票的陈玉葵，让陈玉葵将他所提供的10余张小额真汇票变造成百万元面值不等的大额假汇票，然后再以每张8万元回收。宫天宇又以每张25万元的价格出售给专做假汇票买卖的唐景河7张。唐景河将其中6张汇票高价卖给程刚，程刚又转卖给郑福成4张，其中就有尾号为23和25的两张。

宫天宇等多人相继落入法网。3个月后，苏华被公安机关刑事拘留。随后，检察机关以涉嫌票据诈骗罪批准逮捕了苏华。检察机关在起诉书中指控苏华两起犯罪事实：一起是苏华使用从郑福成手中取得的两张假汇票骗取冯烨579万元；另一起是苏华将冯烨退回的尾号为23的汇票交给麦鹏，共同骗取明慧公司290万元。

在法庭上，苏华辩称："根据《刑法》第194条的规定，明知是伪造、变造的汇票、本票、支票而使用的，才构成票据诈骗罪。我作为常人，并不知道这两张汇票是变造的……"一审法院最终未认定苏华使用两张假汇票从冯烨处贴现579万元构成票据诈骗罪，仅认定检察官所指控的苏华与麦鹏共同欺骗明慧公司的犯罪事实。判决：以票据诈骗罪判处苏华有期徒刑7年，并处罚金30万元；责令苏华退赔冯烨和明慧公司的损失。

抗诉成功，严惩被告人法不容情

一审法院作出判决后，苏华赔偿冯烨损失了吗？带着诸多问题，检察官拨通了此案被害人冯烨的手机。电话中传来冯烨的哭诉声：苏华根本没赔偿我的损失。我媳妇生病需要大笔治疗费，我现在身负200万元债务，举步维艰……谁还肯借钱给我呀？

电话中，冯烨反问检察官："难道苏华不承认自己知道这两张汇票是假汇票，他骗了我近600万元的犯罪行为就不受刑罚处罚吗？"检察官安慰他要相信法律的公平、正义。随后，县检察院向市检察院申请抗诉。市检察院的检察官深入分析五本厚厚卷宗中的相关证据后，再次到看守所提审了麦鹏。面对检察官的问话，麦鹏称："郑福成就是为了汇票贴现的事来的。当时，郑福成和苏华协商的是五五分成。我们这些中间人多少给点好处费，够吃住就行了。后来，苏华嫌给的比例低，郑福成又让出10%。谈成后,郑福成把汇票给了苏华。"

汇票的面值等同于人民币的价值。苏华没有任何投资成本却能获得六成收益,这等投机取巧岂能纵容。检察官又进一步从涉案汇票的来源、苏华与郑福成交易情况、获取的赃款去向等五个方面,深入分析后认为:苏华所持尾号为23和25的两张汇票并不是通过正常买卖等合法渠道取得的,且在冯烨处贴现时谎称为"顶账所得",这明显是故意隐瞒、欺骗涉案汇票的真实来源。苏华将贴现的579万元中的80万元支付给郑福成,剩余部分用于偿还个人债务,这不符合汇票的交易习惯和常理。此外,苏华将麦鹏、英娟二次贴现中150万元转入杨某、谭某等人账户。而谭某、杨某因涉嫌开设赌场罪已被公安机关立案侦查。因而,苏华具有非法占有目的,使用两张假汇票从冯烨处贴现579万元同样也构成票据诈骗罪。

一周后,市检察院向市中院提起抗诉。市中院公开开庭审理了此案。法庭上,苏华始终在狡辩自己不知道涉案的汇票是假汇票,可是这些谎言在检察官出示的一组组证人证言、一笔笔银行转账记录等证据下,显得格外苍白无力。休庭后,鉴于这起票据诈骗案的复杂性,二审合议庭将此案提交市中院审判委员会研究、讨论后认为:检察机关抗诉意见成立,苏华使用假汇票骗取冯烨579万元的犯罪事实清楚、证据充分,应追究其刑事责任。

市中院作出终审判决,以苏华犯票据诈骗罪判处有期徒刑10年6个月,并处罚金30万元。

检察官说法

票据流通盘活了金融市场一池春水，但民间不规范的票据交易也滋生出许多犯罪行为。近几年，票据诈骗案往往涉案人数多，金额大，欺骗性、隐蔽性不断增强，侦破难度加大。本案中，冯烨批发玻璃有时会使用汇票，这是正常的交易，法律予以保护。他若没有实际交易而单纯地买卖银行汇票，风险很大，所以大家最好不要从事这类经营业务，避免遇到假汇票造成不必要的纠纷和损失。

本案启示

银行承兑汇票使用的纸张即使防伪性能再强，也难免有不法之徒进行涂改、仿制。从事汇票业务的人员，一定要具备辨别汇票票面真伪的意识和能力，还要重点审查汇票签发取得和转让是否具有真实交易记录，对于一时有疑问的汇票应及时向承兑银行和上级银行查询、核实相关情况。只有增强自身防范意识，才能从源头杜绝因假汇票而受骗案件发生。

5. 三十年后的再审检察建议

　　轻伤害案件是生活中最为常见多发的刑事案件，往往是由一些琐事引发。发生于30年前的一起故意伤害案，给当事人内心深处留下的伤疤永久不能愈合。时至今日，认真、客观地分析这起错案，总结其中的沉痛教训，对于防范类似错案的再次发生，仍然具有现实的借鉴意义。

一起伤害案，被告人三"进"看守所

　　2014年春节刚过，已过花甲之年的吉骅带着厚厚的申诉材料来到市检察院接访室。面对检察官的询问，他激动地讲起发生在30年前的这起伤害案。

　　1985年8月5日上午，吉骅骑着自行车行至村东北角时，40多岁的陆扬恰巧拉着水车也从这里路过。"我们两家曾有过节。陆扬看到我后，用水车别了我一下，我从自行车上摔下来……当时我俩都年轻气盛。他骂我，还打我。我气得搬起他

的右腿,他失去平衡摔倒在地,头顶骨磕在了地面的砖头上,流血了。他的伤口没达到轻伤标准,我无罪,却三次被抓进看守所……我冤枉啊!"

检察官耐心向吉骅解释:"终审判决您免予刑事处罚,对您和家庭没有任何影响……这么多年过去了,不纠结也罢。"吉骅心有不甘地哭着说:"……我不能背负故意伤害的罪名离开人世。"

接着,吉骅向检察官说起法院终审后,这些年迟迟没有申诉的原因。"每次我想外出申诉时,我的爹娘总是苦苦拦阻,甚至双膝跪在我面前恳求我不能去……我不忍心看到他们这样,只好哭着答应了二老的要求。前年冬天老父亲病故,前些日子老母亲也撒手离我而去。安葬好老人后,我才开始申诉的……我读了许多法律书籍,我知道对于可能无罪的刑事案件不受时效限制。"

面对吉骅的坚持,接访检察官最终收下了他的申诉材料。

一周后,这起申诉案件进入审查程序。主办检察官从县、市两级法院调回了全部卷宗。三本厚厚的卷宗纸张早已褪色泛黄,很多手写的潦草字迹业已模糊。检察官艰难地一页页辨认。卷宗显示,这起案件的诉讼程序非同寻常:1985年11月29日,吉骅因涉嫌故意伤害罪被县检察院批准逮捕,1987年1月24日,被取保候审。1年后,吉骅又被送进了看守所。1988年8月29日,县检察院撤回起诉。同年9月10日,县检察院检委会研究后,作出不起诉决定,吉骅再次回到家。

1989年1月，县检察院检委会研究决定，撤销先前对吉骅作出的不起诉决定，以涉嫌故意伤害罪提起公诉，吉骅第三次被关入看守所。1991年4月，一审法院判决：吉骅构成故意伤害罪，免予刑事处罚，赔偿被害人经济损失264元。吉骅不服上诉至市中院。8个月后，二审法院作出终审裁定：驳回上诉，维持原判。

卷宗记载的案件起因与吉骅的叙述并不一致。被害人陆扬陈述说，是吉骅先撞他，而后又使用半截砖头砸在他的头上。现场的多名证人的证言也有较大出入，这些细节已无从查起。本案现有的证据是否达到轻伤的标准是关键所在。此外，吉骅这么多年没有申诉，现如今原来的人和物早已面目全非，重新调查核实的证据能还原当时的情形吗？主办检察官第一次办理如此久远的案件，如果盲目展开调查工作可能会无功而返，所以每前行一步都必须慎之又慎。

全方位核查，专案组发现可疑点

2014年4月，主办检察官从"全市检察机关刑事申诉人才库"抽调两名精兵强将，组成了吉骅申诉案办案组。三名检察官共同约谈申诉人吉骅后，针对其反映的问题，再次审查了原始卷宗，列出了详细的核查提纲。原审卷宗中的伤情鉴定显示：1985年8月5日，陆扬在驻村门诊处理伤口时，村医证言为"陆扬头部流着血，正头顶有一个两厘米的口子，往后连着两个伤口，各有一厘米大，共三个伤口呈 Y 形。"1988 年 6 月 21 日，法医的伤情鉴定意见为："头部左顶结节内侧 2.5 厘米处有一 Y 形伤，Y 形分口处伤长平均 0.7 厘米，累计 2.1 厘米。"这与村医所述基本吻合。而县医院 A 分院出具的伤情证明材料记载"陆扬伤口拆线时，头顶部有两处伤口，每处伤口长 3 厘米"，这明显与村医的证言及法医出具的报告相矛盾。

卷宗还记载，陆扬在 1985 年至 1988 年先后几次到多家医院进行治疗。专案组围绕发现的问题，兵分两路针对卷宗的原始证据展开核实工作。一路人马驱车百里，找到了案发后第一时间为被害人包扎伤口的村医。如今，这位村医已 80 岁高龄，但回忆起 30 年前的一幕依旧清晰，所描述的内容与卷宗记载的完全一致。

另一路人马找到县医院 A 分院的负责人及四名医生，了解被害人住院情况，并调查 1985 年 8 月 14 日该医院出具的"两处伤口每处伤口 3 厘米"等内容并盖有"A 分院业务专用章"证明材料的真实情况。令专案组成员吃惊的是，该院负责人等五人均对当时医院出具的证明材料予以否认，并称从没见过"A 分院业务专用章"。

办案检察官带着疑问又依法调取到二审卷宗中提及的"法医学诊断证明书"复印件，该"法医学诊断证明书"显示："陆扬在省属某医院就诊时病例中记载的'头部损伤确证出现短暂的意识障碍和近事遗忘'，俗称癔症，不能说是外伤所致，其脑震荡问题可以认定，但并非造成很严重的震荡，一般不留后遗症。"

为何二审法院出具的是"法医学诊断证明书"而非"法医学鉴定书",二者有何区别呢?对于跨专业的鉴定问题,办案检察官咨询市检察院法医后了解到:"法医学诊断证明书"是一种文证审查意见,而医学鉴定书是要对被害人的伤害部位进行活体检查。具体到本案中,二审法院的法医仅审查了"被害人受伤经过、医疗检查、诊断"等相关医学证明材料,并没有对被害人陆扬的身体进行活体检查,故没有出具"法医学鉴定书"。

围绕调取到的新证据,办案组成员认真分析、讨论后认为:原审法院在伤情鉴定存在明显矛盾的情况下,没有进一步核实便认定达到轻伤标准,而作出故意伤害罪判决说服力明显不够;县医院A分院出具的证明没有相关医生的签名,所盖的印章真实性存疑,而二审法院的法医仅依据县医院A分院的证明材料便出具了"法医学诊断证明书"并被作为定案证据使用,显然存在瑕疵。

发检察建议,纠正错案还申诉人"清白"

办案组多次召开检察官联席会,深入讨论后提出了案件处理意见:以再审检察建议方式向法院提出纠正意见。

市中院收到再审检察建议后高度重视,指派法官对检察院提交的新证据进行了审查。3个月后,主审法官将审查意见报请审判委员会研究、讨论。2015年6月23日，市中院审判委员会认为：吉骅申诉案符合法律规定的再审条件，应当另行组成合议庭再审。吉骅接到法院的再审通知书激动不已。

这是市检察院控申部门近十年来发现错案并出庭支持再审的第一案，因而专案组成员倍加重视。法院开庭的前一天，专案组专门召开检察官联席会，围绕庭审过程可能出现的各种问题，制订了周密的预案。

2015年11月4日上午9点，吉骅申诉案在市中院开庭审理。被害人及亲属均没有参加庭审，庭下坐满了旁听的群众。审判长围绕申诉人吉骅申诉理由和案件事实及证据发问。吉骅没有聘请律师，面对法官的问题，他的回答思路清晰，声音洪亮。

庭审中，检察官出示相关证据，并发表出庭意见：二审法院的法医室依据卷宗A分院病房在1985年8月14日出具的关于陆扬伤情的证明材料"陆扬入院时头外伤已缝合包扎，颈部有甲迹损伤，拆线时头顶部有两个3cm长的伤口，有两针感染已换药"做出法医诊断说明书，该诊断证明书没有进行活体检验。经检察官对A分院时任负责人及相关医生的询问，该证明材料的真实性不能确定，故原审认定陆扬伤情构成轻伤，依据不足……

庭审中，被害人的律师认为：原审判决正确，请求维持原判。经过长达3个半小时的审理，法官决定宣告休庭。2015年12月10日，市中院裁定：撤销原判，发回重审。

2017年4月,一审法院依法组成合议庭,再次公开开庭审理了此案。一审法院认为:1988年6月21日,县公安局法医出具的人体检验报告并未证实"陆扬受伤后存在脑震荡后遗症"。结合本案现有查明的证据认定吉骅构成轻伤的证据不足,应宣告吉骅无罪。关于刑事附带民事诉讼部分,因陆扬提供的证据不能证实其确实已受到损失,对其诉求不予支持。

2017年5月9日上午,法院再审后作出一审判决:被告人吉骅不构成故意伤害罪。这一天,年近70岁的吉骅等待了30年之久。法槌落下的那一刻,他瞬间眼泪像断了线的珍珠,顺着脸颊流淌下来。

检察官说法

《刑事诉讼法》第146条规定:"为了查明案情,需要解决案件中某些专门性问题的时候,应当指派、聘请有专门知识的人进行鉴定。"司法实践中最常见的就是伤情鉴定,又叫人身损伤程度鉴定,是确定受害人被伤害的程度,即确定其机体组织结构的破坏、功能障碍及心理、精神方面的影响和损害程度的过程,需要有资质、具有相当造诣的专业人士进行。

伤情鉴定结果分为轻微伤、轻伤和重伤,直接关系到罪与非罪、罪轻罪重。致人轻微伤的,不构成刑事犯罪,根据《治安管理处罚法》的规定,对犯罪嫌疑人进行行政拘留、警告和罚款。给被害人造成损失的,还应承担相应的医药费、误工费、交通费等合理损失。

达到轻伤以上的,可能就要被追究刑事责任:根据《刑法》第234条的规定,故意伤害致人轻伤的,处3年以下有期徒刑、拘役或者管制;故意伤害致人重伤的,处3年以上10年以下有期徒刑。需要提醒的是:需要进行伤情鉴定的,应先报警,由派出所开具证明,到指定的鉴定机构进行鉴定。只有严格按照法律规定的程序进行伤情鉴定,出具的伤情鉴定意见才会作为定罪的证据被司法机关采信。

司法实践中,有的伤害案件由于伤情鉴定过程受到各种因素、条件的制约、影响,同一伤情可能会出现两种以上不同的鉴定意见。对此,办案人员要特别注意:鉴定人员资格、鉴定材料、鉴定过程、鉴定依据、鉴定结果是否符合规定;从细微处对比鉴定人是否掌握真实、全面的鉴定资料;鉴定人员是否询问有关当事人、是否检查被害人的身体等。

本案启示

有的刑事案件之所以经不起时间考验而翻案,最重要的原因还是证据出了问题。因此,办理刑事案件时,面对相互矛盾的关键证据,必须逐一认真核查清楚;对于存在疑问的证据(包括鉴定意见)要及时与鉴定人、证人面对面交流沟通;对于反复调查,案件的事实仍难以调查清楚,必须坚持"疑罪从无"原则,切不能麻痹大意、放松警惕或是受外界压力等影响,而放宽证据标准。

图书在版编目（CIP）数据

以案说法：生活中的法律故事 / 孟祥林著.
北京：中国法治出版社，2025.7. -- ISBN 978-7-5216-5254-3

Ⅰ．D920.4

中国国家版本馆CIP数据核字第20258FB095号

责任编辑：朱自文　　　　　　　　　　　封面设计：李　宁

以案说法：生活中的法律故事
YI AN SHUO FA: SHENGHUO ZHONG DE FALÜ GUSHI

著者 / 孟祥林
经销 / 新华书店
印刷 / 三河市紫恒印装有限公司
开本 / 880毫米×1230毫米　32开　　　印张 / 12　字数 / 238千
版次 / 2025年7月第1版　　　　　　　　2025年7月第1次印刷

中国法治出版社出版
书号 ISBN 978-7-5216-5254-3　　　　　　　　　定价：48.00元

北京市西城区西便门西里甲16号西便门办公区
邮政编码：100053　　　　　　　　　　　　传真：010-63141600
网址：http://www.zgfzs.com　　　　　　　编辑部电话：010-63141836
市场营销部电话：010-63141612　　　　　　印务部电话：010-63141606
（如有印装质量问题，请与本社印务部联系。）